中公新書 2616

植木雅俊著

法華経とは何か

その思想と背景

中央公論新社刊

What is the Lotus Sutra?
——The historical background and
underlying philosophy of its compilation

はしがき

九州大学に入学したのは、一九七〇年のことだった。その二年前に米軍のファントム戦闘機が大学構内に墜落・炎上したことをきっかけに、学生運動が激化していた渦中のことである。学生運動家たちから議論を吹っかけられることもよくあり、聞きかじりの知識で答えても、「だから何なんだ」「何も考えてないんじゃないの」と詰め寄られてしまう。何も言い返せず、自信喪失し、自己嫌悪と自己卑下にさいなまれ、ついには鬱《うつ》状態に陥った。

そんなとき、東京大学名誉教授の中村元《はじめ》先生（一九一二～一九九九）の原始仏教に関する本を読んで感動し、仏教に関心を深め、仏教書を読みあさるようになった。その中に、一九六九年に出版されたばかりの田村芳朗《たむらよしろう》著『法華経——真理・生命・実践』（中公新書）があった。田村氏の本には、仏教と言えば「葬式のためのもの」という先入観を根底から覆すような、壮大な時空のドラマが描かれていた。そこで語られていた人間存在の尊さ、平等などの思想を驚きと感動をもって読んだのが、つい昨日《きのう》のことのように思い出される。

多くの譬喩《ひゆ》によって、難解であるはずのことをすんなりと理解させる『法華経』の豊かな文学性にも心を躍《おど》らせたものである。中国において『法華経』にもとづき教学を体系化した天台《てんだい》大師智顗《だいしちぎ》（五三八～五九七）の著作へも手を伸ばしたが、当時の私には難解であった。元大正大学学長で天台宗の大僧正《だいそうじょう》を務められた早稲田大学名誉教授・福井康順《こうじゅん》氏（一八九八～一九九一）が「天台を理解したければ日蓮を読め！」とおっしゃっていたと聞いて、日蓮の著作も読んだ。

四十歳近くなって独学の限界に直面しているころ、不思議なご縁で中村元《はじめ》先生の講義を毎週三時間、最晩年の十年近く受けるという幸運に恵まれた。充実した環境で研究を進める中で、これまでの『法華経』の現代語訳（岩波文庫版など）に多くの疑問を抱いた。これらはいずれもサンスクリット語から訳出されたものではあったが、掛詞《かけことば》を見落としていたり、深読みしすぎていたり、曖昧《あいまい》さが残っていたりと、不満が残るものばかりであった。その後、筑波大学名誉教授の三枝充悳《さいぐさみつよし》先生（一九二三～二〇一〇）に「自分で納得のいく訳を出しなさい」と激励されたこともあり、正確を期して翻訳することを自らに課して、二〇〇八年に『梵漢和対照・現代語訳　法華経』上・下巻（岩波書店）を出版した。

『法華経』をサンスクリット原典から翻訳しながら感じたことは、田村氏の著書に登場する「宇宙の統一的真理」「絶対の真理」「久遠《くおん》の人格的生命」といった表現への違和感である。これらはこの本のキーワードとも言えるものであったが、やや大仰《おおぎょう》にすぎるように感じた。こうした違和感は、その後依頼を受けて各所で行なった『法華経』の講義で、僧侶や大学院生をはじめとする受講者の方々の質問に答えるために、種々に思索し、検討を重ねる中でさらに強まっていった。

それとともに、『法華経』解釈のスタンダードであった、智顗をはじめとする中国仏教を通して仏典を理解するというやり方にも疑問を持った。もちろん、普遍的で深い読み方に感動するところがあるいっぽうで、千五百年前という時代的制約を免れないところも多く、それにとらわれすぎると『法華経』を型にはめて読んでしまうことになりかねないと危惧《きぐ》したのである。『法華経』が編纂《へんさん》されたのは釈尊滅後五百年ごろのことだが、そのあいだに本来の仏教からの逸脱が顕著になっていた。原始仏教の思想やインド仏教史の概略を知るにつけ、『法華経』は当時の仏教界の思想情況に対して、「原始仏教に説かれた本来の仏教の精神に立ち還《かえ》れ」と主張する経典であるという思いが強くなった。

『法華経』は、その主張を展開するに際して、あまりにも激しい抵抗や反発が予想されるときには妥協的表現を用いるなど、直接的な主張を避けている部分もある。代わりに、場面設定の仕方や登場人物の選び方自体に皮肉や批判を込めるという、間接的な表現が多用されている。掛詞に深い意味を込めたところもある。直接的に言及されていないので、気がつかない人は素通りしてしまいかねない。

だからであろう。江戸時代中期に大乗非仏説論（大乗仏教は釈尊の直説《じきせつ》ではないとする説）を唱えたことで知られる町人学者、富永仲基《とみながなかもと》（一七一五～一七四六）が、「法華経は誉《ほ》める言葉ばかりで、経典としての中身は何もない」(『出定後語《しゅつじょうこうご》』)と評した。大乗非仏説論という文献学的主張はおくとしても、間接的表現に対する読解力のなさによる甚だしい誤解であることは明らかである。

『法華経』が非仏説であるという批判は、何も富永仲基に始まったことではなく、『法華経』が編纂された当時から存在していた。『法華経』の勧持品《かんじぼん》に、その非難の言葉が臆することなく記されている。筆者は、むしろ〝非仏説〟であるという点に『法華経』の持つ重要な役割を見る思いがする。

『法華経』の思想を理解するためには、編纂当時の仏教界が置かれた思想情況の理解が不可欠である。『法華経』は、釈尊滅後の五百年間に変容してしまった当時の仏教界を見すえつつ、原点を見失うことなく、社会に対して積極的に発言する〝生きた〟仏教であった。それは、「これこそが〝仏説〟だ」という自負をもって編纂された。そこには、二千年の時を超えた今日《こんにち》に対する教訓も含まれていることはもちろんのことである。

以上の意味を込めて、本書では当時の仏教界の思想的背景を見すえながら、『法華経』の思想を読み解くことを主眼とした。『法華経』の正しい教えを理解する一助になれば幸いである。

法華経とは何か　目次

法華経とは何か

——その思想と背景

I 『法華経』の基礎知識
——インドで生まれ、中国から各地に伝えられた経典

1 題号の意味

題号「サッダルマ・プンダリーカ・スートラ」の意味

『法華経』の題号は、サンスクリット語でサッダルマ・プンダリーカ・スートラ（Saddharma-puṇḍarīka-sūtra）と言い、「薩達磨《さっだるま》・芬陀梨伽《ふんだりきゃ》・蘇多覧《そたらん》」などと音写されてきた。サッダルマ（saddharma）は、サット（正しい）とダルマ（教え、法）の複合語で、「正しい教え」（正法《しょうほう》）であり、プンダリーカ（puṇḍarīka）は「白蓮華《びゃくれんげ》」、スートラ（sūtra）は「経」を意味している。

この複合語を、月氏《げっし》帰化人の末裔《まつえい》で敦煌《とんこう》生まれの竺法護《じくほうご》（二三九～三一六）は、語順どおりに『正法華経《しょうほけきょう》』と漢訳した。いっぽう、西域のクチャ（亀茲《きじ》）に生まれた鳩摩羅什《くまらじゅう》（三四四～四一三）は『妙法蓮華経《みょうほうれんげきょう》』と漢訳した。これらの漢訳では、「妙」と訳すべきか、「正」と訳すべきか——という議論が展開されてきた。

日本での現代語訳は、岩本裕《いわもとゆたか》氏（一九一〇～一九八八）が岩波文庫の坂本幸男・岩本裕訳注『法華経』上巻において採用した「正しい教えの白蓮」という訳が世の中に定着してしまった。ところが、これは邦訳として正しいとは言えない。やや専門的な議論になるが、以下ではその理由を解説していこう。

「正しい教えの白蓮」は誤訳

サンスクリット文法を体系化したカシミール出身のパーニニ（紀元前五～同四世紀）の文法書『アシュターディヤーイー』（*Aṣṭādhyāyī*）、およびその注釈書『カーシカー・ヴリッティ』（*Kāśikā-vṛtti*）によると、「プンダリーカ（白蓮華）」は複合語の後半にきて、前半の語を譬喩的に修飾する」働きを持つ。すなわち、ここで「白蓮華」は修飾語となっているのだ。インドでは、蓮華はめでたい華であり、その中でも白蓮華は最も勝れた華とされる。その意味を象徴的にこめた譬喩の同格限定複合語（karma-dhāraya-samāsa、持業釈《じごっしゃく》）を造るのに用いられるのだ。

したがって、サッダルマ・プンダリーカは、「白蓮華のような正しい教え」と直訳されるが、同格の「白蓮華」と「正しい教え」に共通する含意は「最も勝《すぐ》れた」という形容詞句である。その共通性を反映して「白蓮華のように最も勝れた正しい教え」と訳すべきである。

岩本氏は岩波文庫『法華経』の解説（上巻、四一一頁）に、欧米人の訳にならって「正しい教えの白蓮」と訳したと記している。その欧米人の訳は下記のとおりである。

（仏訳）**Lotus de la Bonne Loi**
（英訳）**Lotus of the True Law**
（独訳）**Lotus des guten Gesetzes**

これらの訳では、英語の**of**、ドイツ語の2格が用いられている。そのため、「正しい教え（True Law / guten Gesetzes）の白蓮（Lotus）」と和訳したのだろう。しかし、英文法において「A of B」は、「BのA」という格限定の用法だけでなく、「AのようなB」を意味する同格の**of**の用法もある。たとえば、**a rose of a girl**は、「少女の〔所有する〕バラ」ではなくて、「バラのような〔美しい〕少女」を意味する。これらの欧米語訳は、すべて同格の**of**（de）、同格の2格が用いられていると見て間違いない。したがって、どう見ても格限定用法としか思えない「の」を用いた「正しい教えの白蓮」という訳は不正確である。英語で書かれたサンスクリット文法書（Michael Coulson, *Sanskrit —— a complete course for beginners*）にも「lotus of ～」と英訳するが、意味は「lotus-like ～」（蓮華のような～）であると明記されている。

岩本氏によれば、「正しい教えの白蓮」の「の」は、同格の「の」だということだが（同、四一〇頁）、日本語の文法に照らして自然とは言えないだろう。たとえば「花の都」であれば、同格の「の」で「花のような都」の意味を持つ。それに対して、「正しい教えの白蓮」の場合は、「都の花」という例に近い。「都の花」では、東京都の花の意味になり、同格の「の」とは言えない。

このように「正しい教えの白蓮」という訳は、サンスクリット文法、欧米語の文法、国文法のすべてに照らしても誤りなのである。

「如蓮華在水」は白蓮華のことではない

筆者の「白蓮華のように最も勝れた正しい教え」と、岩本氏の「正しい教えの白蓮」という訳の違いは、最後にくる言葉の違いである。日本語では、最後にある語に重心がある。「正しい教えの白蓮」と訳すのであるならば、「正しい教え」よりも「白蓮」という言葉のほうに重心があることになり、この『法華経』が主張する「白蓮」とは何かが問題となってくる。

それは古来、第14章＝従地涌出品《じゅうじゆじゅつぽん》（第十五）の「如蓮華在水《にょれんげざいすい》」（蓮華の水に在るが如し）という言葉で示される菩薩《ぼさつ》の在り方であるかのように考えられてきた。この考えを主張していた人として、近年でも本多義英《ほんだぎえい》、山口益《やまぐちすすむ》、平川彰《ひらかわあきら》、田村芳朗の各氏の名前を挙げることができる。

ところが、「如蓮華在水」の蓮華は、サンスクリット原文を見るとプンダリーカ（白蓮華）ではなく、パドマ（paduma ≒ padma：紅蓮華《ぐれんげ》）となっている。これでは、「如蓮華在水」によって『サッダルマ・プンダリーカ・スートラ』を意義づけすることはできない。

「如蓮華在水」の蓮華が、白蓮華ではなく紅蓮華であったとすると、『法華経』では、経典の名前以外には、白蓮華を意味するプンダリーカという語は出てこないのであろうか。実は、第18章＝法師功徳品《ほっしくどくぼん》（第十九）に一カ所だけ出てくる。それは、『法華経』を受持《じゅじ》・読誦《どくじゅ》・解《げ》説《せつ》・書写《しょしゃ》する菩薩の得る六根清浄《ろっこんしょうじょう》のうちの鼻根《びこん》（鼻の感覚器官）の清浄を論じた次の場面においてである。

多種多様の匂《にお》い、例えば〔中略〕水の中から生ずる蓮《はす》の花、例えば青スイレンや、紅蓮華、白スイレン、白蓮華《びゃくれんげ》の多種多様な香りも、その人は嗅《か》ぎ分けるのだ。

（植木訳『サンスクリット版縮訳 法華経』、二九八頁）

ここでは、蓮華と総称されるものの各種（青スイレン、紅蓮華、白スイレン、白蓮華）を順番に挙げているだけであり、経典名との関連はまったくないと言える。したがって、『法華経』本文では、「正しい教えの白蓮」と訳されるべき「白蓮」なるものはまったく登場しないということが結論づけられよう。

つまり、「正しい教えの白蓮」と訳すべきではないのである。

岩本裕氏は、以上の誤りに気付かれたのか、岩波文庫『法華経』上巻の出版から一〇年後の一九七二年に出された中公新書『日常佛教語』の「妙法蓮華経」の項において、サッダルマ・プンダリーカを「白蓮（プンダリーカ）に喩えられる正しい教え（サッダルマ）」と訳し変え、一九八八年に出版された『日本佛教語辞典』（平凡社）でも同様の訳に変えておられる。ところが、岩波文庫の改訂版を一九七六年に出されているが、その際に訂正されることはなく、今日に至っている。

「妙」か、「正」か?

中公文庫の『法華経』でも、鳩摩羅什の「妙法蓮華経」の語順にならって「正しい教えの白蓮」と訳したと言う。しかし、鳩摩羅什が「正」としないで「妙」と訳していることに注意しなければならない。

この「妙」と「正」の是非については、これまでインドの文法家の見解や翻訳者の意向を無視して、漢字の意味のみに焦点を合わせた本末転倒な議論が見られた。

金倉圓照《かなくらえんしょう》博士の議論もその一つと言えよう。金倉博士は、『インド哲学仏教学研究Ⅰ　仏教学篇』（三六九～三七三頁）で竺法護訳『正法華経』の「正」と、鳩摩羅什訳『妙法蓮華経』の

「妙」との翻訳の違いについて比較検討されているが、鳩摩羅什がサット（sat）を「正」としないで「妙」と改訳したと、誤った見解を述べておられる。続けて、「妙」の字義について、中国古来の典籍を調べて、「妙は人力でははかり知れない神秘なる力の意味」「老荘の思想と強いかかわり合いをもっている語」として、「妙」の意味を老荘思想の延長線上に理解されている。

これは、鳩摩羅什の意図や、サンスクリット文法に込められた意味とはかけ離れた議論で、「妙」という文字についての中国思想と中国文化の範囲内で解釈したものだ。

こうして、金倉博士は、「法護訳の正の方が原意を忠実に伝えている」「羅什の妙は原意を逸脱している」と結論されている。これは、サット（正しい）とダルマ（教え）の複合語サッダルマに限った場合の訳について論じたものであれば正しいが、サッダルマと、譬喩の同格限定複合語を作るプンダリーカとの複合語についての議論としては誤りである。サンスクリット文法を考慮せず、漢字のみにとらわれて比較したことによる誤りだと言ってもいいであろう。

その出発点での誤りは、連鎖的に「「妙」の語が老荘の思想と深い結びつきをもつから、シナの道家に固有の観念と仏教のそれを連結しようとの意識が働いたためではないか」という憶測にまで発展する。

こうした誤りは、田村芳朗博士にも見られる。『講座・大乗仏教4　法華思想』（春秋社）において、「竺法護は、サッダルマをたんに「正法」と漢訳したが、鳩摩羅什は諸法統一の絶対的真理ということから、深い意味を持たせて「妙法」と改訳した」（八二頁）と書き、「絶対的真理」からの「深い意味」という仰々しい意義づけをして「改訳した」と決めつけておられるが、金倉博士と同様、サンスクリット文法についての考慮はまったくなされていない。

鳩摩羅什がいかなる意味を込めて「妙」と漢訳したのか、それは中国の古典にではなく鳩摩羅什の訳し方に尋ねるべきである。鳩摩羅什が「妙」という文字を使って漢訳したところのサンスクリット原文を確認すると、何カ所も形容詞「ヴァラ」（vara）に行き当たる。これは、文字通り「最も勝れた」という意味である。たとえば、『法華経』序品《じょぼん》にマンジュシリー（文《もん》殊師利《じゅしり》）菩薩の過去世における名前が出てくるが、それはヴァラ・プラバ（vara-prabha：最も勝れた輝きを持つもの）であり、これを鳩摩羅什は「妙光」と訳している。この訳のどこに老荘思想の色合いが感じられるであろうか。

鳩摩羅什は、サット（正しい）を「妙」と漢訳していたのではなく、サットの「正しい」とプンダリーカが象徴する「最も勝れた」という意味を合わせて、「妙」と訳していたのである。竺法護は、敦煌《とんこう》菩薩とも呼ばれるように、両親は月氏の人であったが、敦煌で生まれ育った。そのためサンスクリット語に触れる機会にはそれほど恵まれなかったであろう。これまで見てきただけでも、鳩摩羅什と竺法護の訳を比較すると、サンスクリット文法の理解の差が歴然としている。

鳩摩羅什の弟子たちが残した〝編集後記〟

鳩摩羅什は、インドの貴族出身の父と、西域のクチャ（亀茲《きじ》）国の王族の娘である母のあいだに生まれた。七歳で出家し、九歳で当時の全インドで最も仏教研究の進んでいた学問の中心地カシミールへと赴《おもむ》き、サンスクリット文法学をはじめとする学びを深めた。四世紀半ばのカシミールでは、仏教教理の組織・体系化に取り組む説一切有部《せついっさいうぶ》が全盛を極めており、彼らが用いていた言葉がサンスクリット語であった。鳩摩羅什はその後、サンスクリット語の『転法輪経《てんぽうりんきょう》』をカシュガルの王の開いた大法会《だいほうえ》で講じている。十二歳のときのことである。カシュガルではさらに、バラモン教の聖典である四ヴェーダに加えて、サンスクリット文法学（声明《しょうみょう》）、論理学（因明《いんみょう》）、教理学（内明《ないみょう》）、医学（医方明《いほうみょう》）、技術工芸（工巧明《くぎょうみょう》）からなる五つの学問（五明《ごみょう》）を学んだと『高僧伝』（五一九年）巻二の鳩摩羅什伝は記している。

幼少からそのような学問的環境にあった鳩摩羅什は、サンスクリット文法に通暁していた。その彼が「妙」と訳したその意図を、金倉博士は読み取れず、老荘思想から意義づけされたのであろう。

金倉博士の説を踏まえたであろう記述が、菅野博史《かんのひろし》著『法華経入門』（岩波新書、八三頁）にも見られる。

鳩摩羅什は当時流行の『老子』の思想において「道」の形容語として重視された「妙」の文

字を採用して「妙法」と訳したのであろうという説がある。「妙」によって、我々の感覚・知覚で捉えることのできない不可思議なものという意味が込められ、「正法」（竺法護《じくほうご》による）と訳すよりも、かえって中国の人々には魅力あるものとして受け取られるようになったと思われる。

これも、サンスクリット文法の規則をまったく考慮されておらず、翻訳者である鳩摩羅什の意図したことから外れてしまった憶測と言えるだろう。

むしろ、当時の中国で支配的であった老荘思想と結びつきの深い言葉を使わざるをえないという制約のもとで、その訳語にどのような意義を込めて鳩摩羅什が「妙」と翻訳したのかが重要である。それを知るためには、鳩摩羅什による翻訳に携わった人たちの言葉に耳を傾けるべきであろう。何と言っても、鳩摩羅什の弟子たちが、『法華経』の翻訳について振り返った〝編集後記〟とも呼ぶべきものを残しているのだから。

鳩摩羅什が、プンダリーカについて譬喩の同格限定複合語を形成する語であり、「最も勝れた」という譬喩的意味を持つものだと正しく理解していたことは、鳩摩羅什の弟子の僧叡《そうえい》（生没年不詳）が書いた『法華経後序』（『出三蔵記集』巻八所収）の一節からもうかがい知ることができる。

そこでは、あらゆる華の中で白蓮華が最も勝れたものであり、ただ白蓮華だけが栄誉と輝かしさを満足するものであることをもって、『法華経』に譬えているといった趣旨が述べられている。その説明自体が、譬喩の同格限定複合語（持業釈）に相当している。そういった「最も勝れ」ていて、「栄誉と輝かしさを満足する」という意味が「妙法蓮華経」という経題に込められているというのである。

また、鳩摩羅什の薫陶《くんとう》を受けた慧観《えかん》（生没年不詳）の著わした『法華宗要序』からも、その意図を垣間見ることができる。慧観は、「妙」の意味について、「故に其《そ》の乗《じょう》は唯一にして、唯一無上なり。故に之《これ》を請して妙法とす」と述べ、譬喩品第三の偈《げ》（詩句）から、「是《こ》の乗は微《み》妙《みょう》にして、清浄《しょうじょう》第一なり。諸《もろもろ》の世間に於《お》いて為《さだ》めて上有《うえあ》ること無し」という一節を引用している。そのうえで、「夫《そ》れ妙は明らかにす可《べ》からず、必ず之《これ》を擬《ぎ》するに像有り。像の美なるは蓮華を上となす。蓮華の秀は分陀利《プンダリーカ》を最となす〔中略〕故に之を分陀利に喩《たと》え、其《そ》の経と為《な》す也《なり》」と論じている。

まさにここで慧観は、「唯一無上」「微妙」「清浄第一」「無有上」「秀」といった意味を「妙」という文字に込めて、「分陀利」（puṇḍarīka）によって譬えていると記しているのである。

鳩摩羅什は、単純にサッダルマ・プンダリーカ・スートラの語順に忠実に訳していただけではなく、「白蓮華」に込められた「最も勝れた」という譬喩的意味を十分に汲《く》み取って「妙法蓮華経」と〝絶妙〟の訳をしていたのである。したがって、中公文庫『法華経』のように鳩摩羅什訳の語順を口実に「正しい教えの白蓮」と訳すことは、鳩摩羅什に不名誉をこうむらせることなのである。蓮華の象徴的な意味を生かして「白蓮華のように最も勝れた正しい教え」と訳すべきである。

『法華経』の「最も勝れた」点とは、主なものを挙げれば、あらゆる衆生が平等に成仏できるとする「一仏乗《いちぶつじょう》の思想」、釈尊はすでに遥か昔に成道していたとする「久遠実成《くおんじつじょう》の思想」、その久遠実成の思想に裏づけられた「永遠の菩薩道」の三つだと言える。その思想性をもってあらゆる人の成仏を説く経典、「諸経の王」として古くから尊ばれてきたのであろう。以上の経題についての詳細な考察は、拙著『思想としての法華経』（岩波書店）第二章を参照していただきたい。

2　サンスクリット原典と翻訳

漢訳の「六訳三存三欠」

『法華経』の漢訳は、「六訳三存三欠」と言われ、かつて六訳が存在していたようだが、現存するのは次の三訳のみである。

①『正法華経《しょうほけきょう》』十巻二十七品、竺法護《じくほうご》（Dharmarakṣa）訳、二八六年
②『妙法蓮華経《みょうほうれんげきょう》』七巻二十七品（後に八巻二十八品に補足された）、鳩摩羅什《くまらじゅう》（Kumārajīva）訳、四〇六年
③『添品《てんぽん》妙法蓮華経』七巻二十七品、闍那崛多《じゃなくった》（Jñānagupta）と達磨笈多《だつまぎゅうた》（Dharmagupta）の共訳（鳩摩羅什訳を補訂）、六〇一年

二世紀以来、千年にわたって行なわれた仏典の漢訳は、鳩摩羅什よりも前の「古訳《こやく》」、鳩摩羅什から玄奘《げんじょう》の前までの「旧訳《くやく》」、玄奘以後の「新訳《しんやく》」――と大きく三つの時代に分けられる（拙著『仏教、本当の教え』中公新書、七二～七三頁）。竺法護訳は古訳に属している。古訳の時代は、「方便」と漢訳されているウパーヤ（upāya）を「権《ごん》」と訳していたりして仏教用語の訳が確定しておらず、理解しづらいところがある。そのような理由もあって、竺法護訳が難解な訳文であるのに対して、鳩摩羅什訳は流麗達意の文章で名訳であったため、今日まで『妙法蓮華経』のほうが広く用いられてきた。

鳩摩羅什訳が、二十七品から二十八品に増えたのは、当初含まれていなかった提婆達多品《だいばだったほん》が見宝塔品《けんほうとうぼん》第十一の次に挿入されたからである。鳩摩羅什訳『法華経』に対する光宅寺法雲《こうたくじほううん》（四六七～五二九）の注釈書『法華義記《ほっけぎき》』には提婆達多品がない。『法華経』の注釈書に提婆達多品が入っているのは天台大師智顗《ちぎ》の『法華文句《ほっけもんぐ》』（五八七年）以後のことである。漢訳では、天

台大師智顗のころに挿入されたのであろう。

天台大師智顗は、『法華文句』において、鳩摩羅什が漢訳した段階から提婆達多品は存在していたという立場に立って、「長安の都の宮人が要請して提婆達多品を宮中に留めておいた。それで『法華経』は、提婆達多品を含まない二十七品のみが江東地方に伝えられた」と説明していた。これは、現行の『妙法蓮華経』で独立した品とされている提婆達多品が、多くのサンスクリット原典と、チベット語訳、『正法華経』では見宝塔品の後半部に入っているのに対して、鳩摩羅什訳『妙法蓮華経』では当初欠落していたという食い違いを会通《えつう》しようとしたものであり、鳩摩羅什訳を何とか擁護しようとしたのであろうが、無理があるし、歴史的事実として素直に受け容れれば済むことである。

中国で経典が漢訳されると、サンスクリット原典は省みられることなく、翻訳に用いられた写本は保存されることはなかった。『法華経』の場合も底本として用いられた写本は残っていない。竺法護訳と、鳩摩羅什訳は、百二十年の時間的な隔たりがある。二人が用いたサンスクリット写本が存在しないので、確認することはできないが、百二十年後に鳩摩羅什によって漢訳された写本のほうが古い形式を残していると言えるようだ。

サンスクリット原典写本の発見と校訂・出版

中国だけでなく、インドにおいてもサンスクリット語の写本が残ることは困難であった。一二〇三年、イスラム教徒によってヴィクラマシラー寺院が壊滅に帰し、インドの仏教徒は実質的にゼロ（現在でも全人口の〇・六パーセント）となった。それ以降、経典が書写されることはなかった。また、雨季のモンスーンがもたらす雨で一面水浸しとなるところが多いインドでは、棕櫚《しゅろ》の葉に書かれた写本は腐食してしまい、残ることは困難であった。こうして長いあいだ、『法華経』のサンスクリット原典の写本は残っていないだろうと考えられてきた。

ところが、東インド会社の駐在公使としてネパールに赴任したイギリス人のブライアン・H・ホジソン（一八〇〇〜一八九四）が、一八三七年に多くのサンスクリット仏典の写本を見つけ、それらをロンドンとパリの図書館に寄贈した。その中に『法華経』も含まれていた。

その後も各地で『法華経』の写本が発見された。それらはネパール系（十一世紀以降）、中央アジア系、カシミール系に大別される。ネパールには、乾燥させた棕櫚の葉に文字を刻み、煤《すす》と油を混ぜた墨を塗り込んで写本を作っている人が今でも存在している。そのように、昔ながらの方法での写経が今もなお伝わっているネパール系に対して、それよりも古いと考えられる中央アジア系には、完全な形の写本ではなく、断片が多い。その中でも、タクラマカン砂漠西端に位置するオアシス都市カシュガルや、中央アジアのホータンに近いファルハード・ベーク・ヤイラキで発見された写本は、比較的にまとまっており、七、八世紀ごろに書写されたと思われる。

カシミール系は、一九三一年にカシミールのギルギットで発見されたものである。六、七世紀ごろに書写されたと考えられ、内容としてはネパール系に近い。

『法華経』の原典写本が発見されたことによって、校訂作業が行なわれるようになり、原典写本の出版へと発展した。まず、オランダの仏教学者J・H・C・ケルンと、日本の南条文雄《なんじょうぶんゆう》氏が、デーヴァナーガリー文字で一九〇八年から一二年にかけて出版した（ケルン・南条本）。その後、荻原雲来《おぎわらうんらい》氏と土田勝弥《つちだかつや》氏が、「ケルン・南条本」に河口慧海《かわぐちえかい》将来本や、チベット語訳、漢訳との比較・校訂を経て訂正を加え、ローマナイズ（ローマ字化）した写本を一九三四〜三五年に出版した（荻原・土田本）。しかし、その訂正の問題点も指摘されてきた。その後には、一九五三年と一九六〇年に、それぞれ、ダット、ヴァイディヤによって出版されている。

中央アジア出土の写本は、一九八三年に戸田宏文《とだひろふみ》氏のローマナイズによって出版された。カシミール系のギルギット本は、一九七五年に渡辺照宏《わたなべしょうこう》氏、一九七九年に戸田宏文氏によって出版されている。その他の写本や断簡も、ローマナイズされたり、写真版などの形で出版されており、最近ではアフガニスタンのバーミヤン出土という断片も発見されている。

『法華経』などの初期大乗仏典のサンスクリット原典は、訛《なま》りのない正規のサンスクリットからなる散文の長行と、プラークリット（方言）の混じった仏教混淆《こんこう》梵語（Buddhist Hybrid Sanskrit）で書かれた韻文の偈《げ》（詩句）との二部構成になっている。仏教混淆梵語を体系的に研究したのがアメリカのF・エジャートンで、その文法書と辞典からなる*Buddhist Hybrid Sanskrit Grammar and Dictionary*（仏教混淆梵語文法・辞典）二冊を一九五三年に出版した。初期大乗仏典を読むための不可欠の書であり、筆者も『法華経』を訳す際に活用した。

原典写本の校訂と出版に先駆けて、ホジソンから提供された写本をフランスのE・ビュルヌフ(一八〇一~一八五二)が仏訳していたが、仏教になじみのないヨーロッパ人には奇異に思われるのではないかと考えて、出版を先延ばしにしていた。結局、それが出版されたのはビュルヌフが亡くなった一八五二年のことだった。それに続き、ケルンがオックスフォード出版局から一八八四年に英訳を出版した。近年では、漢訳の『妙法蓮華経』を、バートン・ワトソンが英訳し(一九九三年)、ジャン゠ノエル・ロベールが仏訳した(一九九六年)。前者は、漢訳のみからの英訳であるために、多義的な漢字をサンスクリット語の原義とは異なる意味で訳しているところも見られる。

日本では、サンスクリット語からの訳として南條文雄《なんじょうぶんゆう》・泉芳璟《いずみほうけい》共訳『梵漢對照新譯法華經』(一九一三年)や、岡教邃《おかきょうつい》訳『梵文和譯法華經』(一九二三年)が出版されたが、いずれも漢訳語を踏襲《とうしゅう》した訳であった。時代が下るとともに、一般読者にも親しめる平易な言葉による現代語訳が求められ、その先駆けと言えるものが岩波文庫の坂本幸男・岩本裕訳注『法華経』上・中・下巻(一九六二~六七年)である。その後、松濤誠廉《まつなみせいれん》・丹治昭義《たんじてるよし》氏らが一九七五年、一九七六年に『法華経I・II』(中央公論社)を出版し、二〇〇一年、二〇〇二年に中公文庫に収められた。いずれも「ケルン・南条本」を底本としており、後者は「荻原・土田本」も加味している。

梵文『法華経』現代語訳の四段階

筆者は、岩波文庫版『法華経』の岩本裕訳に五百カ所近い疑問を禁じえず、その問題点を注釈で綿密に検討しながら「ケルン・南条本」を底本とし、「荻原・土田本」も参照しながら次の四段階で現代語訳した。

①『梵漢和対照・現代語訳　法華経』上・下巻、岩波書店、二〇〇八年
②『サンスクリット原典現代語訳　法華経』上・下巻、岩波書店、二〇一五年
③『サンスクリット版縮訳　法華経　現代語訳』角川ソフィア文庫、二〇一八年
④『梵文「法華経」翻訳語彙典』上・下巻、法藏館、二〇二〇年

筆者が二〇〇一年にお茶の水女子大学に提出した博士論文「仏教におけるジェンダー平等の研究――『法華経』に至るインド仏教からの考察」（二〇一八年に講談社学術文庫『差別の超克――原始仏教と法華経の人間観』として出版）を執筆する過程で、引用する文献でサンスクリット原典の存在するものはすべて自分で現代語訳して引用した。『法華経』の私の訳と、鳩摩羅什による漢訳と、岩波文庫『法華経』の岩本裕氏による和訳を読み比べてみて、岩本訳に多くの疑問を感じた。たとえば、「転輪王たちは、幾千万億の国土を引き連れて来ており」（上巻、

八一頁）という訳があった。王が「国土を引き連れてくる」というのはどういうことなのか。そんなに力持ちなのか。私はサンスクリット原典にもとづいて、「多くの国土からやってきた転輪王たち」と翻訳した。また、釈尊が過去世において仙人の奴隷として仕えた場面を、岩本訳では「寝床に寝ている聖仙の足を支えた」と訳していた。仙人というのは、足を他人につかまれて、安眠できるのだろうか。サンスクリット原典を見ると「足」は複数形になっている。実はサンスクリット語で複数は三以上のことで、岩本訳では、仙人に足が三本以上あったことになる。ここは釈尊が四つん這《ば》いになって、仙人が寝ている寝台の脚の代わりを担ったという意味なのだ。ちなみに鳩摩羅什はこれらをそれぞれ、「諸の万億国の転輪聖王《てんりんじょうおう》の至れる」（植木訳『梵漢和対照・現代語訳　法華経』上巻、八八頁）、「身を以《もっ》て床座《しょうざ》と為《な》せし」（同、下巻、八四頁）と正しく漢訳している。

筑波大学名誉教授の三枝充悳先生から「自分で納得のいく訳を出しなさい」と励まされたこともあり、筆者は、「ケルン・南条本」からの現代語訳に八年がかりで取り組んだ。そうして上梓したのが、①の『梵漢和対照・現代語訳　法華経』上・下巻である。左頁の上段にローマ字表記したサンスクリット原文、同下段に鳩摩羅什による漢訳の書き下し文、右側の頁に私の現代語訳——を対照させて並記し、これまでの訳の何が問題なのか、なぜ私の訳になったのかを説明した注釈をみっちりとつけた。注釈だけで、一三〇〇頁ほどある全体の約三分の一を占めている。

翻訳作業にあたっては、「正確を期す」「意訳・深読みをしない」「掛詞《かけことば》も見落とさずに訳出する」「曖昧《あいまい》さを残さない」――の四つの原則を自らに課した。

そして、なぜ私がそのように翻訳したのか、今までの訳の何が問題なのか、根拠を示しつつ思索の経過を〝翻訳作業ノート〟に記録しながら翻訳を進めた。サンスクリット原典の全文を一つひとつのセンテンスに区切って、すべての単語について品詞を明らかにし、名詞であれば性・数・格、動詞であれば人称・数・態・時制など文法的なことを分析し、連声《れんじょう》（二つの語が連接するときに起こる音変化の規則）の仕方、構文の分析を行ない、そのすべてを文法的特記事項とともに書き残した。その文法的分析にもとづいてなされた私の現代語訳が、サンスクリット本文と鳩摩羅什《くまらじゅう》の漢訳書き下し文を対照させて、各センテンスごとに並べてある。それを自分で〝翻訳作業ノート〟と呼んでいた。その〝翻訳作業ノート〟の出版が、④の『梵文「法華経」翻訳語彙典』上・下巻である。これは〝『法華経』を学びながらサンスクリット語が学べ、サンスクリット語を学びながら『法華経』が学べる書〟と言えよう。

この〝翻訳作業ノート〟のおかげで、再検討、再確認、推敲《すいこう》もスムーズに行なうことができて、①の『梵漢和対照・現代語訳　法華経』上・下巻を完成させることができた。

ところがその後、①について「梵・漢・和が対照になっていて便利だが、重厚すぎて持ち歩くには不便である。ハンディーで持ち歩けるものを」という要望に応える形で訳文を大幅に見直し、普及版として②の『サンスクリット原典現代語訳　法華経』上・下巻を出版した。

①は、漢訳、およびサンスクリット語と対照訳にしたことで、日本語として理解できるぎりぎりの範囲内でサンスクリット語のニュアンスを残すという訳し方をしていたが、②は対照訳ではないので、日本語らしい文章にすることに努めた。特にインド的な言い回しは、日本語らしい表現に改めた。たとえば、第1章と第13章の如来《にょらい》が亡くなる場面の描写は、①ではサンスクリットの表現を生かして「〔燃焼のための〕必須条件〔である油〕が尽き果てた燈明《とうみょう》のように」としていたが、②では「油がなくなって燈明が燃え尽きるように」と改めた。

NHK-Eテレの名物番組「100分de名著」の二〇一八年四月放送回のテーマが『法華経』となり、②が取り上げられ、筆者が〝指南役〟を務めた。何よりも女優の余貴美子《よきみこ》さんによる拙訳の朗読は素晴らしかった。聴いているだけで、命の底から力強さが込み上げてくる思いだった。それを聴きながら、月刊誌『思想の科学』の元編集代表である室謙二《むろけんじ》氏から、「耳で聴いただけで分かる訳を」という要望も受けていたことを思い出し、さらに拙訳に手を入れて③となった。

③では、インドの書物によく見られるしつこいほどの繰り返しや、呼びかけの言葉も、くどさを感じない程度に簡略化した。重複した箇所をバッサリと割愛し、過剰な修飾語や形容詞、過剰な述語動詞の羅列は簡略化した。サンスクリット語では、主語や目的語に固有名詞が繰り返して用いられる文章が頻出《ひんしゅつ》するが、煩雑《はんざつ》さ解消のためにその多くを代名詞に替えた。それによって『サンスクリット原典現代語訳　法華経』上・下巻に比べて五〇パーセントほどの文

字数に減らすことができた。

以上の作業も、ストーリーにはまったく影響しないように配慮してある。むしろ、三段階にわたって手を入れたことで、ぜい肉がそぎ落とされ、筋肉質の文章に変身して、スムーズに読みやすい文章になったことは間違いない。『法華経』の全体像を知るには、③が最も読みやすくなっていると思う。

ただ、文献的な確認や、詳細についての検討を要する人のためには、時に応じて①、ないし②も参照してもらったほうがいい。サンスクリット語の一つひとつの単語にまでさかのぼって確認したいときには、④が役立つであろう。

『法華経』などの初期大乗仏典の偈（詩句）に頻出する仏教混淆梵語の性・数・格を判定するのは、大変な困難をともなうものだが、④には、自作の十八頁に及ぶ「付録＝仏教混淆梵語の格語尾早見表」を巻末につけたので便利だと思う。

「ケルン・南条本」の汚名返上

これまで、「ケルン・南条本」の校訂の不完全さを指摘する人がいて、〝完全なる校訂〟を目指して種々の努力がなされている。けれども、諸写本間の異同は複雑を極め、体系的に分類する作業は不可能に近いと言っても過言ではない。その中でも多くの完本が残るネパール系の写本の整理・解明の重要性が注目されている。〝完全なる校訂〟を待ちたいところだが、その時間的余裕もなく、「ケルン・南条本」、および「荻原・土田本」を自ら文法的に検討し、校訂しながら翻訳した。また、「ケルン・南条本」にもとづいたこれまでの訳（岩波文庫版と中公文庫版の『法華経』）の問題点も逐一注釈で指摘し、文法的正確さを期して訳したつもりである。

その詳細は、④の『梵文「法華経」翻訳語彙典』上・下巻を見ていただきたい。そこでは、すべての単語について文法的な分析がなされたうえで、構文の解明をなし、筆者がどのように現代語訳したのかを明らかにしている。さらに鳩摩羅什訳とも比較できるように、サンスクリット語、その拙訳、そして鳩摩羅什訳の三つがワン・センテンスごとに併記されている。

現時点で、一般の方が目にしうる、「ケルン・南条本」と「荻原・土田本」だけでも、より正確を期した翻訳が必要と考えて、①〜④の拙訳をまとめた。後はただ、ネパール系写本のより〝完全なる校訂〟の進展を願うのみである。

「ケルン・南条本」は、「カシュガル本の編入」など諸写本を寄せ集め、恣意的《しいてき》につなぎ合わせていて、ずさん——などと、酷評されてきた。ところが、当該箇所を「ケルン・南条本」と、誤字・脱字など原文の間違いもそのままローマ字にした『英国・アイルランド王立アジア協会所蔵梵文法華経写本』（二〇〇七年刊、非売品）、そして戸田宏文編『中央アジア出土　梵文法華経』所収のカシュガル本の三つを比較した結果、それが憶測にもとづくものであることを確認できた（拙著『思想としての法華経』、四四〜五三頁参照）。こうして、「ケルン・南条本」に対する酷評の汚名を返上することができた。

諸サンスクリット写本、諸翻訳間の異同

『法華経』は、原典写本や漢訳の種類によって、その構成に多少の異同が見られる。内容については本書の「Ⅲ『法華経』各章の思想」で詳述するが、ここではまずおおよその概要について確認しておこう。

第5章＝薬草喩品《やくそうゆぼん》（第五）の後半部は、サンスクリット語の「ケルン・南条本」、漢訳の『正法華経』『添品法華経』にあって、『妙法蓮華経』にはない。その韻文からなる偈《げ》（詩句）には、他の章や初期大乗仏典の偈で頻繁に見られる仏教混淆梵語が稀《まれ》にしか見られない。したがって、この部分は後世の挿入と考えられよう。

「提婆達多品《だいばだったぼん》」に相当する部分は、「ケルン・南条本」と、『正法華経』『添品法華経』には第11章＝見宝塔品《けんほうとうぼん》（第十一）の後半部として入っているが、鳩摩羅什訳の段階では含まれず、その後補足された現行の『妙法蓮華経』では「見宝塔品」の次に独立した品（第十二）として入っている。ただし、サンスクリット写本の中でも、ファルハード・ベーク・ヤイラキで発見された写本には欠落し、カシュガルで発見された写本には「見宝塔品」の次に独立して第12章として入っている。

ナーガールジュナ（龍樹《りゅうじゅ》、一五〇ごろ～二五〇ごろ）の著とされる『大智度論《だいちどろん》』には、「提婆達多品」の名前を見ることはないが、ヴァスバンドゥ（世親《せしん》、または天親《てんじん》、三二〇ごろ～四〇〇

ごろ）の『法華論《ほっけろん》』は、提婆達多と龍女の成仏について言及している。したがって、インドでは龍樹より後に「提婆達多品」が編入されたと見ることもできるが、いずれもサンスクリット原典が現存しないので断定はできない。

「嘱累品《ぞくるいぼん》」は、「ケルン・南条本」、『正法華経』『添品法華経』では最後の第27章にあり、現行の『妙法蓮華経』では「如来神力品第二十一《にょらいじんりきぼん》」の次にあって第二十二となっている。

「観世音菩薩普門品《かんぜおんぼさつふもんぼん》」の第一～二六偈は、「ケルン・南条本」にはあるが、『正法華経』にも、鳩摩羅什が訳した直後の『妙法蓮華経』のいずれにもなかった。『添品法華経』と、現行『妙法蓮華経』には、その後、追加されている。続く第二七～三三偈の阿弥陀仏《あみだぶつ》に言及した箇所は、浄土教系の思想が挿入されたものであろうが、「ケルン・南条本」にあって、『正法華経』『妙法蓮華経』『添品法華経』のいずれにも存在しない。

「陀羅尼品《だらにぼん》」の位置も、第20章＝如来神力品（第二十一）の次に置いているのが「ケルン・南条本」（第21章）と、『添品法華経』（第二十一）であり、第24章＝観世音菩薩普門品（第二十五）の次としているのが、『正法華経』（第二十四）、初訳段階の『妙法蓮華経』（第二十五）、現行『妙法蓮華経』（第二十六）である。

要するに、第1章＝序品《じょぼん》（第一）から第20章＝如来神力品（第二十一）までは、第5章＝薬草喩品（第五）の後半部、および提婆達多品の有無ということが大きな違いになっている。提婆達多品がある場合も、第11章＝見宝塔品（第十一）の後半に入っているのか、見宝塔品の次に独立した章（第十二）として入っているのかという違いがあるだけである。

しかし、嘱累品については、如来神力品第二十一の次に置くか、最終章（第27章）とするかという際立った違いが見られる。嘱累品は、『維摩経《ゆいまきょう》』や『八千頌般若経《はっせんじゅはんにゃきょう》』などを見ても、最終章にあるのが一般的である。となると、鳩摩羅什訳の『妙法蓮華経』は嘱累品第二十二までが『法華経』の原形であって、『妙法蓮華経』の底本は、その原形を留めたまま、その後に続けて最後の六品が追加されていたのであろう。その六品は、それより前の品とはまったく趣を異にしており、『法華経』の思想にそぐわないものも含まれている。

ところが、その後、「嘱累品」は最後に来るべきものだということで、最終章に移された。その形式の写本が、現存する「ケルン・南条本」と、『正法華経』『添品法華経』として、今日に伝わったのであろう。

松本文三郎《まつもとぶんざぶろう》博士も以上のような見解を『仏典批評論』で論じている。ケルンも、その英訳の序において、「序品」から「如来神力品」までと、「嘱累品」を合わせた部分を『法華経』の古層であると述べている。

3　構成と成立順序

『法華経』各品の成立順序

「ケルン・南条本」と鳩摩羅什訳の『法華経』の構成を比較すると、次頁の表1のようにまとめることができる。

『法華経』は釈尊滅後五百年経ったころに編纂されたものだが、釈尊が弟子に教えを説いて聞かせるという体裁をとっている。表1の最上段の列にあるとおり、釈尊が教えを説いた場所の設定は、はじめは霊鷲山《りょうじゅせん》という小高い山であった。これは実際にインドにある高さ数百メートルほどの低い山である。第11章＝見宝塔品（第十一）から空中（虚空《こくう》）に移り、最後にまた霊鷲山に戻ってくる。

「ケルン・南条本」では、第27章となっている嘱累品で滅後の弘通《ぐつう》の付嘱《ふぞく》（『法華経』を布教する資格の付与）が終わった後に霊鷲山に復帰するが、復帰後の説法はないので〝二処二会《にしょにえ》〟の形になっている。鳩摩羅什訳では、嘱累品が第二十二となっていて、その後に続く六品は霊鷲山で説かれたことになるので、説所は「霊鷲山→虚空→霊鷲山」と〝二処三会《さんえ》〟（二幕三場）

説所	サンスクリット原典（「ケルン・南条本」）	漢訳（鳩摩羅什訳）
霊鷲山	第1章　序	序品第一
	第2章　巧みなる方便	方便品第二
	第3章　譬喩	譬喩品第三
	第4章　信順の志	信解品第四
	第5章　薬草	薬草喩品第五
	第6章　予言	授記品第六
	第7章　過去との結びつき	化城喩品第七
	第8章　五百人の男性出家者たちへの予言	五百弟子受記品第八
	第9章　アーナンダとラーフラ、そのほか二千人の男性出家者への予言	授学無学人記品第九
	第10章　説法者	法師品第十
虚《こ》空《くう》	第11章　ストゥーパの出現	見宝塔品第十一
	〃　ストゥーパの出現＝続き	提婆達多品第十二
	第12章　果敢なる努力	勧持品第十三
	第13章　安楽の住所	安楽行品第十四
	第14章　大地の裂け目からの菩薩の出現	従地涌出品第十五

虚空	第15章 如来の寿命の長さ	如来寿量品第十六
	第16章 福徳の分別	分別功徳品第十七
	第17章 喜んで受け容れることの福徳の表明	随喜功徳品第十八
	第18章 説法者に対する讃嘆	法師功徳品第十九
	第19章 常に軽んじない〔と主張して、常に軽んじていると思われ、その結果、常に軽んじられることになるが、最終的には常に軽んじられないものとなる〕菩薩	常不軽菩薩品第二十
	第20章 如来の神力の顕現	如来神力品第二十一
	第21章 ダーラニー	陀羅尼品第二十六
	第22章 〝薬の王〟の過去との結びつき	薬王菩薩本事品第二十三
	第23章 明瞭で流暢に話す声を持つもの	妙音菩薩品第二十四
	第24章 あらゆる方向に顔を向けた〝自在に観るもの〟の神変についての教説	観世音菩薩普門品第二十五
	第25章 〝美しく荘厳された王〟の過去との結びつき	妙荘厳王本事品第二十七
	第26章 〝普く祝福されている人〟による鼓舞	普賢菩薩勧発品第二十八
付嘱後に霊鷲山に復帰	第27章 付嘱	嘱累品第二十二

表1 サンスクリット原典と漢訳における構成の比較（色がついているところは、後世に付け足された章）

の形式になっている。ただし、原形部分だけ見れば〝二処二会〟である。

表1の真ん中の列がサンスクリットの「ケルン・南条本」の章立て、下段の列が漢訳の鳩摩羅什訳の章立てである。見て分かるとおり、第11章の途中から両者で章立ての番号がずれている。これは、漢訳の提婆達多品第十二に当たる箇所が後から追加される際、それを第11章の続きとするか、単独の章として入れるかで違いが出たためである。

また、「ケルン・南条本」で第27章になっている嘱累品は、漢訳では第二十二となっている。『法華経』の原形は嘱累品第二十二で終わっていたようだが、後になって第21章＝陀羅尼品（第二十六）、第22章＝薬王《やくおう》菩薩《ぼさつ》本事品《ほんじぼん》（第二十三）などの六つの章がそれに続けて追加され、鳩摩羅什はその形式の写本から漢訳した。その後、経典における嘱累品は通常は経典の最後に来るものだという理由から、追加された六つの章の後ろに移されて、最後の第27章になった。このような事情により、章（品《ほん》）の数字が前後している。

この先、本書において『法華経』を引用する場合、サンスクリット語の現代語訳は、角川ソフィア文庫の植木訳『サンスクリット版縮訳　法華経　現代語訳』（以下、『サンスクリット版縮訳　法華経』）により、漢訳の書き下しは植木訳『梵漢和対照・現代語訳　法華経』上・下巻（岩波書店）を用いる。章名はよく知られた漢訳名を用い、たとえば第15章＝如来寿量品（第十六）というように、漢訳の品の番号を漢数字で、サンスクリット版の章の番号を算用数字で記すことにした。

後半に追加された六つの章について補足すると、実はこれらは、『法華経』本来の内容とは異質のものである。庶民受けを狙《ねら》って、現世利益や神がかり的な救済が説かれている。『法華経』本来の思想を歪《ゆが》めるものであって、筆者としては、ないほうがよかったのではないかと思う箇所もある。

中村元博士は、こうした事情を次のように述べておられる。要約して引用する。

特に初期の大乗仏教では、民衆に対して積極的に教化を行なうことに努める気運に満ちていた。けれども、当時の愚昧《ぐまい》な一般民衆を教化するのは容易でないことを痛感した。民衆は、依然として昔ながらの呪術的な信仰をいだいていた。仏教は、当初から呪術・魔術の類を認めなかったので、一般民衆にはどうしても近づきがたいところがあった。大乗仏教では、いちおう呪術的な要素を承認して、ダーラニー(dhāraṇī:陀羅尼)、すなわち呪文の類を多く作るとともに、当時の民間信仰をそのまま、あるいは幾分か変容して取り入れた

(『古代インド』講談社学術文庫、三六八〜三六九頁)

この考えに従えば、『法華経』の高尚な平等思想などよりも、神通力などのほうに関心が強い庶民に媚《こ》びて、六つの章が追加されたという面もあるであろう。最後に追加された六つの章は、こうした妥協の産物的な要素が強いと思う。たとえば薬王菩薩本事品第二十三での焼身供

養（焼身自殺）を「最高の供養」として宣揚するのはいかがなものかと思わざるをえない。

以上のことを念頭に置いて、『法華経』の各品（以下、提婆達多品を追加した現行『妙法蓮華経』の品数で表記する）の成立順序について考えてみよう。それについては、提婆達多品を除くすべての品が同時に成立したというものもあれば、大きくは三段階を経て成立したというものまで、諸説紛々としている。

その中で最も支持されているものは、薬草喩品の後半部と提婆達多品を除いた序品から如来神力品までと、それに嘱累品を加えたものが『法華経』の原形で、それ以後の六品、および薬草喩品の後半部と、提婆達多品が後世の付加であるとするように、大きく二つに分けるものである。

そのうえで、さらにその原形の部分を法師品の前で区切られることが多い。したがって、次の三類に分類されている。

第一類＝方便品《ほうべんぼん》第二～授学無学人記品《じゅがくむがくにんきぼん》第九

第二類＝序品第一と、法師品《ほっしぼん》第十～嘱累品第二十二（提婆達多品第十二は後世の付加）

第三類＝薬王菩薩本事品第二十三、妙音菩薩品《みょうおんぼさつぼん》第二十四、観世音菩薩普門品第二十五、陀羅尼品第二十六、妙荘厳王本事品《みょうしょうごんのうほんじぼん》第二十七、普賢菩薩勧発品《ふげんぼさつかんぼっぽん》第二十八

この三段階を経て、順次に成立したとするものである。第一類と第二類のあいだの区分の理由は、第一類が声聞《しょうもん》（男性出家者）を対告衆《たいごうしゅ》（教えを説く対象）としていて、その未来成仏の予言（授記《じゅき》）がテーマになっているのに対して、第二類では、菩薩が対告衆であり、釈尊滅後の法華弘通《ほっけぐつう》の資格を付嘱することがテーマになっていて、主題が異なるからだという。

筆者は、第一類、第二類で取りあつかわれる内容の違いは認められるとしても、成立時期まで違うとする以上の考えに納得できない。対告衆を声聞と菩薩と異にしていることは、必ずしも経典成立の時間差とは決めがたい。後述するように、小乗と大乗の止揚として声聞と菩薩に対して区別することなく、「菩薩のための教え」（bodhisattvâvavāda）である『法華経』が説かれているという視点を持てば、対告衆の違いは何ら問題ではなくなるのだ。それにともない、第一類と第二類を一貫させるために序品第一が作られたとして、第二類に分類する必要もなくなる。

また、第一類が、釈尊の遺骨を安置したストゥーパ（舎利塔《しゃりとう》）に対する崇拝を礼賛しているのに対して、第二類は、舎利塔でなく経典を安置した経塔《きょうとう》に対する崇拝を強調しているという違いをとらえて、成立時期の時間差を見出そうとするものもあるが、『法華経』より先に成立していた『般若経《はんにゃきょう》』がすでにストゥーパ信仰を批判するとともに経典重視の思想を打ち出しており、そのことをすでに『法華経』編纂者たちは知っていたはずである。したがって、第一類、第二類におけるストゥーパに対する態度の違いは、経典成立の時間差を意味しているのではなく、ストーリー展開の順序にすぎないのではないか。

したがって、筆者は、第一類と第二類は、多少の時間差はあるかもしれないが、際立った時間差とは言えず、必ずしも分ける必要はないと考える。むしろ、この二つに比して、第三類との段差のほうが内容的にも成立時期としても遥かに大きいと言わざるをえない。そこには男女の産み分けや、ダーラニー(陀羅尼)信仰などインド土着の民間信仰や、現世利益のようなものまで『法華経』の名前でとりこまれていて、原形部分との違いがあまりにも大きすぎる。

第一類、第二類を読んでいて、いつしか「自分が菩薩として何ができるだろうか」「何かしなければ」という能動的・積極的な思いに駆られるのに対して、第三類、特に第24章=観世音菩薩普門品(第二十五)を読んでいると、いつしか「観世音菩薩は私に何をしてくれるのだろう」「いつ助けに来てくれるのだろう」といった受身の姿勢に転じていることに気づく。その違いは大きい。

本書の「Ⅲ 『法華経』各章の思想」を論ずるところで、『法華経』を大きく分ける際に、この第一類、第二類、第三類という分け方を採用した。ただ、第1章=序品(第一)だけは、第二類から第一類に移して論じる。それは、成立順ということではなく、内容面の違いで分類したものである。

一世紀末から三世紀初めの成立

本書の「II『法華経』前夜の仏教」でインド仏教史を概説する中で改めて論ずるが、『法華経』が成立したのは、紀元一世紀末から三世紀初めの西北インドであった。それは、ほかならぬ『法華経』の記述内容から推測される。

その手掛かりは、第3章＝譬喩品《ひゆぼん》（第三）と、第4章＝信解品《しんげぼん》（第四）に登場する「資産家」の存在である。その中でも信解品の「長者窮子《ちょうじゃぐうじ》の譬え」に出てくる次の一節が注目される。もの心つかないころに行方不明となっていた貧しい男（窮子）の父親について述べたところである。

> その男の父親も、よその国に来て**資産家**となり、多くの財産、**金貨**、**金**、銀、宝石を所有し、多くの雇い人を抱え、さらには**象**、馬、牡牛《おうし》、羊、車を所有しています。その父親は、数多くの侍者《じしゃ》を従え、**富の蓄積**や、**利子を取っての金融業**や、農業、**交易**で繁盛していました。
>
> （植木訳『サンスクリット版縮訳　法華経』、七九頁）

ここの「資産家」は、「居士《こじ》」と漢訳されたグリハパティ（gṛhapati）を現代語訳したものである。本来は、**gṛha**（家）と**pati**（主、長）の複合語で「家長」という意味であったが、経済活動が盛んになり、国王とも並ぶほどの経済力を持つ人たちが現われ、彼らのことを敬意をもってグリハパティと呼ぶようになった。そこには、「資産家」という意味が込められていた。

その資産家が所有するものとして、「金貨、金」が挙げられている。これは、ヒラニヤ・スヴァルナ（hiraṇya-suvarṇa）を訳したものだ。hiraṇya も suvarṇa も「黄金」、あるいは「金貨」を意味しているが、ここで両者を並べたということは、「金貨」と「金」を使い分けていることが明らかで、前者は「金貨」を意味している。

インドでは、古くは銀貨と銅貨が用いられていて、金貨を用いることはほとんどなかった。ところが、紀元一世紀にクシャーナ族が中央アジアから西北インドに侵入してきて、それが一変した。クシャーナ王朝の時代になると、ローマ帝国（紀元前二七〜後四七六年）との「交易」が盛んになり、商業活動が活発になった。インドの絹、香料、宝石などを売ってローマの金が大量にインドに流入した。こうしてインドでの金貨の流通が急速に盛んになった。その単位はローマの単位と同じであった。それによって、「富の蓄積」がなされ、「利子を取っての金融業」を営む資産家が出現した。

しかも、その資産家の所有物にさり気なく「象」が挙げられているが、このことからも重大な意味が読み取れる。パータリプトラの王は、歩兵六十万人、騎兵三万人、象九千頭を所有していたという。紀元前三二六年、アレキサンダー大王の軍勢がインダス川まで遠征してきて、最も悩まされたのはインドの象軍であった。それほどに強力な〝兵器〟であったのだ。ギリシア人の王たちが象を獲得することを熱望したのもよく分かる。そのような象の所有は、マウリヤ王朝（前三一七〜同一八〇年ごろ）の時代には国王のみに許されていた。

その象を、この資産家が所有していたと記述されている。それは、資産家が国王に劣らぬ権威を持つようになっていたことを意味しているのだ。しかも、その資産家の臨終の際には国王を駆けつけさせるほどで、この「長者窮子の譬え」では、その資産家のことをラージャ・マートラ（rāja-mātra）、すなわち「王様と同等の権威を持つ人」（同、八〇頁）と表現されている。このような資産家の存在は、貨幣経済が極めて進展した時代でなければ考えられない。

中村元博士は、「国王らを畏怖させ駆使するような資本家の像は、非常に貨幣経済の進展した時代でなければ現われて来ないであろう。この点から考えても、『法華経』はおそらくウェーマ・カドフィセース王以後に現われたと考えられる」（『インド史Ⅲ』中村元選集決定版、第七巻、三七一頁）と論じておられた。クシャーナ王朝の第三代君主ウェーマ・カドフィセース王の在位期間は、近年の研究では「九一～一三〇年ごろ」とされる。そうすると、『法華経』成立の上限は一世紀末以降と言える。

また、『法華経』成立の下限としては、『法華経』で頻繁にストゥーパについて言及されていることから推測される。ストゥーパの建造が最も盛んであったのは、第四代君主カニシカ王の没後、ヴァーシシカ王、フヴィシカ王の後を継いで西北インドを支配していたヴァースデーヴァ王のときであった。中村博士は、「西北インドおよびヒンドゥスターンにある仏教の多数のストゥーパは、主として、このヴァースデーヴァ王のとき建造されたとみられている」「この歴史的事実からみると、『法華経』がつくられたのは、おそらくヴァースデーヴァ王のときであろう、と考えられる」（中村元著『古代インド』、二五六〜二五七頁）との見解を述べておられる。

ヴァースデーヴァ王以後、ストゥーパ建造の風潮が急激に減退していることを考慮すれば、納得がいく。その王の統治期間は三世紀初めごろとされるので、『法華経』の原形部分（第一類と第二類）は一世紀末から三世紀初めのあいだに成立したと考えることができよう。

第三類の中で、バラモン教を信奉する父王を二人の息子たちが仏教に帰依させる第25章＝妙荘厳王品（第二十七）は、五世紀ごろ付け加えられたと考えることができよう。それは、グプタ王朝（三二〇〜五五〇年ごろ）の四〇〇年以後にバラモン教が国教に採用され、インド古来のバラモン教学の復興が顕著になったことに対応したものと考えられるからだ。

西北インドでの編纂

中村元博士は、『法華経』に描写された内容から、『法華経』の成立年代だけでなく、編纂された地域を推測しておられる。

ハーリーティーの像がガンダーラ美術において特に重要であり、他方『法華経』において重要な神話的人物であるとすると、『法華経』が最終的にまとめられたのはガンダーラ地方であるという推定のための一つの有力な論拠となると思われる。

(『仏教美術に生きる理想』中村元選集決定版、第二三巻、二五四頁)

つまり鬼子母神《きしもじん》、すなわちハーリーティー(訶梨帝母《かりていも》)の像がガンダーラ周辺で多数出土することから、ガンダーラ地方で編纂された可能性があるとする説である。

筆者も、サンスクリット語から『法華経』を翻訳しながらいくつか気づいたことがあった。第2章=方便品(第二)には、欲望に執着する衆生を、ヤク(camarī:犛牛《みょうご》)が尻尾に執着する様子に譬えているところがある。ヤクは長い体毛に覆われていて、主にチベットとヒマラヤ、中国西部の寒冷な高地に生息する。前田耕作《まえだこうさく》東京藝術大学客員教授によると、アフガニスタンの高地でも見られるという。このような動物が譬えとして用いられたということは、ヤクが『法華経』編纂者たちの生活文化圏に生息していたと考えることができ、この『法華経』が高地の多い西北インドで編纂されたことを示唆しているのではないだろうか。

筆者のこの見解に対して、インドの平野部にも蚊やハエを払うための払子《ほっす》の材料としてヤクの毛が持ち込まれていたことを挙げて、批判する人がいた。しかし、ヤクの毛をいくら見つめていても、ヤクの生態は見えてこない。やはり、生きたヤクの姿を見た人たちによる譬喩と考えるべきであろう。

また、声聞たちに相次いで未来成仏の予言(授記)がなされるが、そのブッダの国土(仏国土)の描写は、決まってと言っていいほど、石や砂、瓦礫《がれき》がなく、深い割れ目や、断崖絶壁もなく、平坦《へいたん》であるといったものである。こうした仏国土の表現は、『無量寿経《むりょうじゅきょう》』（*Sukhāvatīvyūha*）の第17章にも見られる。こうしたことを仏国土の理想として掲げるというこ とは、『法華経』や『無量寿経』が編纂された地域の人たちが、そうした地理的悪条件に悩まされていたということの裏返しであろう。そうすると、『法華経』が、「インド人殺しの山」を意味するヒンドゥー・クシュ山脈などの西北インドの山岳地帯を生活文化圏に含む人たちによって編纂されたと考えることができよう。ガンジス河流域の大平原に住む人たちにとって、こうしたことを願い求める必要などまったくないからである。

また、第10章＝法師品（第十）には、井戸掘りの場面が次のように描写されている。それは、水を求めて地上の堅い不毛の地（砂漠）において井戸を掘らせ、乾燥した白っぽい土が運び去られているあいだは、水は近くにないと判断し、水の混じった湿った土が泥のぬかるみとなって、水滴をしたたらせて運び出されたり、井戸を掘る人の手足が泥のぬかるみで汚れていたりするとき、水は近くにあると判断できるといった話である。これも、ガンジス河流域ではありえない光景で、西北インドの様子であろう。

また、第25章＝妙荘厳王品（第二十七）には、妙荘厳王の二人の息子が下半身から水の流れを解き放ち、上半身からは火を燃え上がらせるという神変《しんぺん》（奇跡）を起こして父王を化導《けどう》するという場面が描かれている。これは、アフガニスタンで出土する多くの「舎衛城双神変《しゃえいじょうそうしんぺん》」の立像や、焔肩仏《えんけんぶつ》の像とモチーフが類似している。このことも『法華経』の西北インドとのつながりの深さを示唆していよう。
以上のことも西北インド成立説の状況証拠に加えることができよう。

法華経を編纂／信奉した人たち

第4章＝信解品（第四）の冒頭で、スブーティ（須菩提《しゅぼだい》）をはじめとする四人の大声聞たちが、これまでの自分たちの在り方を反省して次のように語っている。

私たちはこの上ない正しく完全な覚りに向けて他の菩薩たちに教授したりしていました。しかしながら、私たち自身は、一度でさえもそれを渇望することはありませんでした。

（植木訳『サンスクリット版縮訳　法華経』、七八頁）

この一節に相当する鳩摩羅什訳を読んで、学生時代からずっと疑問を抱いていた。それは、小乗教団のほかに〝仏塔教団〟なる大乗教団を想定し、そこに集まった在家信者の仏教運動から大乗仏教は始まったとする平川彰説が一世を風靡《ふうび》していたころであった。ところが、平川説の考えでは、この一節が説明できないのである。

大乗教団と小乗教団が別々のものであれば、この四大声聞たちは、菩薩に対する教えを釈尊から聞いて、自らはそれに対して無関心でありながら、わざわざ大乗教団まで出向いていって、菩薩のための教え（菩薩乗）を説いていたということになるからだ。小乗教団の声聞たちが、別の大乗教団まで出かけていって「菩薩のための教え」を菩薩たちに説くことなど考えられない。その上、一～三世紀の遺跡は、小乗教団のものばかりで大乗教団のものは一つも存在しない。大乗教団独自の遺跡は、四世紀以後のものばかりである。菩薩像が多数、出土するが、それはみな小乗教団の遺跡からである。こうした事実を平川説では説明できない。しかし、大乗仏教が小乗教団の内部から興ったと考えれば、以上の問題点はすべて解決する。

筆者の疑問を晴らすように、花園大学教授の佐々木閑《しずか》氏らが、平川彰説を根底から覆す見解を発表された（『インド仏教変移論――なぜ仏教は多様化したのか』大蔵出版）。また、アメリカのグレゴリー・ショペン氏も、平川説を批判して学界に登場した（『大乗仏教興起時代――インドの僧院生活』春秋社）。今では、平川説は完全に否定されたと言えよう。

馬場紀寿《ばばのりひさ》氏は、高崎直道《たかさきじきどう》監修『大乗仏教の誕生』（春秋社）の第五章「上座部仏教と大乗仏教」（一四二～一四四頁）において、次のように記している。

一世紀から三世紀ごろにかけて作成されたガンダーラ写本が九〇年代中ごろから続々と発見され、その中から部派文献とともに大乗経典に同定された写本が次々と報告されているのである。これらガンダーラ写本の調査結果にもとづいて、マーク・アロンとリチャード・サロモンは、暫定的という留保をつけながらも、大乗仏典は一、二世紀から存在し、主流の仏教

(Mainstream Buddhism) と共存していたのであり、大衆部をふくむ諸部派の中にあったと結論している。

そして、「大乗経典は部派の内部で伝承されていたと考えられる」としながらも、「必ずしも部派全体が大乗を容認していたという意味ではない」とも述べている。

それは、間接的な表現ではあるが、『法華経』自体からも読み取れることだ。詳細は「III『法華経』各章の思想」に譲るが、『法華経』の第2章から第9章までのストーリー展開から次のことが読み取れる。教団内の声聞たちが、①『法華経』を歯牙《しが》にもかけずに無視している人たち、②『法華経』の思想を知ってはいるが関心がない人たち、③『法華経』の熱心な実践者——の三通りからなることを示唆しているのだ。

『法華経』実践者たちの実像

筆者は「ケルン・南条本」を現代語訳しながら、当時の『法華経』信奉者たちの姿を髣髴《ほうふつ》とさせる場面にしばしば出くわした。その場面を要約すると、彼らの生活の断面が次のように浮き彫りになってくる。

「在家と出家の多くの人たちが、菩薩としての修行（菩薩道）を行なう」（法師品）とあるように、『法華経』信奉者には在家の菩薩と、出家の菩薩が含まれていた。彼らは、荒野（阿練《あれん》若《にゃ》）や、山の洞穴、森、人々に見捨てられた寂しい場所などに止宿していた。序品に「〔それらの菩薩たちは〕男性出家者たちに等しく（bhikṣū samānāḥ）」とあることからすると、在家であっても出家の菩薩と異なることのない菩薩もいたのであろう。それとともに、「この法門を聞くために、自分の家を出て、精舎《しょうじゃ》に行く」（随喜功徳品《ずいきくどくぼん》）といった在家の菩薩もいたようだ。

森の修行者として独りで暮らし、森や洞穴でいつもこの経を暗誦しているものもいれば（法師品）、山の洞穴の中に坐って法について思索するものもいた（薬草喩品）。果樹園や、精舎、家、森、町、村、地方、街道、樹木の根もと、宮殿、住房、洞穴で、この法門を読誦し、解説し、書写し、考察し、語り、朗詠したりしていた（如来神力品）。

この法門を自ら書写し、他の人にも書写させ、書写した後で記憶することに取り組んでいた。写本を肩に担って持ち歩く人もいた。その写本に対して花や、末香《まっこう》、薫香《くんこう》、花環《はなわ》、塗香《ずこう》、焼《しょう》香《こう》、衣、日傘（傘蓋《さんがい》）、旗、のぼり、音楽、礼拝によって、称讃し、尊重、尊敬、供養、恭敬、尊崇をなしていた（法師品）。法を聞いて立ち上がり、出かけていって、精舎《しょうじゃ》であれ、家であれ、荒野であれ、街道であれ、村であれ、地方であれ、どこにいてもその法を聞いたとおりに、能力に応じて、人々に語って聞かせていた。その相手は、母や、父、親戚縁者、親友、親密な人であったり、その他の人たちでもあった（随喜功徳品）。

説法者（法師《ほっし》）としての菩薩たちは、菩薩だけではなく、声聞・独覚の二乗《にじょう》も、在家も女性も成仏できるとする一仏乗の思想を語って聞かせていたが、彼らは、伝統的保守的仏教の権威主義的な四衆《ししゅ》（出家と在家の男女からなる四種の信奉者）たちから、眉をひそめられたり、集会で座席が与えられなかったり、精舎からしばしば追放されたりすることがあったようだ。鳩摩羅什が「数数見擯出《さくさくけんひんずい》」（数数《しばしば》、擯出《ひんずい》せられん）と漢訳したのは、精舎からの追放のことであった。ということは、『法華経』信奉者である説法者（法師）としての菩薩たちは、伝統的仏教、いわゆる小乗教団の精舎、僧院での集会に参加し、そこで『法華経』を諳《そら》んじることをなしていたということである。伝統的仏教と大乗の共住《ぐうじゅう》がここに確認されよう。

四衆たちは、それらの『法華経』を信奉する菩薩たちに土塊《つちくれ》や、棒などで危害を加えたり、悪口罵詈《あっくめり》を浴びせたりすることもあったようだ（法師品）。また、「情けないことに、これらの出家者たちは、外道《げどう》（仏教以外の教え）を信ずるものたちで、利養を得ることと、称讃されることに執着し、自分たちの詩的才能を誇示している。自分で経典を作って、集会の真ん中でそれを説いている」と非難された。「こいつらは、ブッダになるんだってよ」という皮肉も言われた。それは、男性・出家者中心主義に抗して、在家・出家、男・女の区別なく、誰でも成仏できるとする一仏乗の思想に対して、権威主義者たちからの当然の反応であった。それでも、その言葉を掛詞として、「自分たちに皮肉を言うこれらの人たちもブッダになるのだ」という意味を読み取って耐え抜いた。このように、彼らは忍辱《にんにく》の衣を着て、畏《おそ》れることなく、「集会の真ん中」（parṣan-madhya / pariṣāya madhye）でこの『法華経』を説き続けていた（勧持品《かんじぼん》）。

4 日本文化への影響

聖徳太子、最澄、日蓮、道元と『法華経』

先述の通り、『法華経』は、あらゆる人の成仏を説く経典として古来「諸経の王」（sūtra-rāja）と呼ばれ、インドの龍樹（Nāgārjuna）や世親（Vasubandhu）によって、誰をも差別しないその平等な人間観が高く評価された。

アジア諸国でも翻訳され、漢訳、チベット語訳、ウイグル語訳、西夏《せいか》語訳、蒙古《もうこ》語訳、満洲《まんしゅう》語訳、ハングル訳などが存在し、アジア諸国で広く信奉されてきた。二〇〇八年には、イランのパーシャーイー氏によりペルシア語訳も刊行された。

わが国においても、五三八年の仏教伝来以来、『法華経』は重視されてきた。飛鳥《あすか》時代、奈良時代を見ても、聖徳《しょうとく》太子（五七四～六二二）が、『三経義疏《さんぎょうぎしょ》』として、『勝鬘経《しょうまんきょう》義疏』（六一一年）、『維摩経《ゆいまきょう》義疏』（六一三年）とともに、わが国で最初の『法華経』注釈書である『法華経義疏』（六一五年）を著わした（ただし、聖徳太子による著作を疑問視する説もある）。日本仏教の始まりは『法華経』を無視しては語れない。七四一年の聖武《しょうむ》天皇の詔《みことのり》によって創建された国分尼寺では「法華滅罪之寺《ほっけめつざいのてら》」として『法華経』が講じられた。尼寺だから、女人成仏が説かれた経典として重視されたのであろう。

平安時代においても伝教大師《でんぎょうだいし》最澄《さいちょう》（七六七〜八二二）は、法相宗《ほっそうしゅう》の徳一《とくいつ》（生没年不詳）と「三一権実論争《さんいつごんじつ》」を繰り広げ、『法華秀句《ほっけしゅうく》』を著わし、「皆成仏道《かいじょうぶつどう》」（皆、仏道を成《じょう》ず）を標榜《ひょうぼう》する『法華経』の勝れている点を論じた。

鎌倉時代においても日蓮《にちれん》（一二二二〜一二八二）は、『法華経』独自の菩薩である地涌《じゆ》の菩薩、あるいは常不軽《じょうふきょう》菩薩をわが身に引き当てて、「法華経の行者」として『法華経』を身読《しんどく》したことで知られる。最澄、日蓮の『法華経』重視はよく知られたことだが、道元《どうげん》（一二〇〇〜一二五三）も『法華経』を重視していた人として見落とすことができない。道元の著書『正法眼蔵《しょうぼうげんぞう》』に引用された経典は『法華経』が最も多く、道元が瀕死《ひんし》の病を患ったときも、『法華経』如来神力品第二十一の次の一節を唱えていたという。

若《も》しは園中《おんちゅう》に於《お》いても、若しは林中に於いても、若しは樹下《じゅげ》に於いても、若しは僧坊に於いても、若しは白衣《びゃくえ》（筆者注＝在家）の舎《いえ》にても、若しは殿堂に在っても、若しは山谷曠野《せんごくこうや》にても〔中略〕諸仏、此《ここ》に於いて法輪を転じ、諸仏、此に於いて般涅槃《はつねはん》したもう。

（植木訳『梵漢和対照・現代語訳 法華経』下巻、三九四頁）

その部屋には、「妙法蓮華経庵《みょうほうれんげきょうあん》」という名前までつけていた。

このように、『法華経』が日本文化に幅広く、かつ深く影響を与えていたということを、教育過程で知らされることはほとんどなかった。哲学者の和辻哲郎《わつじてつろう》博士（一八八九〜一九六〇）も、そのことを悔いるとともに嘆いている。

和辻哲郎と『法華経』

和辻氏は最晩年に『法華経』の思想的研究に取り組んでいた。その「法華経の考察」（『和辻哲郎全集』第五巻所収）と題する論文の冒頭において、『法華経』が仏教伝来以来、最もポピュラーで民衆に親しまれていたことを書き記している。その具体例として、日本人の誰もが知っている牛若丸（後の源義経《みなもとよしつね》）についての室町時代初期までに成立したとされる軍記物語『義経記《ぎけいき》』の冒頭の記述を紹介している。すなわち、牛若丸と弁慶との出会いの場面で、二人が観音堂で『法華経』を競い合うように読誦する場面が長々と描写されていて、周囲の人たちが感心して聴き入っていたというのだ。

それを読んで、和辻博士は、次のように感想を述べている。

明治の中ごろに生まれたわたくしたちは、牛若丸と弁慶との五条の橋における出合いを、全然法華経などと関係なしに教えられた。〔中略〕わたくしどもが日本おとぎ話において読まされた牛若丸や弁慶は、法華経などとはまるで無縁の人であるかのようにわれわれの心に印象づけられていたのである。

続けて、さらに次のように記している。

これは何も牛若丸や弁慶の話に限ったことではない。われわれが明治時代に受けた教育は、全体にわたって法華経などと縁のないものであった。現にわたくし自身は、法華経の内容について何一つ知ることなしに大学を、しかも文科大学を、卒業することができたのである。

このように、日本の教育の偏りと、自らが『法華経』に無知であったことを反省する言葉を綴《つづ》っている。その実態は、明治時代の教育に限らず、今も何ら変わっていない。

日本の文学・芸術・文化への影響

私も、それを読んで、日本の文学、芸術、文化に与えた『法華経』の影響について学ばなければならないと痛感した。

『源氏物語』などの平安文学には、八巻から成る『法華経』を朝夕一巻ずつ四日間で講ずる「法華八講《ほっけはっこう》」の法会《ほうえ》が光源氏や藤壺、紫の上などの主催で行なわれる場面が出てくる。

菅原孝標女《すがわらたかすえのむすめ》（一〇〇八〜？）は、少女時代に『源氏物語』に熱中し、夢の中に現われた「いと清げなる僧」から「法華経五の巻を、とく習へ」と告げられたと『更級日記《さらしなにっき》』に記している。薬師寺の僧景戒《きょうかい》による『日本霊異記《にほんりょういき》』（八二二年）、比叡山の僧鎮源《ちんげん》による『法華験記《ほっけげんき》』（一〇四〇〜一〇四四年）は、『法華経』の教えを分かりやすく説いた説話文学である。

日本を代表する文学である和歌のテーマとしても『法華経』はよく詠《よ》まれた。『法華経』の各品《ほん》（章）ごとに詠んだ歌を収録したものとして選子内親王《せんしないしんのう》の『発心和歌集《ほっしんわかしゅう》』（一〇一二年）がある。また、後白河法皇《ごしらかわほうおう》が編纂《へんさん》した歌謡集『梁塵秘抄《りょうじんひしょう》』（十二世紀末）に収められた法文歌《ほうもんか》二百二十首のうちの過半数は『法華経』をテーマとしたものである。

藤原定家《ふじわらのていか》の父である藤原俊成《ふじわらのとしなり》（一一一四〜一二〇四）は、歌論『古来風躰抄《こらいふうていしょう》』において『法華経』哲学を体系化した天台大師智顗《てんだいだいしちぎ》（五三八〜五九七）の『摩訶止観《まかしかん》』から和歌論を展開している。その中で、「止観の明静《みょうじょう》なること前代も未《いま》だ聞かず」（『摩訶止観』序章）という一節を挙げ、言葉では表現しにくいことを言葉によそうことによって思いが及ぶと述べ、さらには『法華経』法師功徳品の、『法華経』を受持するもののあらゆる表現は、すべて正法（仏法）に順じているとする、

若《も》し俗間《ぞっけん》の経書、治世《じせい》の語言《ごごん》、資生《ししょう》の業《ごう》等を説かんも、皆、正法に順ぜん。

（植木訳『梵漢和対照・現代語訳　法華経』下巻、三四〇頁）

という一節を踏まえて、「歌のふかきみち」は正法（仏法）に順ずるものであるとして和歌論を展開していた。それは、次の言葉に集約される。

歌のふかきみちを申すも、空《くう》・仮《け》・中《ちゅう》の三諦《さんたい》に似たるによりて、かよはしてしるし申すなり。

（『古来風躰抄』）

「空・仮・中の三諦」は、現象界と普遍性の関係性を論じたもので、「諸法実相《しょほうじっそう》」を言い換えたものである。「諸法実相」とは、あらゆるものごと（諸法）のありのままの真実の姿（実相）のことである。「諸法」そのものが「実相」とは言えないが、「実相」は「諸法」を通じてしか現われえない。藤原俊成の和歌論には、この「諸法実相」という〝存在の在り方〟〝ものの見方〟が根底に貫かれているといえよう。和歌を詠むときには、桜を愛《め》で、月を眺め、風を感じ、現象・事物としての花鳥風月《かちょうふうげつ》を歌に詠み込む。現象としての「もの」や「こと」に即して、その背後にある実在、すなわち実相というものを表現することが「歌のふかきみち」であるというわけだ。

西行《さいぎょう》法師（一一一八〜一一九〇）も、『法華経』を讃嘆する歌を多数詠んだ。『聞書集《ききがきしゅう》』には「法華経 廿八《にじゅうはち》品」と題して『法華経』二十八品のそれぞれのテーマに対応した西行の歌が収められている。

京都深草の元政《げんせい》上人（一六二三〜一六六八）は、『法華経』の諸法実相の理念にもとづいて千五百もの漢詩、二百五十の和歌をはじめ紀行文など膨大な作品を残し、「西の元政、東の芭蕉」「江戸時代随一の詩人」と称され、松尾芭蕉（一六四四〜一六九四）や、小林一茶《こばやしいっさ》、北村《きたむら》季吟《きぎん》、井原西鶴《いはらさいかく》など江戸期の文化人たちに仰がれた（詳細は、拙著『江戸の大詩人　元政上人――京都深草で育んだ詩心と仏教』参照）。

松尾芭蕉は、門人の許六《きょりく》らと『法華経』について語り合っており、弟子の蕉門十哲にも『法華経』の意図するところを詠んだ句が多くある。『俳諧十論』を著わした各務支考《かがみしこう》（一六六五〜一七三一）は、「法華経を要《かなめ》として」芭蕉の俳論をまとめた。また、『虚実論』では、「実を以《もっ》て方便の門を開き」という『法華経』方便品の考えを根拠として、俳諧における虚構《フィクション》と真実《ノンフィクション》の意義を論じている。日蓮の信奉者であった近松門左衛門（一六五三〜一七二四）も、『虚実皮膜論《きょじつひまくろん》』という芸術論を残したが、そこからも『法華経』の影響をうかがうことができる。

芸術の分野でも、『法華経』信奉者として「松林図屛風《しょうりんずびょうぶ》」（国宝）の長谷川等伯《はせがわとうはく》（一五三九〜一六一〇）、狩野永徳《かのうえいとく》（一五四三〜一五九〇）などの狩野派、「舟橋蒔絵硯箱《ふなばしまきえすずりばこ》」の本阿弥光悦《ほんあみこうえつ》（一五五八〜一六三七）、「紅白梅図屛風」の尾形光琳《おがたこうりん》（一六五八〜一七一六）、「八ッ橋図」の尾形乾山《けんざん》（一六六三〜一七四三）、「風神雷神図」の俵屋宗達《たわらやそうたつ》（江戸時代初期）、「富嶽三十六景」の葛飾北斎（江戸時代後期）――など錚々《そうそう》たる顔ぶれが並ぶ。近代では、文学者の宮沢賢治（一八九六～一九三三）が『法華経』に傾倒していたことはよく知られている。

このように、古来からアジアの広い地域で受容され、日本文化の底流にも滔々《とうとう》と流れ続けているのが『法華経』なのである。

II 『法華経』前夜の仏教
——原始仏教から小乗、そして大乗の興起へ

1 原始仏教の権威主義化

インド仏教史の中の『法華経』

先述したように、『般若経《はんにゃきょう》』と『維摩経《ゆいまきょう》』に続いて著わされた代表的な初期大乗仏典である『法華経《ほけきょう》』が編纂《へんさん》されたのは、釈尊《しゃくそん》が入滅《にゅうめつ》して五百年ほどが経過した紀元一世紀末から三世紀初頭の、ガンダーラを含むインド北西部だと考えられる。

『法華経』には、その編纂当時の仏教界の在り方を間接的であれ批判し、原始仏教の原点に還

ることを主張する箇所がたくさんある。登場人物の選び方や、場面設定の仕方そのものが当時の仏教界に対する主張となっていて、直接的な表現をとらず、間接的な表現となっているがゆえに素通りしてしまいがちで、江戸時代の町人学者・富永仲基《とみながなかもと》のように「法華経は誉める言葉ばかりで、経典としての中身は何もない」（『出定後語《しゅつじょうこうご》』）といった誤った評価を下してしまいかねない。その五百年間の仏教教団の変遷を知っておくことが、『法華経』理解につながるので、インド仏教史の概略を見ておこう。

その概略は、次のようにまとめることができる。

①釈尊在世（前四六三～同三八三年）のころ、および直弟子《じきでし》たちによる**原始仏教**（初期仏教）の時代。釈尊入滅後、マハー・カーシャパ（摩訶迦葉《まかかしょう》）を中心にアーナンダ（阿難《あなん》）とウパーリ（優波離《うぱり》）の記憶をもとに経と律をまとめる第一回仏典結集《ぶってんけつじゅう》（編纂《へんさん》会議）が開かれた。

②前三世紀、アショーカ王（阿育）の命でセイロン（現スリランカ）に仏教が伝えられる。

③仏滅後百年経ったころ（前三世紀）に行なわれた第二回仏典結集の会議で、戒律の緩和の是非をめぐって対立し、保守的な上座部《じょうざぶ》と進歩的な大衆部《だいしゅぶ》に分裂した（根本分裂）。

④前三世紀末ごろに**部派仏教**の時代に入り、その後も二十部にまで分裂を繰り返す（枝末《しまつ》分裂）。その中で最も有力であったのが説一切有部《せついっさいうぶ》で、後に**小乗《しょうじょう》仏教**と貶称《へんしょう》された。

⑤前二世紀ごろ、釈尊の神格化として小乗仏教の菩提薩埵《ぼだいさった》（bodhi-sattva、略して菩薩《ぼさつ》）の概念が現われた。それは「覚り（bodhi）が確定した人（sattva）」を意味していた。
⑥紀元前後ごろ、菩薩の意味を「覚り（bodhi）を求める人（sattva）」と読み替え、覚りを求める人は誰でも菩薩であるとする**大乗仏教**《だいじょう》が興《おこ》る（大小併存の時代）。『般若経《はんにゃきょう》』が成立。
⑦紀元一〜二世紀ごろ、保守・権威主義化した小乗仏教を弾呵《だんか》する『維摩経《ゆいまきょう》』が成立。
⑧紀元一世紀末〜三世紀初頭、小乗と大乗の対立を止揚《しよう》してあらゆる人が成仏《じょうぶつ》できることを主張する『**法華経**』が成立。
⑨七世紀以降、呪術《じゅじゅつ》的世界観やヒンドゥー教と融合して密教《みっきょう》が興る。
⑩一二〇三年のイスラム教徒によるヴィクラマシラー寺院襲撃をもってインド仏教は壊滅。

釈尊の生存年代は、中村元博士の綿密な考察によって、前四六三〜同三八三年とされる（『インド史II』中村元選集決定版、第六巻、五八一〜六一九頁）。その釈尊、および直弟子たちの存命しているころから、教団分裂以前のころまでを原始仏教（初期仏教）の時代という。

紀元前三世紀ごろ、インド亜大陸をほぼ統一したアショーカ王（在位、前二六八〜同二三二）の命により、息子（あるいは弟）のマヒンダによってセイロン（現スリランカ）に仏教が伝えられた。アショーカ王の妻の出身地が中インド西南のヴェーディサで、マヒンダはその地域で話されていたパーリ語の仏教をセイロンに伝えた。セイロン王デーヴァーナムピヤ・ティッサ（紀元前二四七〜同二〇七ごろ）は、マヒンダに帰依し、首都のアヌラーダプラに大寺（mahā-vihāra）を建立した。

アショーカ王によって残されたサーンチー法勅《ほうちょく》やサールナート法勅の碑文を検討してみると、「［教団を］分裂させては［ならない］」「というのは、私の願いは教団が和合して、永続することであるからだ」として教団（僧伽《そうぎゃ》）を分裂させることを厳しく戒めている。

この記述は、サンガ（教団）の分裂の前兆に対して警告するものであって、両法勅に出てくる教団（saṅgham）という語は単数形であり、教団は単一のものとして記述されている。したがって、前二六八年から同二三二年まで在位していたアショーカ王のころには分裂の危機は迫ってはいたが、いまだ分裂していなかったといえよう。したがって、マヒンダによるセイロン（スリランカ）への伝承は部派分裂以前と見なすべきで、部派に分裂した後の改竄《かいざん》の手がほとんど入っていないものとして見ることができよう。

マヒンダによって伝えられたその仏典はその後、紀元前一世紀ごろパーリ語で成文化されて今日までほぼ原形を留めて伝えられ、「パーリ経典」と呼ばれている。諸部派への分裂以前に権威として認められていたもので、釈尊の教えをほぼ忠実に伝えたものとして最も信頼され、部派分裂以前の経典の内容を知るうえで貴重な資料となっている（中村元著『原始仏教の成立』中村元選集決定版、第一四巻、六五頁）。釈尊の生《なま》の言葉に近い教えが文字として残ったことは、後世の我々にとって本当に幸運なことであった。残念ながら、それが日本に知られたのは、明治時代になってからのことである。

アショーカ王によって危惧されていた教団分裂が現実化するのは、釈尊滅後百年ほど経ったころであった。紀元前三世紀に第二回仏典結集《けつじゅう》（編纂《へんさん》会議）が行なわれ、ヴァイシャーリーの出家者たちが、時代や地方によって異なる習慣・風土等に応じて十項目の戒律（十事《じゅうじ》）を緩和するように要求した。それがきっかけとなって対立が生じ、教団は保守的な上座部《じょうざぶ》と進歩的な大衆部《だいしゅぶ》に分裂した（根本分裂）。それがさらに枝分かれし、二十の部派にまで分裂した（枝末《しまつ》分裂）。その中で最も有力だったのが、説一切有部《せついっさいうぶ》という部派であった。権威主義的で資金も豊富であり、後に「小乗仏教」と批判されるのはこの部派のことであった。小乗仏教という言葉は、一般的には大乗仏教以外の仏教すべてというようなかなり曖昧《あいまい》な使われ方がなされているが、『大品般若経《だいぼんはんにゃきょう》』の注釈書で、ナーガールジュナ（龍樹、一五〇ごろ～二五〇ごろ）の著作だとされる『大智度論』によれば、そこで批判されているのは「毘婆沙師《びばしゃし》」、すなわち『大毘《だいび》婆沙論《ばしゃろん》』を信奉する説一切有部のことであった。したがって、セイロン仏教や東南アジアの仏教を小乗仏教と呼ぶのは不適切で、上座部（thera-vāda）と呼ぶべきである。以下、本書で小乗仏教と言う場合はこの説一切有部のことを指すことにする。

こうして、紀元前三世紀末ごろまでに、仏教は説一切有部を最有力とする部派仏教の時代に入った。

釈尊滅後に始まる権威主義化

釈尊の滅後、徐々にとはいえ、教団に変化の兆しが現われた。その一つが、在家に対する出家の優位の強調であった。アショーカが王に即位した紀元前二六八年以前、すなわち部派分裂以前にまとめられ、セイロン上座部がパーリ語で伝えた現存最古の原始仏典『スッタニパータ』の新層部分にもすでに在家を低く見る出家優位の考えの萌芽が見られる。『スッタニパータ』の詩の中でも古いものには、

目覚めた人〔ブッダ〕を誹《そし》り、あるいはその〔ブッダの〕**遍歴行者**（paribbāja）や**在家**（gahaṭṭha）**の仏弟子**（sāvaka）を謗る人、その人を賤《いや》しい人であると知りなさい。

（第一三四偈）

という釈尊の言葉が見られる。出家者を意味する語として、bhikkhu（比丘《びく》＝食べ物を乞う人）が用いられるようになるのは後のことで、paribbāja（遍歴行者）がここに用いられているということは、この詩が極めて古いものであることを意味する。gahaṭṭha は、「家」を意味する gaha と、「居る」「在る」を意味する形容詞 tha との複合語で、文字通りに「家に居る人」を意味している。

ここでは、遍歴行者という言葉で示された出家者と、在家者が、ともに等しく「仏弟子」と見なされていることが注目される。「仏弟子」と訳したsāvakaは、「聞く」という意味の動詞ス（√su）に行為者名詞を作る接尾辞akaをつけたもので、「声を聞く人」を意味する。すなわち、「仏の教えを聞く人」のことで、「声聞《しょうもん》」と漢訳された。

このように「仏弟子」（声聞）という言葉は、当初は在家と出家をともに含んでいたのである。ところが、部派仏教の時代になると、出家者たちが「仏弟子」（声聞）から在家者を排除してしまう。大乗仏教徒が「小乗」と非難したのは、まさに在家が排除され、出家者に限定された「声聞」たちのことであった。

『スッタニパータ』の第八九偈で釈尊は、ずうずうしくて、傲慢《ごうまん》で、しかも偽りをたくらみ、自制心がなく、おしゃべりでありながら、いかにも誓戒《せいかい》を守っているかのごとく、真面目《まじめ》そうに振る舞う出家修行者のことを「道を汚す者」と述べている。そのうえで、次のように語った。

> **智慧を具《そな》えた聖なる仏弟子である在家者**（gahaṭṭho… ariyasāvako sapañño）は、彼ら（道を汚す出家者たち）のことを洞察していて、「彼らは、すべてそのようなものだ」と分かっているので、そのような〔姿を〕見ても、その人は浄信を見失うことはないのだ。（第九〇偈）

「道を汚す」出家者の言動を見てもすこしも動揺することなく、浄信を見失うこともない在家者のことを、「智慧を具えた聖なる仏弟子」とまで言っている。この表現には、出家者という理由だけで重んじたり、在家者だからといって軽んじたりする姿勢はまったく見られない。

ところが、『スッタニパータ』の新層部分では、出家者を指す言葉として「遍歴行者」(paribbājaja)ではなく「比丘」(bhikkhu)が用いられ、在家者を指す言葉が「家にいる人」(gahaṭṭha)から「優婆塞《うばそく》」(upāsaka)に取って代わられるようになるが、仏弟子を意味する「教えを聞く男」(sāvaka)という語が、在家を排除して出家のみに限定されるまでには至っていない。

比丘は、**bhikkhu** を音写したものであり、「食べ物を乞う男」を意味する。優婆塞は、「そばに坐る」という意味の動詞ウパ・アース(upa-√ās)に行為者名詞を作る接尾辞 **aka** をつけた **upāsaka** の音写語で、「そばに仕える男」を意味する。誰に仕えるのかといえば、比丘に対してである。それぞれの女性形が「食べ物を乞う女」(bhikkhunī:比丘尼)と、「そばに仕える女」(upāsikā:優婆夷《うばい》)である。これらは、仏教以外の宗教で用いられていたものだが、仏教を信奉する出家と在家の男女(四衆《ししゅ》)を意味する言葉としてとりこまれていった。この用語自体が、在家に対する出家の優位を前提としていることが分かる。

当初は、男女の別なく出家も、在家もともに「仏の教えを聞く人」という関係であったけれども、次第に「食べ物を乞う人」と「そばに仕える人」という意味が加味され始める。この『スッタニパータ』の新層部分では、そこまでには至っていないが、すでに僧俗の分裂と、優劣を規定する前兆がうかがわれる。

紀元前一世紀ごろにまとめられた『アングッタラ・ニカーヤ』には、多数の仏弟子の中から代表的な人物を四衆ごとに列挙した箇所がある。そこには、

わが**男性の仏弟子**（sāvaka）にして**比丘**（bhikkhu）なるものたち
わが**女性の仏弟子**（sāvikā）にして**比丘尼**（bhikkhunī）なるものたち
わが**男性の仏弟子**（sāvaka）にして**優婆塞**（upāsaka）なるものたち
わが**女性の仏弟子**（sāvikā）にして**優婆夷**（upāsikā）なるものたち

と前置きして、出家の男性だけでなく、出家の女性の智慧第一（最も智慧の勝れた人）や、説法第一（最も説法が勝れた人）、在家の男性の説法第一、在家の女性の多聞第一（釈尊の教えを最も多く聞き知る人）などの人名が列挙されている。

原始仏典の中には、在家者が出家の修行僧に対して教義を説き聞かせたという話も記録されている。それは、『維摩経《ゆいまきょう》』の主人公・ヴィマラキールティ（維摩詰《ゆいまきつ》）のモデルとされる資産家チッタ（質多羅）のことである。資産家チッタがカーマブーという修行僧を訪問した折に、カーマブーから質問され、それに対して教義学者のように事細かに説明して聞かせたという（『サンユッタ・ニカーヤⅣ』、二九一〜二九二頁。大正蔵、巻二、一四九頁上〜下）。また、智慧第

一のケーマー尼は、合理的思考を徹底して男性修行者たちにひけを取ることはなかったし、説法第一のダンマディンナー尼は、男性に対して法を説き聞かせては感動させていたという（中村元著『仏弟子の生涯』中村元選集決定版、第一三巻、三八九頁）。在家の女性では、禅定第一（最も禅定が勝れた人）としてナンダの母ウッタラーという名前も挙がっている。慈心第一（最も慈悲心が勝れた人）のシャマヴァティー、多聞第一のウッタラーの名前を挙げる原始仏典もある。

原始仏典に代表的仏弟子の名前が、このように出家・在家、男・女を問わず記録されていたということは、原始仏教のころの男性出家者たちから公認されていたことを意味する。それにもかかわらず、小乗仏教では女性と在家はすべて仏弟子（声聞）から排除され、代表的仏弟子も出家の男性のみの十大弟子に限定されてしまった。ガンダーラ経由で中国、日本に伝わったのは、出家の男性に限定された「十大弟子」のみで、女性の智慧第一や、説法第一の存在など知るよしもなかった。

出家者と在家者を示す言葉が、比丘・比丘尼・優婆塞・優婆夷、すなわち「食べ物を乞う男／女」「そば近く仕える男／女」という言い方に変わってはいるものの、『アングッタラ・ニカーヤI』においては、いずれの場合にも「仏弟子」を意味する sāvaka、あるいはその女性形の sāvikā という語が四衆のそれぞれの語の前に付されている。その代表的仏弟子の一覧には、アショーカ王の在位中か、すこし後に現在の形にまとめられた女性出家者たちの手記詩集『テ

	男性		女性	
	出家	在家	出家	在家
原始仏教（パーリ語）	sāvaka	sāvaka	sāvikā	sāvikā
小乗仏教（サンスクリット語）	śrāvaka	——	——	——

表２－１　原始仏教と小乗仏教の「仏弟子」の比較

ーリー・ガーター』に見られない女性修行者の名前が挙げられていることから、この書よりもすこし時代を経てまとめられたと考えられるが、在家も出家も、男性も女性も差別なく仏弟子と見なされている点は、まだ維持されている。

仏弟子から在家と女性を排除

こうした在家と出家の関係の変化は、紀元前三世紀末の部派分裂を経て顕著になった。原始仏教において sāvaka と sāvikā という語で示されていた「仏弟子」が、男性のみに限られ、その上、在家を排除して出家の男性のみに限定されてしまうのである。その代表が西北インドで最も有力であった説一切有部《せついっさいうぶ》（略して有部《うぶ》）であった。彼らは、他に先駆けてサンスクリット語を用いたが、パーリ語の sāvaka に対応するサンスクリット語の śrāvaka という語を用いるのみで、その女性形 sāvikā に対応するサンスクリット語を用いた形跡は見当たらない。サンスクリット文法の造語法では、śrāvaka の女性形は śrāvikā に相当するが、「女性の仏弟子」を意味するこの語はサンスクリット語の辞典にも仏典にも出てこない。すなわち、小乗仏教において「仏弟子」は、表２－１のように

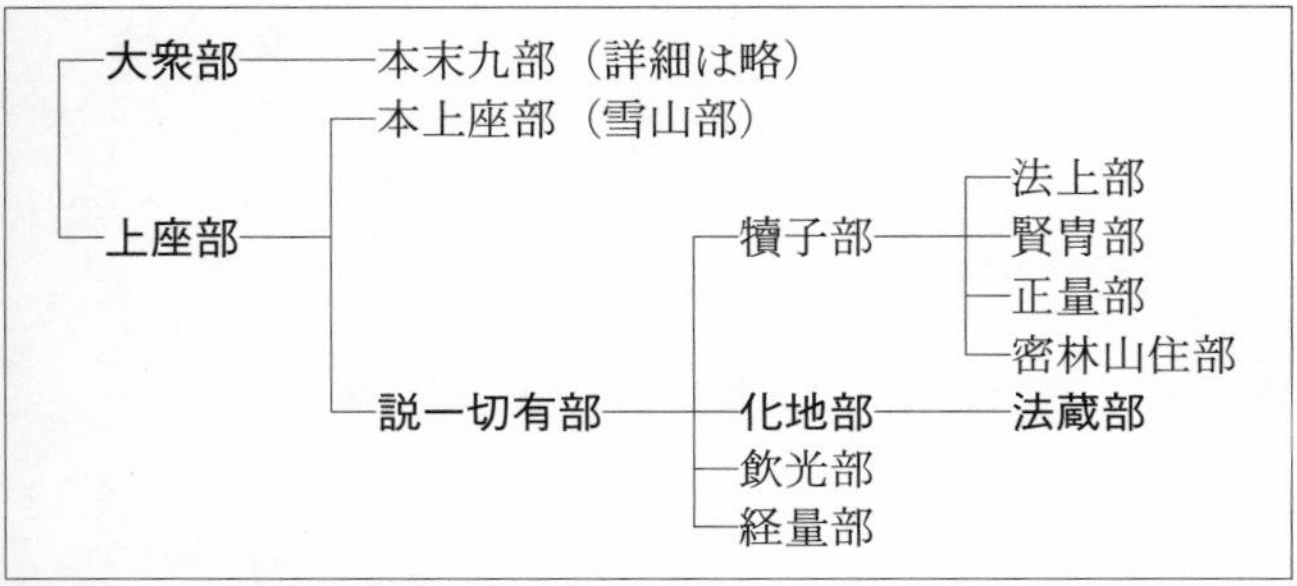

表2-2　『異部宗輪論』による部派分裂の形態（太字は、律典が残っている部派）

男性出家者に限定されてしまったのである。こうした事情によって、大乗仏典において批判の対象とされたśrāvaka（声聞）も、当然のように小乗仏教の男性出家者を意味している。

部派分裂が起こったのは、釈尊の入滅から百年余が経過したころのことだと言われる。ヴァイシャーリー（毘舎《びしゃ》離《り》）における会議（結集《けつじゅう》）で、形式的な保守派に対して、現実的な革新派が、時代や地方によって異なる風俗・習慣・気候・風土に応じて十項目の戒律（十事）を緩和するよう要求した。この問題をめぐって保守派と革新派とのあいだに激しい論争が起こり、ついに教団は上座部《じょうざぶ》と大衆《だいしゅ》部《ぶ》とに分裂する（根本分裂《こんぽんぶんれつ》）。

釈尊の生存年代は、中村元博士によって紀元前四六三～同三八三年と推定されている。それによると釈尊滅後百年余というのは、紀元前三世紀ということになる。それ以後も、さらに部派分裂は繰り返され、約百年のあいだ（紀元前三世紀～同二世紀）に大衆部系統が細かく分裂し、次の約百年のあいだ（紀元前二世紀〜同一世紀）に上座部系統が細かく分裂した。最終的に紀元前一世紀ごろまでに約二十の部派に分裂していった（枝末分裂《しまつぶんれつ》）。これらは、「小乗二十部」と言い慣わされている。上座部系はインドの西方と北方で、大衆部系は中インドから南方において主に発展したようである。

これらの諸部派は、分裂・独立した後、自派の教説の正統性を権威づけるために聖典を集大成し直すこととなる。その際には、自説に都合の悪い箇所を削除し、都合のよい有利な言葉を付加増広《ふかぞうこう》するということも行なわれたようだ（中村元著『原始仏教から大乗仏教へ』中村元選集決定版、第二〇巻、八五頁）。ブッダによって説かれた教法と戒律の集大成をそれぞれ経蔵《きょうぞう》、律蔵《りつぞう》といい、その教法について弟子たちが研究・解説した著作などを論蔵《ろんぞう》といった。各部派は、それぞれ経・律・論からなる三蔵《さんぞう》を所有していたようだが、たいていは散失してしまっていて、現存するのは、主にセイロン上座部のパーリ三蔵と、北西インドを中心として有力であった上座部系の説一切有部の論蔵である。

説一切有部は、西北インドのカシュミールやガンダーラを中心に繁栄した。物資の豊かなカシュミールに拠点を置いていたことが、法（ダルマ）の研究であるアビダルマ教学の精緻《せいち》な体系を確立することを可能にしたといえよう。諸部派の中でも、説一切有部に対立した学派として有名な経量部《きょうりょうぶ》のように、名前は知られているがその論書がほとんど伝えられておらず、教義の内容の詳細はよく分からない部派が多い。大衆部系は、上座部系に比べて勢力はそれほど大きくなかったようで、大衆部以外に名前の知られた部派は少ない。マウリヤ王朝（紀元前三一七〜同一八〇年ごろ）以降には、西北インドを支配したインド・ギリシア王朝、サカ王朝、クシャーナ王朝（特にカニシカ王）による仏教保護によって、ガンダーラからカシュミール、マトゥラーにわたって説一切有部、正量部《しょうりょうぶ》、飲光部《おんこうぶ》、法蔵部《ほうぞうぶ》、化地部《けじぶ》、大衆部などの部派が栄え、紀元前後には大乗仏教も興起することになる。

上座部系統の各部派は、教理の面においても実践の面においても保守的であり、伝統的であった。それを支持していたのは、インドの社会的上層部であった。それに比べて、大衆部系統の部派は、広く一般大衆に支持されており、現実社会と密接な接触をたもちながら、時代の趨《すう》勢《せい》に敏感に反応する進歩的で改革的態度を持っていた。そうした傾向が、時代の変遷とともに大乗仏教を成立させるに至ったと言える（同、八三頁）。

部派分裂を経て、特に上座部系は権威主義的傾向を強めていったようだ。それは、出家中心主義、隠遁《いんとん》的な僧院仏教という特徴として表面化してくる。出家して比丘となり、戒律を守り、厳しい修行をする。在家と出家の違いを厳しくして、出家を前提とした教理体系や修行形態を築き上げ、僧院の奥深くにこもって、禁欲生活に専念し、煩瑣《はんさ》な教理の研究と、修行に明け暮れた。その修行も、他人の救済（parârtha：利他《りた》）よりも自己の修行の完成（svârtha：自利《じり》）を目指したものであった。それは、ややもすると利己的・独善的・高踏的な態度に陥る傾向があった。中村元博士は、その実態を次のように記している。

伝統的保守的仏教諸派は確固たる社会的勢力をもち、莫大な財産に依拠し、ひとりみずから身を高く持し、みずから身をきよしとしていたために、その態度はいきおい独善的高踏的であった。彼らは人里離れた地域にある巨大な僧院の内部に居住し、静かに瞑想し、坐禅を修し、煩瑣な教理研究に従事していた。自分自身だけの解脱、すなわち完全な修行者（阿羅漢《あらかん》）の状態に達してニルヴァーナ（涅槃《ねはん》）にはいることをめざし、そうして彼岸の世界に最高の福祉を求め、生前においては完全な状態には到達しえないという。こういう理想を追求する生活は、ただ選ばれた少数者だけが修行僧（ビク）としての生活を送ることによってのみ可能である

（『古代インド』、二七六～二七七頁）

こうした傾向を助長する要因の一つとして、教団自体の富裕化が挙げられよう。小乗仏教は信徒たちに莫大《ばくだい》な布施を要求するようになる。教団は、王侯たちから広大な土地を寄進され、それを小作人に貸して作物を納めさせた。それは寺院の荘園《しょうえん》となり、王の官吏たちも立ち入ることができなかった。

当時、インドではローマ帝国との交易が始まり、胡椒《こしょう》などの取引によって大量の金貨が流入し、大きな利益を手にする人たちが現われた。彼らの莫大な金銭の寄進を受け、教団はそれを商人の組合に貸し付けて運用していた。「利子を取って金貸しをしている彼らは出家者とい

えない」と批判された説一切有部は、貸付を禁止にしていたが、徐々になし崩しにされた。こうして大乗仏教が興起する西暦紀元前後には、教団自体が大地主、大資本家と化していた（中村元著『インド史Ⅲ』中村元選集決定版、第七巻、一九〇頁）。釈尊は、利子を取って貸付することを在家者には許していたが、出家者には許していなかった。そこで、説一切有部は、自分たちの行ないを正当化するために、「僧伽《そうぎゃ》（教団）のためには利潤を求むべし」（『根本説一切有部《こんぽんせついっさいうぶ》毘奈耶《びなや》』）という一節を釈尊が語ったかのようにして、律（教団に属する出家者の守るべき規則）に盛り込んだ。

また、「出家者は現金に手を触れてはならない」という戒律に対して、彼らは在家の財産管理人を雇い、その人たちに利子を取って貸付を行なわせるという抜け道を考えた。

伝統的・保守的な部派では、出家者たちが大寺院の中に住んで瞑想に明け暮れ、教義の緻密《ちみつ》な体系化がなされるいっぽうで、男性・出家者中心主義や、隠遁的な僧院仏教という傾向を強め、煩瑣な教理の研究と修行に明け暮れ、悩める民衆のことを考えなくなってしまった背景にはこうした教団の富裕化という事情もあったのである。紀元前後に登場する大乗仏教から、「小乗」と呼ばれるに至る理由はこうした点にあった。

小乗は、サンスクリット語の「ヒーナ・ヤーナ」（hīna-yāna）を訳したものだが、これは「劣った乗り物」「粗末な乗り物」「打ち捨てられた乗り物」という意味である。「小乗」と呼ばれた人たちが、自分たちのことをこのような言い方で呼ぶはずはなく、「マハー・ヤーナ」

（mahā-yāna：偉大な乗り物）と自分たちのことを呼んだ大乗仏教の徒によってつけられた貶称であった。小乗と大乗の大きな違いは、前者が自利のみを探求するのに対して、後者が利他行《ぎょう》に徹し、「他者の救済が自己の救済に通じ、自己の完成が他者の救済の原動力となる」という自利利他円満を目指す——という点にある。

大乗仏教徒によって「小乗」と呼ばれたのは、すでに述べたように「毘婆沙師《びばしゃし》」、すなわち『大毘婆沙論《だいびばしゃろん》』を信奉する説一切有部であった。有部は、その論究方法の精緻さにおいて群を抜いており、理論仏教として勢力をふるい、他の部派や、後の大乗仏教にも理論的に大きな影響を与えた。そのため、有部は上座部系の有力なる代表者と見られていた。

2 小乗仏教の差別思想

“人間ブッダ”から“人間を超越したブッダ”へ

ブッダ（buddha）は、「目覚める」という意味の動詞ブッドゥ（√budh）の過去受動分詞であって、「目覚めた人」を意味する。何に目覚めるのかと言えば、「真の自己」と「法」であった。『スッタニパータ』などの原始仏典では、ブッダという語は、特定の一人を指す固有名詞ではなく、普通名詞として複数形で用いられていた。

「自帰依《じきえ》」「法帰依《ほうきえ》」といった言葉に示されるように、釈尊は「真の自己の探求」と「法の具現」による人格の完成を人々に説いた。そのためには自省が求められ、「あやまちを指摘し、忠告してくれる賢明な人」(『ダンマ・パダ』、二二頁)と交わり、悪友(悪知識《あくちしき》)ではなく善友(善知識《ぜんちしき》)に近づくべきだと説いた(『サンユッタ・ニカーヤI』、八七頁)。そして、自らを人々のための「善き友人」であると釈尊は公言していたのである。

『スッタニパータ』と並ぶ最古の原始仏典のひとつ『サンユッタ・ニカーヤI』には、次のような言葉がある。


アーナンダよ、実に**善き友人(善知識)である私**によって、〔迷いの世界に〕生まれることから解脱するのである。(八八頁)

釈尊とはいかなる存在であったのか。彼は絶対者や、生きた神ではなく、一人の人間であった(中村元著『原始仏教の成立』中村元選集決定版、第一四巻、一五〇頁)。『サンユッタ・ニカーヤ』など多くの原始仏典には、釈尊の教えを聞いて、弟子たちが目覚める場面の定型句として、次の一節が頻繁に出てくる。

素晴らしい。君、ゴータマさんよ。素晴らしい。君、ゴータマさんよ。あたかも、君、ゴータマさんよ、倒れたものを起こすように、あるいは覆われたものを開いてやるように、あるいは〔道に〕迷ったものに道を示すように、あるいは暗闇に油の燈し火をかかげて眼ある人が色やかたちを見るように、そのように君、ゴータマさんはいろいろな手立てによって法（真理）を明らかにされました。（同、一六一頁）

ここで、「君」「ゴータマさんよ」と弟子たちが釈尊に気軽に呼びかけていることに注目していただきたい。『テーリー・ガーター』でも、弟子たちが釈尊のことを「ゴータマ」と呼んでいるところが何カ所もある。

たとえば、ヴァーシッティーという尼僧は、拙訳『テーリー・ガーター――尼僧たちのいのちの讃歌』（角川選書）で次のように語っている。

私は、自分の心を取り戻した後で、敬礼し、〔ブッダに〕近づき〔坐り〕ました。そのゴータマ〔・ブッダ〕は慈《いつく》しんで私のために真理の教え（法）を説かれました。（第一三六偈）

釈尊は、「君」「ゴータマ」と呼ばれても意に介する人ではなかった。釈尊は傲慢ではなかったのだ。先の『サンユッタ・ニカーヤ』で見たとおり、「善き友人」という自覚が釈尊自身にあった。したがって、権威主義的な考えは、本来の仏教とは無縁のものであった。釈尊自身、他の修行者と同じ資格における修行者の一人として振る舞っていたことが分かる。

しかし、マウリヤ王朝（紀元前三一七～同一八〇年ごろ）の時代に仏教が国教とも言えるほどの地歩《ちほ》を固めると、釈尊はもはや人間ではなく、超人的な神的存在と考えられ、神格化された（中村元著『原始仏教から大乗仏教へ』中村元選集決定版、第二〇巻、四五〇頁）。アショーカ王の在位期間（紀元前二六八～同二三二）中には、釈尊を「神々を超えた者」（ati-deva）、「神々の神」（deva-deva）などと称する表現が見られる（『テーラ・ガーター』）。また紀元前二世紀中葉のバールフット彫刻の銘文には「偉大なる神」（mahā-deva）という表現も見受けられる（静谷正雄著『インド仏教碑銘目録』、二五頁）。

『アングッタラ・ニカーヤII』には、ドーナというバラモンが、釈尊に矢継ぎ早に質問する場面が描かれている。


「あなたは、神ではいらっしゃらないのですか？」

「あなたは、ガンダルヴァ（天の楽人）ではいらっしゃらないのですか？」

「あなたは、ヤッカ（夜叉《やしゃ》）ではいらっしゃらないのですか？」

「あなたは、人間ではいらっしゃらないのですか？」

（三八～三九頁）

釈尊はそれを一つひとつ否定する。そして、次のように答えたとされる。

「バラモンよ、私は人間ではないであろう……バラモンよ、私をブッダであると思いなさい」（同）

いっぽう、『アングッタラ・ニカーヤ』よりも前の紀元前三世紀ごろにまとめられた『テーラ・ガーター』第六八九偈で、弟子たちはブッダ（目覚めた人）に「manussa-bhūtaṃ sambuddhaṃ」と語りかけている。それぞれの単語は、manussa（人間）、bhūta（〜である、真の）、sambuddha（完全に目覚めた人）という意味であり、この一節は、「人間であるところの完全に目覚めた人（ブッダ）」、あるいは「真の人間である完全に目覚めた人（ブッダ）」の二通りに訳すことができる。つまり、釈尊自身も、弟子たちも、釈尊のことを〝人間ブッダ〟と見なしていた。それにもかかわらず、〝人間であるブッダ〟から、〝人間を超越したブッダ〟に表現が改められたのだ。

釈尊の神格化は、入滅後、徐々に始まり、百年後にはこのように確実なものとなっていた。その百年間の詳細な経過を追うことは、残念ながら資料不足で困難である。そうした制約はあるけれども、部派分裂を前にしたアショーカ王の時代には、すでに釈尊の神格化が始まっていたということは確実である。

その傾向は、部派分裂後に顕著になっていった。如来を呼ぶのに「ゴータマよ」と名前で呼んだり、「君」と呼んだりしてはならないといった記述が現われてくる。たとえば、説一切有部の論書『大毘婆沙論《だいびばしゃろん》』において、五人の比丘に対して行なわれた鹿野苑《ろくやおん》での初転法輪《しょてんぽうりん》の場面が、次のように記されている。

是の時、五人復《ま》た恭敬《くぎょう》すと雖《いえど》も、而《しか》も猶《なお》仏を呼ぶに具寿《ぐじゅ》と為《な》す。或《ある》いは復《ま》た仏を称して喬《ゴー》答《タ》摩《マ》と為《な》す。仏《ぶつ》、即《すなわ》ち告げて言《のたまわ》く。「汝等《なんだち》、如来を呼ぶに具寿と為す勿《な》かれ。亦觸《またこと》に姓名を称する勿かれ。若《も》し故《ことさら》に爾《しか》れば、当《まさ》に長夜《じょうや》に於《お》いて無義利を獲《え》、諸の劇苦《ぎゃっく》を受くるべし」

（大正蔵、巻二七、九一四頁中）

如来を呼ぶのに長老（具寿《ぐじゅ》）だとか、ゴータマ（喬答摩）などと呼んではならない。そんなことをすれば長期間にわたって不利益なことと激しい苦しみ（劇苦《ぎゃっく》）を受けるだろうと言うのだ。これは、恫喝《どうかつ》である。ここに釈尊の神格化と、教団の権威主義化の実際が見られる。「具寿」は、**āyus**（寿命）と、所有を示す接尾辞 **mat** からなるアーユシマット（āyuṣmat）の訳で、「長老」「尊者」と漢訳されるが、いずれも直訳にすぎず、「あなた」「〜さん」程度の意味である。「喬答摩」はゴータマの音写である。

釈尊の神格化と修行の困難さの強調

説一切有部の実践論も、釈尊の神格化と関連していた。そこにおいては、修行の究極の境地が阿羅漢果《あらかんか》とされた。その境地に到達した人、すなわち一切の煩悩を断じ尽くした人が阿羅漢（arhat）と呼ばれた。しかし、煩悩を断じて心の束縛を離れたとはいっても、肉体の存するかぎりは肉体的束縛を免れていないとされ「有余涅槃《うよねはん》」と呼ばれた。肉体が滅して心身ともに束縛を離れて初めて完全な涅槃になるのだとされて、それが「無余涅槃《むよねはん》」、すなわち「煩悩の残余のなくなった涅槃」として重視された。そこに至るためには、幾生涯にもわたった修行（歴劫修行《りゃっこうしゅぎょう》）の実践が求められ、四向四果《しこうしか》など、そのための多数の修行の階梯《かいてい》が考え出された。

こうした実践論は、①成仏の困難さの強調、②修行の困難さの強調、③歴劫《りゃっこう》修行（何劫もの極めて長い時間を歴《へ》て修行すること）の考え方の導入、④仏の十号（十種類の名前）の一つであった阿羅漢の意味の変更――といったことに結びつき、さらには、⑤限定された菩薩（bodhisattva）の考え方の導入――とも相まって釈尊の神格化を促進した。

釈尊滅後、教団は、釈尊を過去無数劫《こう》（一劫は、約十の二十四乗年。植木雅俊・橋爪大三郎著『ほんとうの法華経』、三一〇頁参照）にわたって生まれ変わり、身命《しんみょう》を捨て、あらゆる善行を積み、眉間白毫相《みけんびゃくごうそう》（眉間に白く柔らかい毛があって右旋している）、手足指縵網相《しゅそくしまんもうそう》（手足の指を広げると指のあいだに水かきがある）、正立手摩膝相《しょうりつしゅましっそう》（気をつけの姿勢で指先が膝より下まで届く）などの常人にはない三十二の身体的特徴（三十二相）を得るための特別な修行を行ない、その結果、インドに生まれてきてブッダとなった——と考えるようになった。このように、釈尊は人間からほど遠い存在に祀《まつ》り上げられてしまったのである。

小乗仏教では、遥か昔の過去の六仏を除いて、未来の仏であるマイトレーヤ（弥勒《みろく》）菩薩が如来となって出現してくるまでは、ブッダは釈尊一人のみであり、弟子たちは何度も生まれ変わってきては、四向四果《しこうしか》という八段階を順次に上り詰め、煩悩を断じ尽くして初めて最高の阿羅漢に到るとしていた。「四向四果」とは、小乗仏教の立てる修行の階位のことである。①預《よ》流向《るこう》、②預流果、③一来向《いちらいこう》、④一来果、⑤不還向《ふげんこう》、⑥不還果、⑦阿羅漢向《あらかんこう》、⑧阿羅漢果——の八つからなっている。それぞれを簡単に説明すると、

①「預流」（srotāpatti）＝聖者としての流れに入った位のこと。
②「一来」（sakṛdāgāmin）＝一度だけ人界と天界を往復して覚りに到る位のこと。
③「不還」（anāgāmin）＝色界《しきかい》に入って覚りに到り、もはや欲界には還ってこない位のこと。
④「阿羅漢」（arhat）＝小乗仏教徒の言う阿羅漢は、命終《みょうじゅう》のときに覚り（＝涅槃）に到り、二度と我々の住む欲界《よっかい》・色界《しきかい》・無色界《むしきかい》の三界《さんがい》（tri-dhātu）の迷いの世界には生まれてこない位のこと。

これらの四つをそれぞれ「向」と「果」の二つに分けたものが「四向四果」である。「向」

というのは、修行の到達点に向かっている途上の位、「果」とは、修行の結果、到達した境地のことである。

このようなプロセスを経て、小乗仏教は阿羅漢に到ることを理想としていた。これによって、阿羅漢とブッダとのあいだには越えることのできない大きな隔たりがあるとされるようになったのである。ここに、原始仏教においてブッダの別称であった阿羅漢（arhat：尊敬／供養されるべき人）が、ブッダよりも低いものとして格下げされてしまったわけである。

すなわち、「○○が、覚った」「○○が、阿羅漢になった」「○○が、尊敬／供養されるべき人になった」などと釈尊が感嘆の言葉を発していたことは、後に『法華経』において主張された「欲令一切衆《よくりょういっさいしゅ》。如我等無異《にょがとうむい》」、すなわち「一切の衆をして、我が如く等しくして異なること無からしめんと欲しき」（植木訳『梵漢和対照・現代語訳　法華経』上巻、一一〇頁）という意味であったのだ。それにもかかわらず、小乗仏教において釈尊と衆生との関係は、「無異」から「有異《うい》」に引き下げられてしまったのである。それだけではなく、在家の人と出家者とのあいだにも大きな隔たりが設けられ、在家はどんなに徳があり、学識があっても阿羅漢にすらなれないとされてしまった。

こうした傾向の中で、在家の聖者と、難行の実修者たる出家者との優劣について議論が展開された。この議論は、「在家非阿羅漢論」と呼ぶべきもので、『カターヴァットゥ』や、『ミリンダ・パンハ』において議論されている。

『ミリンダ・パンハ』は、大乗仏教が興起するすこし前（紀元前一世紀半ば以前）に著わされ、『ミリンダ王の問い』（中村元・早島鏡正訳、全三巻）として現代語訳されている。漢訳では『弥《み》蘭王問経《らんおうもんきょう》』『那先比丘経《なせんびくきょう》』などと「経」という名前で呼ばれているが、釈尊が説いたものではなく、紀元前二世紀後半に西北インドを支配していたギリシア人の王メナンドロス（ミリンダ、弥蘭陀《みらんだ》）と、仏教の論師ナーガセーナ（那先《なせん》）との仏教教理に関する問答である。ギリシア的思惟とインド的思惟、あるいは仏教的思惟との比較として貴重な文献といえる。原形は紀元前二世紀後半にはまとまっていたであろう。パーリ文と漢訳の対応する部分は紀元前一世紀から紀元後一世紀にわたって成立し、その後、増広されて四三〇年ごろまでに現在のパーリ文に近いものが出来上がったと見られる。

その中で、ギリシア人の王ミリンダが、阿羅漢に達することにおいて在家と出家の格差はないと主張する。これに対してインド人の僧ナーガセーナは、在家も阿羅漢に達することができるとしながらも、到達した後には二つの前途しかないと答える。①その日のうちに出家するか、②その日のうちに死を遂げるか――のいずれかしかないと言うのだ。どうして、その二つだけなのか納得できないが、原理的には可能としながらも、実質的には「在家の阿羅漢」を否定している。

さらにミリンダは、在家のままで真理を覚り、不還果に達した者が数知れず存在するのだから、衣食住についての貪りや欲望を払い捨てて仏道修行に励むという出家者の頭陀《ずだ》（dhuta）

行《ぎょう》は不必要ではないかと迫る。ナーガセーナは、在家のままで真実・第一義の涅槃を実証する者は、すべて前生において十三の頭陀の功徳を実修し、涅槃の実証の基礎を作っていたのであり、そのために在家のままで第一義の涅槃を実証することができたのだと答える。この答えは、苦し紛れの、いかにも幼稚な論法だが、ナーガセーナは、教団維持のためなのか、一貫して「出家者こそ、道の人（沙門《しゃもん》）という地位の主であり、長である」と主張し続けている。

『スッタニパータ』では、「道を汚す出家者」と比較して、「智慧を具えた聖なる仏弟子である在家者」が認められていた。そのような原始仏教の時代とは様変わりして、何が何でも出家の方が在家よりも上位であると言い張っていた当時のもようが、ここにうかがえよう。

小乗教団は、ブッダを人間からほど遠いものにするとともに、出家者の修行の困難さを強調した。ということは、ひるがえって在家の人には及びもつかないものだということを言いたかったわけである。出家者は、遥かな時間にわたって何度も生まれ変わり、大変な修行を重ねて初めてブッダに近づくことができる。しかし、近づくことができるだけで、そう簡単にはブッダになれない、阿羅漢止まりであるとした。これは、「歴劫修行」と呼ばれている。ましてや在家は、阿羅漢にすらも到達できないとされたのである。

そんな、想像を絶するような長い時間をかけて修行して、釈尊はやっと仏になったのだと神格化された。「虎の威《い》を借る狐」という中国の故事のように、釈尊を祀り上げることによって、ついでに自分たち出家者を、それに次ぐ者として権威づけしたのだ。

ところが、原始仏教では、出家・在家、男女の別なく覚りを得ていた。釈尊が成道してまもなくベナレス近郊の鹿野苑《ろくやおん》で五人の出家者たちに教えを説いたとき（初転法輪《しょてんぽうりん》）のことが、『増一阿含経《ぞういつあごんきょう》』巻一四に記されていて、次のように意訳される。

その時、実に世に五人の尊敬されるべき人（阿羅漢）あり、世尊を第六とする。

（大正蔵、巻二、六一九頁中）

この段階の阿羅漢は、ブッダ（目覚めた人）の別称であった。だから、この五人は覚りを得て尊敬されるべきブッダとなったということだ。そして、六番目が釈尊自身だと言っている。自分を一番目だとは言っていない。しかも到達した境地は、釈尊の場合も五人の場合も同じ表現で書かれている。

また、原始仏典（『ジャータカⅠ』、八五頁）には、釈尊が成道後、故郷に帰ったときのことが詳細に記されている。釈尊の説法を聞いた父・スッドーダナ王（浄飯王《じょうぼんのう》）のことが、次のように記されている。

〔王は〕〈聖者の最高の境地〉に到達した。王には森林中に住んで精励する必要はなかったのである。

（『ジャータカ』序）

中村元博士は、この一節について次のように述べておられる。

ここには世俗の生活のままで究極の境地に達し得るという思想が表明されている。おそらく伝統的な教義学者たちは、こういう思想を表明したくはなかったであろう。しかし、こういう思想の存在したことを隠すことはできなかったのである。

（『ゴータマ・ブッダI』中村元選集決定版、第一一巻、六六六頁）

このように原始仏教では、在家のままでの覚りを認めていたことが分かる。歴史的人物としての釈尊に立ち還ると、成仏は誰にでも許されていたものであった。

そして、女性ももちろん覚りを得ていた。弟子のアーナンダ（阿難《あなん》）が釈尊に「女性は阿羅漢に到ることができるのですか」と尋ねたとき、釈尊は、

アーナンダよ、女人は、如来によって説かれた法（真理の教え）と律とにおいて、出家して、家のない状態になって、聖者としての流れに入った位（預流果）も、もう一度人間界に生まれてきて覚りを得る位（一来果）も、もはや二度と迷いの世界に戻ることのない位（不還果）も、一切の煩悩を断じ尽くした位（阿羅漢果）も証得することが可能なのです。

（『ヴィナヤ・ピタカII』、二五四頁）

と答えていた。女性出家者の体験を綴った詩集、拙訳『テーリー・ガーター――尼僧たちのいのちの讃歌』を読むと、「私は覚りました」「ブッダの教えをなし遂げました」「私は解脱《げだつ》しました」と、女性たちがみな口々に語っている。

ところが小乗仏教になると、ブッダに到ることができるのは釈尊一人だけということにされてしまった。出家者でさえもブッダに到ることはできず、阿羅漢にまでしか到ることができないとして、ここで阿羅漢のランクをブッダより一つ下げるという操作がなされた。もともとはブッダも阿羅漢も同列であったが、阿羅漢をワンランク下げることで、「出家者は、ブッダには到れなくても、阿羅漢にまでは到ることができる」としたのだ。そして、在家者は阿羅漢に到ることもできないし、女性は穢《けが》れていて成仏もできないと主張し始めた。これが、〝小乗仏教の差別思想〟であった。

遠ざけられた覚り

ところが、原始仏典を見ると、女性たちもすんなりと覚りを得ていた。拙訳『テーリー・ガーター――尼僧たちのいのちの讃歌』（一〇八頁）には、出家後七日にして覚りに到ったイシダーシーという女性の次の手記がある。

私は、母と父、および親族の人たち一同すべてに敬礼して、〔出家しました〕。出家して七日目に私は、三種の明知を獲得しました。
(第四三三偈)

さらには、アノーパマーという在家の女性が釈尊の教えを聞いてその場で阿羅漢の一つ手前の不還果に到り、出家後すぐに阿羅漢に到ったという記録もあった(第一五四~一五六偈)。
また、最古の原始仏典『スッタニパータ』には、次のような表現が多数見られる。

目《ま》の当たりに、時間を要しない〔で果報を得ることができる〕清らかな行ないが見事に説かれました。
(第五六七偈)

私(ゴータマ)は、現世における安らぎをあなたに説き明かしましょう。
(第一〇六六偈)

彼(ゴータマ)は、目の当たりに、時間を要しない〔で果報を得ることができる〕法(真理の教え)を私に説き明かされました。
(第一一三七偈)

彼(ゴータマ)は、目の当たりに、即時に実現される時間を要しない法(真理の教え)をあな

たに説きました。　（第一一三九偈）

こうした表現から、釈尊は覚りについて「時間を要せず、即時に体得されるもの」と説いていたことが分かる。何度も生まれ変わって長年修行する必要などなく、〝今〟〝ここで〟この〝わが身〟を離れることなく、覚ることができる。これが、初期の仏教徒の覚りの実情であった。それは、「即身成仏」「一生成仏」というものである。それにもかかわらず、部派仏教の時代になると想像を絶するような天文学的時間をかけた修養を経なければ覚りは得られないという筋書きが作られ、衆生の及びもつかないものにされてしまったのである。

部派分裂後の女性の地位低下

釈尊滅後から徐々に始まっていた仏教の変容は、部派分裂を経てさらに顕著になってくる。特に上座部系においては、仏教が出家中心となり、保守化と権威主義化が始まった。こうした変化と並行して、女性軽視、女性蔑視の傾向も強まってくる。部派分裂を境に釈尊在世のころからの原始仏教（初期仏教）の時代と、部派仏教（その中で最も優勢だった説一切有部は、後に小乗仏教と呼ばれた）の時代とに分けることができる。

部派分裂の前にまとめられた原始仏典で、古さにおいては『スッタニパータ』の詩の若干部分と並ぶ『サンユッタ・ニカーヤI』の第一集、および『テーリー・ガーター』（第六〇、六一偈）に出てくる悪魔とソーマー尼とのやり取りの場面を見てみよう。
悪魔がソーマー尼に対して、次のように語りかけた。

到達し難くて、仙人（isi）たちのみが得ることのできる境地は、二本指ほどの〔わずかな〕智慧しかない女性がそれを得ることはできないであろう。

（『サンユッタ・ニカーヤI』、一二九頁）

それに対して、ソーマー尼は、

心がよく集中していて、智慧が現に存在している時、正しく真理（法）を観察している人にとって、女性であることが一体、何〔の妨げ〕となるのでしょうか。（同）

「私は女であろうか、それとも男であろうか」と、あるいはまた、「私は何ものであろうか」と〔迷っている〕人、その人にこそ悪魔が話しかけることは値するのです。（同）

と応じた。これに対応する言葉が、説一切有部所伝の『雑阿含経《ぞうあごんきょう》』巻四五に出てくる。まず悪魔の言葉が、仙人所住の処《ところ》、是《こ》の処は甚《はなは》だ得難し。彼《か》の二指《にし》の智は、彼の処に到《いた》ることを得ること能《あた》わず。

（大正蔵、巻二、三二六頁中）

対する蘇摩比丘尼《そまびくに》の答えが、

心、正受《しょうじゅ》に入れば、女の形、復《ま》た何をか為《な》さんや。智の或《あ》るいは若《も》し生じ已《おわ》れば、無上の法を逮得《たいとく》せん。若《も》し男女の想いにおいて心倶《とも》に離ることを得ざれば、彼、即《すなわ》ち魔説に随《したが》わん。汝《なんじ》、応《まさ》に往《ゆ》いて彼に語るべし。

（同、三二六頁中）

これはパーリ語で書かれた原始仏典の表現と寸分も異なるところがない。漢訳においても女性を差別するところはなく、女性を軽視する悪魔を毅然たる態度でやりこめるソーマー（蘇摩）尼の姿が描かれている。

部派分裂以前にセイロンに伝えられた仏典と、それ以後に中国で漢訳された仏典の両者で表現が同じであるということは、部派分裂以前に確定していたものだと判断できる。女性を軽視する悪魔を女性に論破させたり、女性が無上の法を覚ることができるということを女性自身に語らせたりするといったことが部派分裂以前には教団において公認されていたことを意味する。

しかも、仏道修行者のことを「比丘」(bhikkhu)ではなく、「仙人」(isi)と言っていることから、この悪魔とソーマー尼とのやり取りは極めて古い詩に属すると見てよいであろう。釈尊在世、またはそれに極めて近いころ、すでにこのような女性の姿が見られ、それが部派分裂の直前のころまで語り継がれていたのである。

ところが釈尊の滅後、釈尊という有力な理解者を失ったことで、比丘尼たちの地位が低下し、男性出家者たちのあいだに比丘尼を軽視する傾向が現われ始めた。パーリ聖典協会の五代目の所長を務めたイギリスのI・B・ホーナー女史(一八九六〜一九八一)は、『ミリンダ王の問い』が編纂された紀元前二世紀ごろには比丘尼の地位が低下していたと指摘している(*Women under Primitive Buddhism*, p. 291)。

後世に創作・付加された八つの条件

比丘尼教団が発足して、比丘尼たちはいくつかの事柄について権利を獲得していた。女性出家者の教団は、男性出家者の教団に対して独立の意義を持つものとされ、教団の構成において女性に男性と対等の地位が与えられていた。それは釈尊の平等主義にもとづくものであった(中村元著『原始仏教の生活倫理』中村元選集決定版、第一七巻、二三六頁)。したがって、釈尊が入滅してしまうと、彼女たちの立場は一気に低下していかざるをえなかった。たとえば、女性の出家については、スバー尼がマハー・パジャーパティー尼のもとで出家したのをはじめ、スンダリー尼がヴァーセッティー尼のもとで出家している（中村元著『仏弟子の生涯』中村元選集決定版、第一三巻、四四四頁、四八七頁）。ところが、釈尊滅後にはパーリ律をはじめとして現存する六つの律蔵に規定された女性の出家にあたっての八つの条件（八重法《はちじゅうほう》、八敬法《はっきょうほう》）では、比丘サンガと比丘尼サンガの両方で受戒を受けるべきであるとされて、比丘尼たちの権限が制約されている。

八つの条件は、『パーリ律』をはじめとして現存する六つの律蔵のすべてに登場している。セイロン上座部（分別説部）の『パーリ律』の犍度部《けんどぶ》（*Khandhaka*）小品《しょうぼん》（*Cullavagga*）に挙げられた八つの条件のうちの問題箇所は次の第一項と第八項の二つである。

①〔たとえ〕受戒してから百年であったとしても、比丘尼は、そのとき受戒した〔ばかりの〕比丘に対しても、起って敬礼し、合掌して恭敬すべきである。

⑧今後、比丘尼が比丘に対して公に訓戒すること（vacanapatha）は差し障りがあるが、比丘が比丘尼に対して公に訓戒することは差し障りはない。

梶山雄一《かじやまゆういち》博士は、『空の思想』（人文書院）において、この八つの条件が釈尊自身によって決められたということを前提として、八つの条件によって女性の地位が低下していったと論じておられるが、それは論理の逆立ちで、女性を低く見る男性出家者たちが、八つの条件を創作して女性の地位を低めたと考えるべきである。

『テーリー・ガーター』をはじめとする原始仏典を読んでいて、釈尊が女性に対して男性と何ら差別することなく平等に接している姿を見るとき、八つの条件の一つひとつとのギャップにどうしても違和感を覚えずにはおられない。

「比丘尼が比丘に対して公に訓戒することは差し障りがある」というのも、紀元前三〇〇年ごろセレウコス朝シリアの大使としてインドに滞在したギリシア人のメガステネースの言葉、「インドには、驚くべきことがある。そこには女性の哲学者たちがいて、男性の哲学者たちに伍《ご》して、難解なことを堂々と論議している！」とまったく相反する。

また、プンニカーという女性が、沐浴《もくよく》に専念していたバラモン行者の男性にその無意味さを説いて聞かせ、仏教に帰依させたという話とも相容れない（拙著『差別の超克——原始仏教と法華経の人間観』、一〇〇～一〇五頁参照）。現に、智慧第一とされたケーマー尼や、説法第一とされたダンマディンナー尼という女性は智慧が勝れ、男性に向かってしばしば法を説いていたという（中村元著『仏弟子の生涯』中村元選集決定版、第一三巻、三八九頁）。こうしたことを考慮しても、八つの条件は釈尊の滅後に男性修行者たちによって創作・付加されたと見るほうが自然である。

この八つの条件が出てくるところを原典に戻って見直してみよう。『パーリ律』の小品（*Cullavagga*, X, 1, 3）には、出家を願うマハー・パジャーパティー（摩訶波闍波提《まかはじゃはだい》）の気持ちを知ったアーナンダが釈尊に、女性が阿羅漢果を得ることができるのかどうかを尋ね、釈尊が「可能である」と答える場面が記されていた。

八つの条件は、このやり取りの直後に羅列されている。そのうえで、それに続けて釈尊が語ったとして、次の言葉が出てくるのである。

千年間は正法《しょうほう》が存続するはずだったけれども、女性が出家したせいで五百年しか存続しないであろう。

「女性も阿羅漢果を得ることが可能である」という言葉は、釈尊が実際に語ったものだと考えて間違いないであろう。比丘尼教団の存在を疎《うと》ましく思っていた男性修行者たちが、こんなことを後世に書き加えることなど考えられないからだ。それに対して、「五百年しか存続しない」という言葉は、明らかに後世の男性修行者たちの創作であり、付加されたものであろう。その証拠に、時が過ぎ、五百年が経過してしまった。この言葉は使えない。そこで、「千年持たないことになった」と表現を改めた。これ自体、恣意的な操作である。

釈尊が実際に語った言葉と、後世の男性修行者たちが創作・付加した言葉が近接して並べてある。それらの言葉の中間に「八つの条件」がはさまれている。「女性も阿羅漢になれる」という言葉は、男性修行者たちにとっては認めたくなくても、釈尊が語った言葉であったからいじるにいじれなかった。それで、釈尊の言葉を装って男性中心の「八つの条件」を付加し、さらには女性の出家のせいで正法の存続期間が短くなってしまったと論ずることによって、女性たちに負い目をもたせたのであろう。

バラモンの司祭者たちは、布施を持参した人のカーストの違いによって呼びかけの言葉を使い分けていた。相手がバラモン階級であれば、「いらっしゃい」(ehi) という最も尊重した言葉をかけた。釈尊自身は、弟子を受け入れる際、授戒の言葉として、男女の区別なくすべての人に等しく「いらっしゃい」(ehi) と最上級の言葉で語りかけていた（拙著『差別の超克――原始仏教と法華経の人間観』、八一～八二頁参照）。こうした点を鑑《かんが》みると、八つの条件に見られる男性中心的傾向との違いがあまりにも大きく、納得しにくい。

中村博士は、「初期の仏教においては、ただ『来れ』(ehi) といわれて釈尊に帰依することが修行僧としての受戒 (upasampadā) であった」「受戒というものも、もとは簡単なことであったらしい」（『原始仏教の成立』中村元選集決定版、第一四巻、二一〇～二一一頁）と述べておられる。最初期の仏教において、受戒には何ら複雑、面倒な手続きなど必要とはされていなかったのである。

ところが、この『パーリ律』では、八つの条件を挙げ、女性の出家を許したことで正法の存続が千年から五百年に短縮されたと述べておいて、マハー・パジャーパティーの出家の場面を、「それ以後、アーナンダよ、マハー・パジャーパティー・ゴータミーは、八つの条件（八重法）を受け入れたのである。それは、まさに彼女が具足戒を受けたということである」（『ヴィナヤ』第二巻、二五七頁）と締めくくっている。『テーリー・ガーター』における受戒の単純さと比べても、『パーリ律』でのマハー・パジャーパティーの受戒の場面は、八つの条件というあまりにも執拗《しつよう》で煩雑なことが言われていることが分かる。したがって、この八つの条件は釈尊によって提示されたものではなく、後世に付加されたものと断定するべきであろう。

アショーカ王のころ、現在の形にまとめられたと言われる女性出家者たちの詩集『テーリー・ガーター』には、「八正道」という言葉は出てきても、これらの「八つの条件」のことには一切言及されていない。当事者であるマハー・パジャーパティーもそれについてはまったく触れていない。そのことを考慮しても、後世に付加されたものと断定するしかない。

そうすると、「比丘尼に対する八重法によって女性が成仏できないとされるにいたった」という梶山博士の考えは論理が逆で、男性修行者たちが女性修行者たちを低く見たから「八つの条件」を作って女性修行者たちを低く位置づけることを正当化したと言い換えるべきである。それは、いかにも釈尊自身が語ったかのようにして、しかも尼僧教団の創設者とも言うべきマハー・パジャーパティーにそれを受け容れさせるという場面設定でなされている。比丘教団と比丘尼教団にとっての二人の権威を登場させることによって、重みを持たせるという手の込みようである。

アーナンダへの非難

こうして女性が、成仏や阿羅漢果からも遠ざけられてしまい、地位の低下が行き着くところまで行き着くと、女性を出家させたことは釈尊の真意ではなかった、という伝説が成立するに至るのである。さらには、女性の出家のきっかけを作ったアーナンダに対する非難の言葉が記録されるにも至っている。これも、『パーリ律』をはじめとする六つの律蔵すべてに例外なく記されている。

上座部系化地部《けじぶ》の漢訳律典『五分律』には、次のように記されている。

迦葉《かしょう》、復《ま》た阿難《あなん》を詰《なじ》って言《いわ》く。汝《なんじ》は世尊に三請《さんしょう》して、女人の正法に於《お》いて出家することを聴《ゆる》すことを求め、突吉羅《ときら》を犯《おか》す。亦当《またまさ》に罪を見、過《あやま》ちを悔いるべし。

（大正蔵、巻二二、一九一頁中）

これに類する文章は、ほかの律蔵にも見られる。「突吉羅」は、パーリ語の dukkaṭa、サンスクリット語の duṣkṛta を音写したもので、「悪しき行ない」を意味する。これは、最も軽い罪で、一人で懺悔《さんげ》することが科される。

このようにマハー・カッサパ（大迦葉《だいかしょう》）の名前で、アーナンダが女性の出家のきっかけを作ったことを非難していることが多い。しかし、バッダー・カピラーニーという女性は、拙訳

『テーリー・ガーター――尼僧たちのいのちの讃歌』(三三頁)において、釈尊滅後の後継者となったマハー・カッサパと自分のことを、「三種の明知を具え、死魔を退けていて、軍勢を伴った悪魔に勝利して、最後の身体をたもっています」と語ったうえで、二人の共通性を次のように語っていた。

世間に禍《わざわい》があるのを見て、〔尊者マハー・カッサパと〕私の二人は出家いたしました。かくして、私たち〔二人〕は煩悩を滅ぼしていて、〔心を〕制御して、実に清涼《しょうりょう》になり、安らぎに達したのです。(第六六偈)

彼女は、マハー・カッサパから直接指導を受けて覚りを得ていた。したがって、マハー・カッサパが女性の教団の存在を疎ましく思っていたとは考えられない。後世の男性出家者が、釈尊の後継者となったマハー・カッサパの名前で、女性の出家を斡旋《あっせん》したアーナンダに対する非難の言葉を創作・付加した。これも、権威ある人物の名前をかたって女性の立場を貶《おとし》めようとした意図の現われであろう。

このように女性の立場を貶めようとする態度は、アーナンダへの非難にも発展した。正法の存続期間が、アーナンダのせいで千年から五百年に短縮されたというのが事実なら、仏教にとって由々しき大事件であり、そのきっかけを作ったアーナンダは重罪を犯したことになるはずだ。それなのに、『四分律』や『五分律』の判決は最も軽い突吉羅《ときら》罪となっている。これは、男性出家者たちが女性の出家を忌《い》まわしいものとする際に、アーナンダを悪者にするのにすこし気が引けたということであろう。

このように、釈尊滅後、時間を経るにしたがって男性修行者たちは、釈尊の言葉を装って女性軽視の傾向を強めていった。そのような傾向の中で、部派分裂を経て、「三従」「五障」説による女性差別が始まるのである。

「三従」説と「五障」説の出現

「子どものときには父親に従い、嫁《か》しては夫に従い、夫の死後は息子に従う」という「三従」は、ヒンドゥー社会の法典である『マヌ法典』に規定されていたものである。『マヌ法典』が、紀元前二世紀ごろに成立していること、および仏教教団が紀元前三世紀末以降、部派分裂を繰り返し小乗仏教化し始めたこと、さらには紀元前一八〇年ごろ仏教を重んじていたマウリヤ王朝の崩壊とともにバラモン教が復興され始めたこと——などを考え合わせると、「三従」説は紀元前二世紀前後には仏教にとりこまれたのではないかと考えられる。

この「三従」説は、中国においても周末から秦、漢にかけての諸儒の古礼をまとめた『礼《らい》記《き》』、あるいは孔子《こうし》（前五五一〜同四七九）の言行や、弟子との問答などをまとめた『孔子家《こうしけ》語《ご》』にも見られる。これはインドとは独立に言われていたようである。

「五障」とは、①ブラフマー神（梵天王《ぼんてんのう》）、②インドラ神（帝釈天《たいしゃくてん》）、③大王（あるいは魔王）、④転輪聖王《てんりんじょうおう》、⑤ブッダ（あるいは不退転《ふたいてん》の菩薩）——の五つの「地位」「身分」に女性はなることができないとするものである。サンスクリット語でパンチャ・スターナ（pañca-sthāna）というが、パーリ語の原始仏典に「五障」に当たる言葉は存在しない。水野弘元《こうげん》著『パーリ語辞典』や、雲井《くもい》昭善《しょうぜん》著『パーリ語仏教辞典』にも見当たらない。「五障」説の出典としては、上座部系化地部の『五分律』、および上座部系説一切有部の『中阿含経』などが挙げられる。

この中のブラフマー神、インドラ神、魔王（他化自在天《たけじざいてん》）の三つは、いずれも古代インドにおける高位の神々であり、転輪聖王も古代インドにおける理想的な帝王のことである。この四つは、バラモン教的というか、ヒンドゥー社会の色彩が色濃いものばかりである。したがって、この四つは、ヒンドゥー社会の中で言われていたことであろう。そこに仏教徒が、「不退転の菩薩」、あるいは「仏身」を追加して、「五障」としたように考えられる。これによって、女性は、女性であるという理由だけで、いくら計り知れぬ智慧をそなえていても、仏法を信じ、精進して仏道を行じたとしても、「女人不作仏《にょにんふさぶつ》」、あるいは「女人不成仏」と言われ、ブッダにはなれないとされてしまったのである。

「三従」説は紀元前二世紀前後、「五障」説は紀元前一世紀に初めて仏典に登場したと推測することができる。言い換えれば、「三従」「五障」のいずれの考えも、仏教がセイロン（スリランカ）に南伝した前三世紀より前、すなわち原始仏教の時代には存在しなかったし、部派分裂後のいわゆる小乗仏教の時代の産物であるということができる（拙著『差別の超克――原始仏教と法華経の人間観』、一七八～一九五頁参照）。

いずれにしても、紀元前一世紀ごろには「五障」（五礙《ごげ》）説は、部派仏教で公認されていた。『大智度論』を見ても、「女人有五礙」の説を声聞乗（小乗仏教の男性出家者のための教え）の説としてあつかっている（大正蔵、巻二五、一二五頁上）。化地部所伝の『五分律』、説一切有部所伝の『中阿含経』が「五障」に言及していること、『大智度論』が部派仏教の中でも説一切有部に焦点を当てて批判していることも考え合わせると、「五障」説は当時の説一切有部や化地部などの部派仏教の見解であったことがうかがわれる。すなわち、「小乗」と貶称された比丘たちによってなされた主張であった。その背景には、当時のヒンドゥー教的な女性蔑視の観念の影響があったことも忘れてはならない。

3 大乗仏教の興起

釈尊の〝遺言〟からの逸脱

以上のように釈尊滅後、『法華経』が成立するまでの五百年間に教団は大きく変化した。

釈尊は、入滅する直前に自らの滅後の実践の在り方を〝遺言〟のように言い残していた。原始仏典の『大パリニッバーナ経』によると、釈尊の入滅を間近にして不安になったアーナンダ（阿難）が、これから何をたよりにすればいいのかと尋ねたのに対して、釈尊は「今でも」「わたしの死後にでも」「誰でも」と前置きして、次のように語った。

この世において自己という島に住せよ。自己という帰依処《きえしょ》は真の帰依処である。法という島に住せよ、法という帰依処は真の帰依処である。

これは、「自帰依《じきえ》」「法帰依《ほうきえ》」と言われるもので、よりどころとすべきは「自己」と「法」だという教示である。このようである修行者のことを、釈尊は「最高の境地にあるであろう」と語っていた。

ところが、滅後にはストゥーパ（卒塔婆《そとば》）信仰（＝仏舎利《ぶっしゃり》信仰）、聖地信仰が奨励されるようになった。弥勒菩薩待望論も盛んになってくる。すでに述べたように、莫大《ばくだい》な布施《ふせ》を煽《あお》る傾向も著しくなる。それらは、釈尊の〝遺言〟ともいえる晩年の教え「自帰依」「法帰依」とは、ことごとくかけ離れたものである。

以上のような小乗仏教の在り方に対して、大乗仏教が紀元前後に興起する。

在家非阿羅漢論や女人不成仏といった小乗仏教の主張を読んでいると、釈尊が仏教を説いたのは、人間に差別を設けるためであったのだろうか——という素朴な疑問が出てくるのは当然であろう。大乗仏教は、平等思想の復権として、小乗仏教が考え出した「菩提薩埵《ぼだいさった》」（略して菩薩）の意味を塗り替えることで対抗した。

釈尊滅後、さまざまな仏伝が書かれるようになるが、「あれだけ偉大な釈尊なのだから、過去にはきっと遥かな長い時間をかけて修行されたに違いない」という思いから、長い修行のある時点で、釈尊は燃燈仏《ねんとうぶつ》（ディーパンカラ）から「あなたは将来、サハー（娑婆《しゃば》）世界においてシャーキャムニという名前のブッダになるだろう」と予言（授記《じゅき》）されたという物語が作られた。その時点でブッダになることは確定したが、まだブッダにはなっていない。その状態の釈尊を何と呼ぶかということで、bodhi《ボーディ》（覚り）とsattva《サットヴァ》（人）をつなげてbodhi-sattva《ボーディ・サットヴァ》（菩提薩《ぼだいさっ》埵《た》）とし、「覚り（bodhi）が確定した人（sattva）」、すなわち成道《じょうどう》前の釈尊を意味する言葉が作られた。

それは、紀元前二世紀ごろのことであったと考えられる。紀元前二世紀ごろ造られたバールフットの仏塔の欄楯《らんじゅん》（垣根）に施されたマーヤー（摩耶）夫人の托胎霊夢《たくたいれいむ》の彫刻に「世尊入胎す」（bhagavato ūkranti）とあるが、その後の仏伝にある「菩薩入胎す」（bodhisatto 'vakrāmati）という表現になっていないからだ。

この時点で、菩薩と呼ばれたのは釈尊一人であり、その後、西北インドで盛んに待望されたマイトレーヤ（弥勒《みろく》）も菩薩とされるが、それ以外の人は決して菩薩にはなれないし、ブッダにもなれないという考えが貫かれていた。

これに対して、紀元前後ごろ、菩薩という言葉の意味を塗り替える動きが興《おこ》った。すなわち、bodhi-sattva を「覚り（bodhi）を求める人（sattva）」と読み替え、覚りを求める人は誰でも菩薩であると考える大乗仏教が興ったのだ。小乗仏教において菩薩と呼べる存在は、釈尊と未来仏のマイトレーヤだけだった。それをあらゆる人に解放したのが大乗仏教であった。

ただし、そこには小乗仏教の出家者である声聞《しょうもん》と独覚《どっかく》の二乗《にじょう》を除くという例外が設けられていた。二乗は「炒《い》れる種子《たね》」であり、「永不成仏《ようふじょうぶつ》」（永遠に成仏できない）、「二乗不作仏」と断じられていた。これは、〝大乗仏教の差別思想〟であった。

大乗仏教が興ったからと言って小乗仏教がなくなったわけではない。勢力としてはむしろ小乗仏教のほうが遥かに大きく、大乗のほうはまだまだ小さな勢力だった。こうした大小併存の時代の中で、まず、菩薩乗《ぼさつじょう》を自称する大乗仏教の側から二乗を痛烈に批判する『般若経《はんにゃきょう》』が成立する。『般若経』は、さらにストゥーパ信仰を批判し、経典重視の思想を打ち出した。そして紀元一～二世紀ごろには、保守的で権威主義的な小乗仏教を糾弾する『維摩経《ゆいまきょう》』が成立した。

大乗仏教は、三世十方《さんぜじっぽう》に多くの仏の存在を主張し、如来の巨大化や、一神教的絶対者の導入をも図り、原始仏教の思想とは大きく変容を遂げる面も出て来た。

こうした仏教界の情況の中で、紀元一世紀末から三世紀初頭にかけて、小乗と大乗の対立を止揚《しよう》（アウフヘーベン）し、対立を対立のままで終わらせず、両者を融合させてすべてを救うことを主張する経典が成立した。小乗には小乗の、大乗には大乗の差別思想があった。それぞれの差別思想および両者の対立を克服し、普遍的平等思想を打ち出すという課題を受けて成立したのが『法華経』である。その平等の旗印が「一仏乗《いちぶつじょう》」の思想であった。それは、在家であれ、出家であれ、男性であれ、女性であれ、誰人《たれびと》も差別なく成仏できるとする『法華経』の「皆成仏道《かいじょうぶつどう》」（皆、仏道を成ず）の思想的根拠を示したものである。

そこには、「原始仏教の原点に還《かえ》れ」という主張が一貫している。「今の仏教は本来の仏教とは違う」という考えから、小乗・大乗それぞれの問題点を浮き彫りにし、それを乗り越えようとして生み出されたのが『法華経』だと言えよう。このような背景を念頭に置いて読むことによって、『法華経』の主張したかったことが鮮明に見えてくると思う。次からは、いよいよ各章の順を追って『法華経』の具体的な内容に踏みこもう。

Ⅲ 『法華経』各章の思想
――「諸経の王」の全体像

1 あなたもブッダになれる（序品と第一類）

第1章＝序品（第一）

『法華経』を説くための準備

釈尊滅後の仏典結集《けつじゅう》で、釈尊に随行して最も教えを聞く機会の多かった多聞《たもん》第一のアーナンダ（阿難）が「このように私は聞いた」（如是我聞《にょぜがもん》）と前置きして口述するという形式で、経典は編纂《へんさん》された。釈尊滅後五百年ほどして編纂された『法華経』もその形式に則っている。それは、「釈尊の真意はこうであったはずだ」という思いを込めた言葉だと理解できる。

それに続けて、説法の場所が示される。『法華経』が説かれたのは、インドの北東部ビハール州（古代インドのマガダ国）に実在する標高数百メートルほどの霊鷲山《りょうじゅせん》（グリドラクータ山）とされる。そこは、『法華経』だけでなく、『無量寿経《むりょうじゅきょう》』など多くの経典が説かれた場所として設定されることが多い。霊鷲山という名前は、鷲（グリドラ）が住んでいたとか、頂上が鷲の形に似ていることから付けられたと言われている。

参列者の冒頭に挙げられた「千二百人の男性出家者」とは、釈尊が説法を開始したころに弟子となったカーシャパ（迦葉《かしょう》）三兄弟それぞれの弟子たち計千人と、シャーリプトラ（舎利《しゃり》弗《ほつ》）やマウドガリヤーヤナ（目犍連《もっけんれん》）をはじめとするサンジャヤの弟子たち二百五十人を合計した概数である。鳩摩羅什は、これを十倍して「万二千人」と漢訳している。

続いて、膨大《ぼうだい》な参列者の数を挙げ、代表者の名前が列挙されるが、その数の多さは、『法華経』独自のことで他の仏典に例を見ない（植木訳『サンスクリット版縮訳　法華経』では、大半を割愛した）。一切衆生を成仏させるという『法華経』の気概の表われと見ることができよう。

参列者名が列挙された後、釈尊は「〝大いなる教説〟（無量義《むりょうぎ》）という経」を説いた。ところが、すぐに三昧《さんまい》（瞑想）に入ってしまう。この〝大いなる教説〟（mahā-nirdeśa）を鳩摩羅什が「無量義」と漢訳したのを見て、中国ではその経を『無量義経』だと考えて、『無量義経』

が創作された。ところが、「〝大いなる教説〟という経」という言葉の前には、「広大なる菩薩のための教えであり、すべてのブッダが把握している」という修飾語がある。これは、他の箇所では「〝白蓮華のように最も勝れた正しい教え〟（法華経）」を修飾する決まり文句となっている。このことから判断するに、「〝大いなる教説〟（無量義）という経」は、『法華経』のことだったのだ。

冒頭で釈尊は『法華経』を説いていた。しかし、心の準備ができていなかったのか、誰も理解しなかった。そこで釈尊は、すぐ三昧に入ってしまった。それは、弟子たちに聞く耳ができるのを待つためであったのだろう。

『法華経』編纂当時の仏教界の現状

すると、釈尊の眉間《みけん》の巻き毛の塊（白毫《びゃくごう》）から光明が放たれ、東方の一万八千の仏国土が現わしだされた。譬喩《ひゆ》や因縁《いんねん》によって説法するブッダたち、花や香や演奏でストゥーパに供養をする人たち、布施《ふせ》・持戒《じかい》・忍辱《にんにく》・精進《しょうじん》・禅定《ぜんじょう》・智慧《ちえ》のいわゆる六波羅蜜《ろくはらみつ》を修行する人たち、人けのない荒野や、岩の洞穴に住む人々など、さまざまな仏道修行に専念する様子が浮かび上がった。そこで展開されていることは、『法華経』が編纂されている釈尊滅後五百年ごろの仏教界の現状を描写したものであろう。『法華経』を説くにあたって、仏教界の現状を要約したものだと理解される。「東方」は、『法華経』が編纂された西北インドからブッダガヤーなどの釈尊ゆかりの地を臨んだ方向であった。

過去二万の日月燈明仏も説いた『法華経』

このほか、天から花の雨が降り、大地が震動し、今まで見たこともない瑞相《ずいそう》が相次いで現われる。それを見て、大衆は驚くべき思いにとらわれた。彼らの思いを察し、自分も疑問を抱いて、マイトレーヤ（maitreya：弥勒《みろく》）菩薩《ぼさつ》が質問する。それに対して、マンジュシリー（文殊師《もんじゅし》利《り》）菩薩は、同様のことを過去の二万人の〝月と太陽からなる燈明〟（日月燈明《にちがっとうみょう》）という如来《にょらい》のもとで見たことがあると語る。そのような瑞相を示された後、如来は必ず『法華経』を説かれたと告げた。

二万人もの如来が、最後に説いた教えが『法華経』だということは、人間の平等とあらゆる人が成仏できることを説く『法華経』の普遍性を象徴するものだと言えよう。逆に言えば、人間の平等とあらゆる人が成仏できるということを説く教えが『法華経』だということである。

マンジュシリー菩薩は話の中で、名声ばかりを追い求めて、怠けものであった一人の菩薩を紹介する。それは「五十六億七千万年後に釈尊に代わってブッダとなる」と待望されていたマイトレーヤ菩薩の過去であったと明かされる。マイトレーヤ菩薩は、イランのミトラ（mitra）神を仏教に取り入れて考え出された架空の人物だと言われる。歴史上の人物である釈尊を差し置いて待望されているマイトレーヤ菩薩に批判的な経典として『維摩経』が作られた。『法華経』も批判的であった。

こうした話を踏まえて、マンジュシリー菩薩が「釈尊も、まさに今、『法華経』を説かれようとしているに違いない」と語ると、釈尊による『法華経』の説法を求める心が弟子たちに芽生えた。そこで、次の「方便品」へと続く。

その方便品では、一仏乗《いちぶつじょう》と三乗の関係が明らかにされる。それを理解するためには、小乗仏教と貶称された説一切有部《せついっさいうぶ》の三乗説と、大乗仏教の三乗説、そして『法華経』の一仏乗の違いを理解しておいたほうがいい。

説一切有部で成立した三乗説

「三乗」という語は、スリランカに伝えられたパーリ語の原始仏典には見られず、阿含経《あごんきょう》の中では、大衆部《だいしゅぶ》系（宇井伯寿《ういはくじゅ》博士の説）とも、迦葉惟部《かしょういぶ》系（友松圓諦《ともまつえんたい》博士の説）とも言われる『増壱《ぞういつ》阿含経』のみに十カ所（大正蔵、巻二、五五〇頁中など）用いられている。説一切有部の論書『大毘婆沙論《だいびばしゃろん》』に頻繁に用いられ、大衆部系の『マハー・ヴァストゥ』にも出てくる。そのため、「三乗」という語は、北伝の部派仏教、すなわち説一切有部と大衆部において成立したものと考えられる。

その内容は、「声聞《しょうもん》乗」「独覚《どっかく》乗」「仏乗」の三つである。小乗仏教においては、菩薩とは成道する以前の釈尊のことであり、ブッダとなることが確定していることから、「菩薩のための教え」を意味する「菩薩乗」という観念は必要としなかった。したがって、「菩薩乗」という言葉も必要なかった。

彼らにとって仏は六人の過去仏を除いて釈尊のみであり、菩薩は成道以前の修行時代の釈尊と、五十六億七千万年後に出現するとされるマイトレーヤ（弥勒）菩薩の二人に限定されていた。したがって、小乗仏教の男性出家者たちにとって、菩薩や仏になることなど及びもつかないことであり、ただ自ら声聞として、仏の声（教え）を聞き（学び）、阿羅漢《あらかん》を目指すことのみが許されていた。

阿羅漢は、もともとはブッダの十種類の別称（十号《じゅうごう》）の一つであった。釈尊が五人の比丘《びく》を相手に初転法輪《しょてんぽうりん》を行なって、五人全員が覚ったときのことが『マハー・ヴァッガ』と『五分律』にそれぞれ次のように記されている。

世尊は次のことをおっしゃられた。「五人の比丘たちは、世尊の語られたことに満足し、大いに喜んだ。しかも、この解説が説かれている時に、五人の比丘たちの心は、漏《ろ》（煩悩）を離れ、解脱した」と。しかるにその時、世の中に六人の尊敬されるべき人（阿羅漢）がいることとなった。

（『ヴィナヤ・ピタカI』、一四頁）

是《こ》の法を説きし時に、五比丘は一切の漏が尽き、阿羅漢の道《どう》（＝覚り）を得たり。爾《そ》の時に

世間に六阿羅漢有り。（大正蔵、巻二二、一〇五頁上）

「六阿羅漢」とは、釈尊と五比丘のことである。原始仏教において、阿羅漢はブッダの別称であり、それは釈尊自身にも弟子たちにも平等に開かれていた。

ところが、釈尊滅後、阿羅漢が格下げされる。ブッダは釈尊のみで、弟子はその教えを聞くものであり、ブッダにはとうてい及ぶことができないが、阿羅漢にはなれるとされた。

小乗仏教において、阿羅漢はブッダよりも低い位に引き下げられ、声聞の到達できる最高の位とされた。独覚にとっては独覚果が最高とされていた。小乗仏教においては、男性出家者ですらブッダになることはできず、阿羅漢止まりであった。ましてや、在家や女性は阿羅漢にすら遥かに及ばないとされ、こうした議論においてはまったく排除されていた。

説一切有部の『大毘婆沙論』巻一三〇には、声聞、独覚、仏は種性《しゅしょう》が決まっていて、その種性は転化することはなく、道としても声聞道、独覚道、仏道の三つがあるとされるが、声聞道は、声聞道のためにのみ因となりうるけれども、他の独覚道と仏道に対して因となることはないとされた。

したがって、説一切有部における三乗とは、声聞乗、独覚乗、仏乗の三つであって、いずれも男性出家者に限られ、しかも声聞は声聞のまま、独覚は独覚のまま、仏は釈尊に限られていて、それぞれが相互乗り入れすることはなく、固定されたままであった。ゆえに、説一切有部の主張するこの三乗には在家も女性もまったく考慮されていないのである。

大乗仏教の三乗説

それに対して大乗仏教は、仏の説かれた教え（声）を仏弟子（声聞）として学ぶ（聞く）のみの小乗仏教の修行に飽き足りず、ブッダと同じく菩薩行を修してブッダとなること、人々に対して利他行を貫くことを理想とした。小乗仏教が、菩提薩埵《ぼだいさった》（bodhi-sattva：菩薩）という語を「覚り（bodhi）が確定している人（sattva）」という意味で成道以前の釈尊のことを称していたのに対して、大乗仏教は、その言葉を逆手に取って意味を塗り替えた。発菩提心《ほつぼだいしん》（bodhi-citta-utpāda：略して発心《ほっしん》）といって「〔無上の〕菩提（覚り）を求める心」（bodhi-citta）を発《おこ》す人（sattva）は誰でも菩薩（bodhi-sattva）であると説いた。そこにおいては、当然のように男女が区別されることもなかった。声聞・独覚の二乗、いわゆる小乗仏教に対して、自らの標榜する理想的仏教者の在り方を大乗（mahāyāna：偉大な乗り物）、すなわち菩薩乗（bodhisattva-yāna：菩薩のための乗り物）と称した。大乗仏教は、男女の別なく、また在家・出家を問うことなく、菩提心を発した人は誰でも菩薩であると主張したのだから、その革新性が注目されよう。

大乗仏教は、いわば「釈尊の原点に還れ」という復興運動であった。釈尊が教えを説いたのは、誰人をもブッダ（覚者）とするためであって、声聞乗や、独覚乗に甘んじているのは釈尊の本意ではないとして、菩薩の自覚に立ってブッダとなることを求めるべきだと主張した。その先駆けが『般若経《はんにゃきょう》』であり、仏となることを求める者は、般若波羅蜜《はらみつ》（智慧の完成）を学ぶべきだと強調した。それに続いて『維摩経《ゆいまきょう》』が編纂された。ところが、それは菩薩乗を強調するあまり、二乗を「炒《い》れる種子《たね》」で成仏の芽は出てこないと弾呵《だんか》・否定し、「永不成仏《ようふじょうぶつ》」「二乗不作仏《にじょうふさぶつ》」と説くなど、二乗を排除する結果となった。説一切有部が、声聞の立場から声聞・独覚・仏の三乗の差別を説き、在家や女性を排除していたのに対して、大乗は菩薩の立場から声聞・独覚・菩薩の三乗間の差別を説いて声聞と独覚を排除するという結果となった。それぞれ小乗と大乗の差別思想といえよう。

それに対して『法華経』は、その両者の矛盾・対立を高い次元へと引き上げて統合（止揚《しよう》）する一仏乗の思想を打ち出した。すなわち、一乗（eka-yāna）、あるいは一仏乗（ekaṃ buddha-yānam）という考えにもとづき、二乗、さらには三乗を止揚・統合する思想を提唱したのである。その思想が、以下に展開される。

第2章＝方便品（第二）

二乗の成仏をパラドクシカルに肯定

序品を通して弟子たちに『法華経』を聞く心の準備ができたところで、方便品へと移行した。釈尊は三昧《さんまい》から出て立ち上がると、口を開いた。その第一声は、ブッダの智慧は、深遠で、見難く、知り難いもので、一切の声聞や、独覚によっても理解し難いものである。

（植木訳『サンスクリット版縮訳　法華経』、三七頁）

だった。この一節から「『法華経』は声聞・独覚の二乗を否定している」と論じる研究者がいる。また、『アジア仏教史・インド編Ⅲ　大乗仏教』（佼成出版社）では、

『妙法華経』には「仏は、ただ菩薩のみを教化す」ということばが、たびたび説かれて、二乗を認めないことを示している。

（二〇三頁）

と論じられている。

いずれも甚だしい誤解である。そのように解釈することは、『法華経』の立場を他の大乗の立場と同列のものに貶《おとし》めることになってしまう。すなわち、二乗を否定し、排除することによって菩薩という在り方を探求するという立場である。方便品で釈尊が言っているのは、釈尊から見れば人間は平等であり、いわゆる声聞、独覚も皆、菩薩なのであって、釈尊が彼らを教化することは「菩薩のみを教化」していることなのである。ここに、一般の大乗や、小乗の取っていた考えと『法華経』の考えの違いがはっきりと読み取れる。その違いを天台大師智顗《ちぎ》や日

蓮は、「権大乗《ごんだいじょう》」と「実《じつ》大乗」（法華経）として区別していた。「権《ごん》」とは「仮」という意味である。

『法華経』は、二乗を認めないのではなく、認めているのである。『法華経』は決して、二乗を否定していない。いわゆる二乗と呼ばれる人は、釈尊にとって存在しないのである。というのは、釈尊から見れば、二乗と呼ばれている人も本来、すべてが菩薩であるからだ。自分で二乗と勝手に思い込んでいるにすぎないのだ。だから、彼らを教化することは、ただ菩薩のみを教化していることになるのである。

方便品の冒頭の言葉をとらえて、二乗を否定していると言うのなら、その後の偈《げ》（詩句）で、新たに発心した菩薩（新発意《しんぼっち》の菩薩）も、不退転《ふたいてん》（修行においてもはや退くことのない位）の菩薩も理解できないとしているのだから、二乗だけでなく菩薩も加えた三乗のすべてを否定していると言い直すべきである。

果たして『法華経』は、三乗のすべてを否定しているのであろうか。そうではない。声聞、独覚、新発意の菩薩、不退転の菩薩も理解できないとするところの「仏智《ぶっち》」の内容は、彼らすべてが等しく菩薩であって成仏できるということである。

これは、「あなたは無知で、理解できない」「あなたは、自分がいかに優秀で才能があるのか分かっていない」と言われて、自分はけなされているのか、ほめられているのかという問題と似ている。「無知だ」「理解できない」というところだけを見ると、否定されているように見える。ところが、「理解できない」とするその内容が、「あなたがいかに優秀で才能があるか」ということである点を見れば、ほめられていることになる。パラドクシカルに肯定されているのである。

否定と思わせて肯定する止揚の論理

方便品の初めのほうで三乗を否定していたのは、〝否定のための否定〟ではなく、最終的に〝肯定するための否定〟であったのだ。三乗は、それぞれに思い込みに執着している。現状のままでは肯定できない。それらの思い込みを脱却させるために否定という形をとった。そのうえでの肯定である。ここに『法華経』の止揚の論理を見ることができる。その肯定は、次のようになされた。

「方便品」の最後で、釈尊は「私にとって、この世に声聞〔と言われる人〕は誰一人として存在しないのだ」（植木訳『サンスクリット版縮訳　法華経』、四七頁）と語る。なぜかと言えば、釈尊から見れば菩薩であるからだ。この「秘要《ひよう》の教え」をすべての声聞も、菩薩も受持するべきだと諭した。小乗仏教の出家者である声聞は、菩薩とブッダになれるのは釈尊のみであり、自分たちはそれより低い阿羅漢止まりだと思っていた。いっぽう、大乗仏教の菩薩は、声聞と独覚の二乗は「炒《い》れる種子《たね》」であり、永遠に成仏《じょうぶつ》できないもの（永不成仏《ようふじょうぶつ》）と断定していた。小乗と大乗の両者が考え、主張していたことは、釈尊の「秘要の教え」とは正反対のことである。だから、理解できないと冒頭で言っていたのである。

ここは、二乗を菩薩の自覚に立たせ、菩薩に対しては二乗を排除することなく二乗も菩薩であると認めさせるところである。菩薩は、差別思想を払拭《ふっしょく》してこそ〝真の菩薩〟といえよう。こうして、〈二乗から菩薩へ〉、さらに〈菩薩から〝真の菩薩〟へ〉という二段階の止揚《しよう》によって、小乗仏教と大乗仏教の対立を乗り越え、あらゆる人の平等を説く本来の仏教の原点に還ろうとしたのである。

以上のことを説くにあたって、釈尊は、如来がこの世に出現する理由を「ただ一つの大きな仕事」（一大事因縁《いちだいじいんねん》）をなすためだと語る。それは、「衆生を如来の知見によって教化する」ということだ。すなわち、衆生に、①如来の知見を開示し、②如来の知見に入らせ、③如来の知見を覚らせ、④如来の知見の道《みち》に入らせるためだという。すなわち、一切衆生を成仏させることが究極の目的だというのだ。そのために「私はただ一つの乗り物（一乗）、すなわちブッダに到る乗り物（仏乗）について衆生に法を説くのだ」（同、四〇頁）と語った。これが、「一仏乗」である。

人間の平等を理解してこそ〝真の菩薩〟

大乗経典でシャーリプトラ（舎利弗）は声聞、すなわち小乗仏教を代表する人物として描かれている。その人物に向かって釈尊は、「声聞に属する人は誰一人いない」と告げた。さらに、菩薩に対してもそのことを受け容れるように諭した。こうして釈尊は、二乗を否定し、排除している菩薩に反省を促した。彼らが声聞と称している人たちは、本質的には声聞ではない。菩薩なのだ。その事実を受け容れて、人間の平等を理解してこそ〝真の菩薩〟たりうるということであろう。

『法華経』には、「真の声聞」(śrāvaka-bhūta)という語は用いられているが、〝真の菩薩〟という語は見当たらない。けれども、方便品でブッダの智慧は声聞も菩薩も理解できないとしておいて、その声聞も、自分が声聞だと思い込んでいるだけで、釈尊から見たら同じ人間であり、実は菩薩であることを気づかせる。さらには菩薩に対しても、声聞を否定することなく「声聞が菩薩である」ことを受け容れさせている。このように、『法華経』は声聞を差別する菩薩と、差別しない菩薩を区別していて、後者をあるべき菩薩だと考えている。したがって、筆者は、それを「真の声聞」にならって、〝真の菩薩〟と呼ぶことにした。

このように考えながら、第11章＝見宝塔品(第十一)を読んでいたら、一仏乗の説かれた「この経」を受持する人のことを、「世間の保護者の嫡出《ちゃくしゅつ》子《し》」(同、二〇四頁)と表現しているところに出くわした。これこそ、〝真の菩薩〟に相当していると言えよう。これは、「ローカ・ナーターナ　アウラサ」(loka-nāthāna aurasa)を訳したものである。「世間の保護者」(loka-nātha)とはブッダのことだ。菩薩は、しばしばブッダ・プトラ(buddha-putra)、すなわち「仏《ぶっ》子《し》」と表現される。見宝塔品でputra(息子)でなく、aurasa(嫡出子)を用いたのは、息子の中でも特別なものという意味を込めているのだ。鳩摩羅什も、この「世間の保護者の嫡出子」に相当する箇所を「真の仏子」（植木訳『梵漢和対照・現代語訳　法華経』下巻、六〇頁）と漢訳している。これは、まさに〝真の菩薩〟である。

三乗は一仏乗を説くための方便

釈尊は方便品で、声聞のための教え（声聞乗）、独覚果に到る教え（独覚乗）、菩薩のための教え（菩薩乗）といった諸々の教え（三乗）を説いた理由を明かす。それは、衆生の好みや関心に応じて説いたからで、一仏乗に導くための方便として説かれたものだと明かす。ブッダから見れば人間は平等なのだ。方便とは、ウパーヤ（upāya）の訳で、これは**upa**（近くに）と**aya**（行くこと）からなり、「近づくこと」「近づけること」という意味で、英語のアクセス（access）に近い。たとえばNHKに行きたいとき、インターネットでNHKのホームページを調べて「アクセス」というページがあれば、最短で最善の行き方が挙げられていると期待するであろう。そのように、方便とは人々を覚りという目的地へと導くための〝最短・最善の方策（手段）〟という意味である。

仏の真意は声聞も独覚も菩薩も同じ人間であって、差別なく成仏できることを明かすことであった。そのために「一切知者の智慧（一切種智《いっさいしゅち》）を終着点とするブッダに到る唯一の乗り物（一仏乗）」（植木訳『サンスクリット版縮訳　法華経』、四一頁）を説いた。「そのほかに何か第二、あるいは第三の乗り物が存在するのではない」（同、四〇頁）と言うのだ。これが「無二亦無《むにやくむ》三《さん》」と漢訳され、天台大師智顗などは「一仏乗のみで二乗も三乗もない」と読み、法相宗《ほっそうしゅう》の慈恩大師基《じおんだいしき》は、サンスクリット原典を見て「一仏乗のみで第二の独覚も第三の声聞もない」と読むべきだと主張して、中国だけでなく日本においても伝教大師最澄《でんぎょうだいしさいちょう》と法相宗の徳一《とくいつ》とのあいだで大論争が展開された。

天台宗の読み方では、車は全部で四種類、法相宗の読み方では、三種類あることになり、それぞれの立場が「四車家《ししゃけ》」と「三車家《さんしゃけ》」と呼ばれた。

天台宗の最澄は、あらゆる人が成仏できるとする一乗の思想に立ち、三乗は方便だと主張した。法相宗の徳一は、一乗の教えが方便であって三乗の差別を説く教えこそ真実だと主張した。法相宗は、説一切有部の各別説を受け継ぎ、衆生の具《そな》える宗教的素質について「五性各別《ごしょうかくべつ》」といって、人には、①仏果を得ることが決まっている人、②阿羅漢果を得ることが決まっている人、③独覚果を得ることが決まっている人（以上を決定性《けつじょうしょう》）、④三つのいずれとも決まっていない人（不定性《ふじょうしょう》）、⑤覚りとはまったく縁のない人（無種性《むしゅしょう》）——といった差別があると主張していた。

これは、人を決定論的に成仏できる人とできない人に分類するもので、大乗仏教の通念である一切衆生成仏の思想と反するため、大きな論争となった。

この立場の違いについて、四車家は理想論であり、三車家は現実論だという人がある。確かにそういう面もあるかもしれないが、もしも「五性各別」を認めたならば、自分の嫌いな人や、敵対する人たちに「無種性」のレッテルを恣意的に貼るようなことが起こりかねない。究極的には、平等であるという一線だけは維持すべきである。その一線を踏まえて、現実に対応すべきである。初めから、宗教的素質で人間を分類し、決めつけるようなことがあってはならない。

わが国では田村芳朗《たむらよしろう》氏をはじめとして、平等思想の立場に立つ天台宗よりも、五性各別の立場から『法華経』を位置づけようとする法相宗のほうが正しいとする傾向が強かった。筆者は、東洋大学に提出した修士論文で、その両者の見解をサンスクリット原典にさかのぼって検証した。その結果、一仏乗は方便で三乗の差別を説く教えこそが真実だとする慈恩大師基の考えが誤りで、天台大師智顗らの「三乗方便一乗真実」という理解が正しかったという結論に至った（詳細は、拙著『思想としての法華経』第三章を参照）。

その論文の口頭試問で審査に当たった田村晃祐《こうゆう》博士が、「千五百年来の論争に決着がつきました」と評して下さったことは有り難かった。

この問題に関しては、中村元博士も次のように述べておられる。

慈恩大師基はときにはサンスクリット原本を参照したこともあったようである。〔中略〕しかし思想の理解という点に関しては、慈恩大師は、サンスクリット原本を参照しなかった天台大師よりもかえって『法華経』から遠ざかっている点がある。

(『シナ人の思惟方法』中村元選集決定版、第二巻、一〇頁)

「無一不成仏」をめぐる論争

この天台宗と法相宗の論争の中で、一つの笑い話がある。それは、九六三年に京都御所の清涼殿《せいりょうでん》で行なわれた比叡山《ひえいざん》(天台宗)と南都《なんと》(奈良仏教界)のあいだで展開された論諍《ろんじょう》(宗論)での一コマだ。南都を代表する法相宗や華厳宗《けごんしゅう》は、差別思想に立ち、五性各別を主張した。天台宗は、『法華経』や『涅槃経《ねはんきょう》』にもとづいて一切衆生は仏性を具えているのだから、「無種性」(成仏の種子を持たないもの)の考えは本来の仏法に反するものだと主張した。

その中で、元三大師《がんざん》良源《りょうげん》は、『法華経』の第2章=方便品(第二)の、

若《も》し法を聞くこと有らん者は、一《ひと》りとして成仏せずということ無けん。

(植木訳『梵漢和対照・現代語訳 法華経』、上巻、一一八頁)

という文証《もんしょう》を挙げて、一切衆生の成仏を論じた。これに対して興福寺《こうふくじ》の学匠・仲算《ちゅうざん》大法師は、『法華経』という経典を非難するわけにもいかず、訓読の仕方が間違っていると批判した。

どのように読むのか尋ねられて、仲算は、「無の一は成仏せず」と答えた。「無種性の一種類は成仏しない」と言いたかったのであろうが、「無一不成仏」という漢文の訓読としては無理

がある。満場の失笑を買ってしまったという。

作家の司馬遼太郎氏は、この論諍の後の仲算について、「奈良には帰らず、紀州《きしゅう》熊野へゆき、那智《なち》の滝のそばで姿を消したといわれる」（『街道をゆく――叡山の諸道』）と記している。

龍樹と世親も二乗作仏と平等思想を評価

インドにおける『法華経』の評価は、二乗も成仏可能だとしている点にあった。ナーガールジュナ（龍樹《りゅうじゅ》）の著とされる『大智度論《だいちどろん》』は、『般若経』の注釈書でありながら、『法華経』を何度も引用して「二乗作仏《さぶつ》を説く『法華経』のほうが『般若経』よりも勝れている」と論じているし、ヴァスバンドゥ（世親《せしん》）も、『法華論』において『法華経』の平等思想を高く評価した。

この方便品で気になることが一つある。それは、五千人の増上慢《ぞうじょうまん》（覚りを得たという思い上がり）の人たちが退席したことである。『大宝積経《だいほうしゃくきょう》』迦葉品《かしょうぼん》にも五百人の愚かな比丘が退席する場面が描かれている。それを考え合わせると、大乗仏教の信奉者が集会で発表していると き、伝統的・保守的な仏教、特に小乗教団の人たちが退席することが実際にあったのであろう。その出来事を記録しているのだと考えられる。

鳩摩羅什による十如是の挿入

また、鳩摩羅什《くまらじゅう》訳の『妙法蓮華経《みょうほうれんげきょう》』に慣れ親しんできた人が、サンスクリット語からの拙訳で方便品を読んで、「諸法実相十如是《しょほうじっそうじゅうにょぜ》」が見当たらないことに衝撃を受けておられるという。サンスクリット原典では十如是に相当する箇所は、「それらの諸々の法は、①何であり、②どのようにあり、③どのようなものであり、④どのような特徴を持ち、⑤どのような固有の性質を持つのか」という五つの疑問節になっているからだ。これまで説いてきた諸々の教え（諸々の法）が説かれた意味は、「如来だけが明瞭で明らかに見ているのである」と述べ、三乗の教えの本質を知っているのは如来のみであり、「三乗の教えは、一仏乗に導くための方便として説かれたものである」ことを明かすための前触れの言葉になっていたのだ。

鳩摩羅什は、「諸々の法」（諸法）を「諸々の教え」から「あらゆるものごと」に広げて一般論化して、相《そう》（外面に現れた姿・形）、性《しょう》（内在的性質）、体《たい》（本質・本体）、力《りき》（内在的能力）、作《さ》（力の具体的顕現）、因《いん》（内在的な直接原因）、縁《えん》（補助的間接原因）、果《か》（因・縁の和合《わごう》による内在的結果）、報《ほう》（果の具体的顕現）、本末究竟等《ほんまつくきょうとう》（相から報までのすべてが融合していること）――という存在の在り方、因果の理法などを分類した十のカテゴリー（十如是）として漢訳していたといえよう。

第3章＝譬喩品（第三）

「菩薩のための教え」という掛詞

釈尊から見れば人間は平等であり、声聞と言われている人も菩薩なのだとして、大乗仏教で成仏から除外されていた二乗を菩薩へ、菩薩を〝真の菩薩〟へと止揚して、一切衆生の成仏が明かされた。

釈尊からこのような話を聞いて、如来の知見から落伍していると思って、悲嘆にくれていたシャーリプトラ（舎利弗）は、満足して心が高揚し、「私は確実に如来となって尊敬されるでありましょう」（植木訳『サンスクリット版縮訳 法華経』、五六頁）と語った。

そこで釈尊は、シャーリプトラがすでに長い歳月にわたって釈尊のもとで学んできたが、菩薩であることを思い出すことなく、ここに生まれてきたのだと告げ、シャーリプトラが過去において修行し、誓願し、知を覚知したことを思い出させるために「菩薩のための教えである法華経を声聞たちに説き明かす」（同、五七頁）のだと語った。

「菩薩のための教え」（bodhisattva-avavāda）は、菩薩に説くべきものではないかと思いたくなるが、「声聞たちに説き明かす」と言うのだ。ここで「菩薩（bodhisattva）のための教え（avavāda）」は、①「声聞に菩薩の自覚を持たせるための教え」と、②「菩薩を〝真の菩薩〟たらしめるための教え」の掛詞《かけことば》になっている。それによって、声聞〔および独覚〕と菩薩の対立を乗り越え、すべての衆生が成仏可能であることを明らかにした。こうして、小乗仏教と大乗仏教の対立が止揚《しよう》されたのである。

そのような意味を込めて、「菩薩のための教え」という語は、『法華経』を修飾する次の慣用句として、序品をはじめ『法華経』で何度も出てくる。

広大なる菩薩のための教えであり、すべてのブッダたちが把握している〝白蓮華《びゃくれんげ》のように最も勝れた正しい教え〟（法華経）という名前の法門。　（同、二九頁ほか多数）

大乗経の妙法蓮華《みょうほうれんげ》・教菩薩法《きょうぼさっぽう》・仏所護念《ぶっしょごねん》と名づくる……。

（植木訳『梵漢和対照・現代語訳　法華経』上巻、四二頁ほか多数）

それだけ重みのある言葉である。

こうして、シャーリプトラに対して、いつ（劫《こう》）、どこで（国《こく》）、何という名前（名号《みょうごう》）の如来になるかという成仏の予言（授記《じゅき》）がなされた。

未来成仏の予言をされたのは、まだシャーリプトラ一人だけである。他の声聞たちは理解できずに困惑していた。それを見て、シャーリプトラは釈尊にさらに説明を求めた。

漢訳	意味	乗る人	目的地
声聞乗	声聞のための乗り物	声聞（出家の男子）	阿羅漢果
独覚乗	独覚果に到る乗り物	独覚果を求める人（出家の男子）	独覚果
仏乗	ブッダに到る乗り物	覚りが確定している人（菩薩の段階の釈尊）	ブッダ

表3‐1 説一切有部（小乗仏教）における三乗

三車火宅の譬え

そこで、説かれたのが「三車火宅《さんしゃかたく》の譬え」であった。

ある資産家の家の中で子どもたちが遊んでいると、家が火事になった。資産家は無事に脱出できたが、子どもたちはまだ家の中にいる。火事がいかに危険なものかも知らず、父親がいくら外から「火事だよ。逃げなさい」と言っても遊びに夢中で耳を貸そうとしない。

困った父親は、「そうだ、息子たちが日ごろから欲しがっていたものがあった。玩具《おもちゃ》の鹿の車と、羊の車と、牛の車だ」と思い出し、それらをあげるから外に出てくるようにと言った。すると子どもたちは、われ先にと飛び出してきた。その子どもたちに資産家は、玩具の車ではなく、「非常に足の速い純白の牛に牽《ひ》かれた、風のように速い、七宝で飾られた大きな牛車」を等しく与えた。

父親である資産家は、子どもたちを助け出すのに、「腕力が強いのに、腕力を差し置いて、巧みなる方便によって」（植木訳『サンスクリット版縮訳 法華経』、六一頁）子どもたちを、燃え上

乗る人	目的地	譬喩
声聞（出家の男子）	阿羅漢果	玩具の鹿車
独覚果を求める人（出家の男子）	独覚果	玩具の羊車
覚りを求める人である菩薩（在家・出家の男女。二乗は除く）	ブッダ	玩具の牛車
三乗も含めた一切衆生（在家と出家の男女）	ブッダ	本物の牛車

がる家から脱出させたという。本来の仏教は、超能力や、神がかり的な方法による救済を説かなかった。あくまでも方便などの言葉を駆使して、子どもたち（＝衆生）が自覚をもって行動することを尊重するものであったことが、ここにうかがわれる。

火事になった家（火宅）は苦しみに満ちた現実世界、遊びに夢中の子どもたちは刹那《せつな》主義的な生き方で六道《ろくどう》輪廻《りんね》している衆生、資産家（父親）が如来を意味している。「乗り物」と「車」は目的地に連れていくもので、「教え」を象徴している。玩具の鹿の車・羊の車・牛の車がそれぞれ声聞乗・独覚乗・菩薩乗に相当し、本物の卓越した牛の車（大白牛車《だいびゃくごしゃ》）が一仏乗を譬えている。

この譬えの意味することを分かりやすくするために、小乗仏教と貶称《へんしょう》された説一切有部の三乗説を表3－1にまとめてみよう。

ここにおいて、声聞乗、独覚乗に乗れるのは、男性出家者のみで、在家や女性は対象外となっている。仏乗に乗ってブッダに到れるのは菩薩の段階の釈尊のみであり、他の衆生とのあいだには厳然と区別がなされている。説一切有部では、「覚りが確定している人」という意味の菩薩も、ブッダも釈尊のみのことであり、菩薩乗は必要としなかった。

それに対して、『法華経』における三乗と一仏乗の関係は、上の表3-2のとおりである。

サンスクリット語	漢訳	意味
śrāvaka-yāna	声聞乗（小乗仏教）	声聞のための乗り物
pratyeka-buddha-yāna	独覚乗（小乗仏教）	独覚果に到る乗り物
bodhisattva-yāna	菩薩乗（大乗仏教）	菩薩のための乗り物
eka-buddha-yāna	一仏乗（法華経）	ブッダに到る乗り物

表3-2 『法華経』における三乗と一仏乗

鳩摩羅什訳では、声聞乗を羊車、独覚乗を鹿車としていて、ケルン・南条本とは逆になっている。

三乗、および一仏乗の〝目的地〟

三乗のそれぞれの〝目的地〟はどこかといえば、声聞乗は阿羅漢果であり、独覚乗は独覚果であって、いずれもブッダではない。ブッダとなることを目的地とするのは菩薩乗と一仏乗である。目的地が同じであるという意味では、一仏乗と菩薩乗は似ている。違うのは何かといえば、菩薩乗に乗れるのは声聞、独覚の二乗を除いた菩薩だけであるのに対して、一仏乗には声聞、独覚、菩薩や男女の別なくすべての人々が乗ることができるし、そのすべてがブッダの境地に到達できるとしていることだ。その違いが、「玩具の牛車」「本物の牛車」で表現されている。菩薩乗が、声聞乗や独覚乗と同じく玩具とされたのは、三乗がいずれも差別思想を残しているからだ。

在家と出家、および男女という観点から見れば、声聞と独覚の二乗は出家の男子に限られ、在家と女性はまったくの対象外とされている。菩薩乗は、在家と出家の男女の成仏を許してはいるが、声聞と独覚の二乗を排除している。一仏乗は、それらの差別を一切取り払って二乗も含めた在家と出家の男女のすべてを成仏可能としているという違いがある。

したがって、二乗と菩薩乗の違いは、①在家と女性を含めるかどうかということ、②ブッダの境地に到れるとするかどうかということ――の二点である。菩薩乗と一仏乗は、在家・出家、男女の違いも問うことなく、いずれもブッダの境地に運んでいく乗り物であるとする点では同じであるが、それに乗れる人を二乗を排除して菩薩に限るとするのか、あるいは声聞、独覚も含めた一切衆生にまで許すのかという違いがある。

声聞・独覚・菩薩には理解し難い一仏乗

このように、一仏乗は、他の三乗とは際立って異なっているのである。声聞は、自らブッダになるなどということはおそれ多いことだとして、阿羅漢果というところで満足してしまっている。独覚は、〝ブッダ〟になるとはいえ、それは独り自己のみのためであり、他者のことなど眼中にない。独我論の限界を免れないブッダである。菩薩は、ブッダに到ることを願い求めてはいるが、それは声聞、独覚を排除したところでなされている。そういう意味では、声聞、独覚は当然のことながら、菩薩でさえも、あらゆる人が差別なく成仏できるとする『法華経』の一仏乗の教えとはまったく逆行するもので、ブッダの智慧も理解し難いとされたのは当然のことであろう。

だから、第1章＝序品（第一）で三昧に入っていた釈尊は、第2章＝方便品（第二）に入るやいなや、三昧から出ると、しっかりとした意識をもって立ち上がり、

シャーリプトラよ、ブッダの智慧《ちえ》は、深遠で、見難く、知り難いもので、一切の声聞《しょうもん》や、独覚《どっかく》によっても理解し難いものである。（植木訳『サンスクリット版縮訳　法華経』、三七頁）

諸仏の智慧は甚深《じんじん》無量なり。其《そ》の智慧の門は難解難《なんげなんにゅう》入なり。一切の声聞《しょうもん》、辟支仏《びゃくしぶつ》の知ること能《あた》わざる所なり。（植木訳『梵漢和対照・現代語訳　法華経』、上巻、七六頁）

と、切り出したのである。さらには、話は声聞と独覚で終わらず、方便品の偈において、菩薩でさえも理解できないことであると論じられていく。それは、新発意の菩薩、すなわち菩薩の中でも、新たに発心（発意）したばかりの初歩的な段階の人たちだけでなく、不退転の菩薩と

言われる人たちにまでも及んだ。

このように、声聞、独覚、新発意の菩薩、不退転の菩薩までもがブッダの智慧については知ることができないと言っていることも、上記の二乗と菩薩乗の違い、そして菩薩乗と一仏乗の違いということを思い出せば、なるほどとうなずけよう。声聞、独覚、菩薩の三つの乗り物が、そろって玩具の車に譬えられていたのもそのためである。そのこと自体がまた、「三乗方便・一乗真実」を言い換えたものでもある。

第4章＝信解品（第四）「長者窮子の譬え」における真の自己への目覚め

「三車火宅の譬え」を聞いて、スブーティ（須菩提《しゅぼだい》）をはじめとする四人の大声聞たちは、驚くべき思いに満たされ、大いなる歓喜を得た。そして、これまで他の菩薩たちにこの上ない正しく完全な覚りに向けての教えを説きながら、自分たちはその教えとは無縁だと考えて一度も渇望することはなかったことを反省する。

本書の「I『法華経』の基礎知識」で詳述したように、ここは、大乗仏教が小乗教団とは別に興起したとする平川彰《ひらかわあきら》説では理解できないところである。小乗教団の声聞たちが、別の大乗教団まで出かけていって菩薩たちに教えを説くことなど考えられないことだ。大乗仏教が、小乗教団の内部から興ったと考えれば納得がいく。

四人は、自分たちもこの上ない正しく完全な覚りに到ることができるという思いがけない話を聞いて歓喜し、自分たちが理解したことを「長者窮子《ちょうじゃぐうじ》の譬《たと》え」として語った。

幼時に失踪《しっそう》した息子と、彼を捜し求める資産家が偶然にも何十年ぶりかに出会った。資産家は自分の息子だと気づくが、貧しくやつれた息子は、それを知らず怖気《おじけ》づいている。長者のはからいで汚物処理の仕事に就いて喜んだ。父親は、高殿から息子が真面目に働く姿を見守る。ときには汚れた衣服に着替え、体に泥を塗り、汚物を入れる容器を手に持って息子に近づいて激励した。徐々に仕事の内容がよくなり、ついには有能な財産管理人となり、財宝のすべてを掌握するまでになるが、気後《きおく》れだけはなかなか抜けきれない。父親は、「息子」という愛称をつけ、本当の息子という思いを込めて呼びかけるが、息子のほうは、本当は息子でないけれど、そう呼んでくれていると思うだけであった。死期が近づいて、資産家は、人々の前でその男が実の息子であることを明かし、そこにある財宝がすべてその男のものだと宣言した。男は、不思議な思いにかられ、「財宝を思いもかけずに獲得した」（無上宝聚不求自得《むじょうほうじゅふぐじとく》）と語った。

これは、菩薩の教えを知っていながら自分とは無縁なものと考えて、自ら求めようともしなかった声聞たちも、実は菩薩であった、すなわち成仏できるということを知った喜びを表明する譬えである。

『法華経』ではこのように、譬喩が多用されている。「三車火宅の譬え」は釈尊が語った譬喩であったが、今度は弟子たちが「長者窮子の譬え」でそれに答えた。それにまた釈尊が別の譬喩で答える、という具合に、この後も師と弟子とのあいだで譬喩の応酬が展開されていく。『法華経』の編纂者たちが作り出したこれらの譬喩は、おそらく、実際に悩んだり苦しんだりしている人を前にして、何とかその人に分かってもらいたいという思いから生み出されたものであろう。独りで机に向かって考え出したようなものではない。現実に苦しんでいる人に、何とか分かってもらいたいという思いから、ああでもない、こうでもないといろいろな話をするうちに思いついたものであろう。だから慈しみの心に満ちている。

「長者窮子の譬え」では、父親は本当の息子だということを理解させるまでに二十年ほどの時間がかかっている。どうしたら彼が理解できるかと一所懸命に考え、その状況をいろいろに作ってやって、徐々に導いて最終的に理解させるという手法をとっている。

「成仏《じょうぶつ》」というと、死後のことのように受け取られているが、この譬喩が示すように「真の自己に目覚めること」「失われた自己の回復」ということである。「長者窮子の譬え」の貧しい息子は、まさに真の自己に目覚めた、あるいは失われた自己を回復したのだ。中村元博士の表現を借りれば、「人格の完成」ということだ。そこに到達させるまで、資産家（ブッダ）は、本人が理解できるまで辛抱強くあらゆる方便をもって導いている。仏教は、自覚の宗教なのだ。

声を聞くだけでなく、聞かせる〝真の声聞〟

以上の譬えを語ると、四人は、次のように決意を語った。

今、私たちは、〔仏の声（教え）を聞くだけでなく、仏の声を聞かせる人として〕真の声聞であり、最高の覚りについての声を人々に聞かせるでありましょう。

（植木訳『サンスクリット版縮訳　法華経』、九〇頁）

ここに用いられているシュラーヴァカ・ブータ（śrāvaka-bhūta）という掛詞が注目される。**śrāvaka** の成立を、「聞く」という意味の動詞の語根$\sqrt{\text{śru}}$に行為者名詞を造る語尾 **aka** をつけたものと考えれば「声を聞く人」（声聞）となり、$\sqrt{\text{śru}}$ に **aya** を付した使役語幹 **śrāvaya** に **aka** をつけたものと考えれば「声を聞かせる人」となる（**aya** は **aka** をつける際に脱落する）。また、**bhūta** には「～である」「真実の」という意味があるので、その組み合わせ方によって、

①〔仏の〕声を聞く人である。

②〔仏の〕声を聞かせる人である。

③真の声聞。

の三つの意味が出てくる。

すでに述べたように、『法華経』は〝声聞〟と言われている人を菩薩の自覚に立たせるものだが、それは仏の〝声を聞く〟だけでなく、仏の〝声を聞かせる〟〝真の声聞〟たらしめることだと言い換えることができる。これは、声聞という在り方を否定しているのではなく、声聞という在り方に新たな意味づけをして止揚する言葉である。

ところが、岩波文庫『法華経』の岩本裕《いわもとゆたか》訳では、

いま、われわれは声聞であるが、最高の「さとり」を達成すると宣言するであろう。

（上巻、二六一頁）

となっている。

これは、掛詞を無視して①のみで訳したものだ。ところが、直後に出てくるアルハンタ・ブータ（arhanta-bhūta）を「真の阿羅漢」と訳していて、同じbhūtaという語をそこでは「真の」と訳しているのに、ここでは訳していない。しかも、原文にない「達成する」という語を入れて、いわば「現在は、われわれは声聞にすぎないが、将来は『さとり』を達成する」といった意味にしてしまった。そうすると現在、声聞であることは劣った状態だということになる。そこで「真の声聞」とすると都合が悪いと考えて、意図的に「真の」と訳さなかったように見受けられる。しかも「聞く」の使役形を「聞かせる」と訳さないで「宣言する」と深読みしす

ぎた訳し方をしている。そのため「声を聞く」のみの受け身の在り方から「声を聞かせる」という能動的在り方への転換も見落としてしまった。

こうして、『法華経』の重要なテーマである「声聞から菩薩への止揚」を見落としてしまった。ここは、声聞としての現在の在り方を否定して、未来によりよい在り方になるということを言っているところではなく、現在の声聞の在り方を止揚して、「真の声聞」の在り方を現在のこととして説いているところである。

いっぽう、中公文庫の『法華経Ⅰ』は、ここを次のように訳している（太字は筆者による）。

「保護者よ、今日私どもは（真の）**〝声聞〟**として、一つには最高の菩提を（人々に）**〝聞〟**かせ、一つには菩提という**〝声〟**を明示しよう」（一四五頁）

この一節を見ると、「声聞」「聞」「声」の三カ所に〝　〟がつけられている。後の二つをつなげると、最初の「声聞」になるということを言いたいようだが、これはサンスクリット語から出てくる発想ではなく、漢訳語からのこじつけにすぎない。この訳も「教えを聞く」立場の声聞から、「教えを聞かせる法師としての菩薩」という「真の声聞」の在り方への転換という重要なテーマを見落としている。

〝管理人〟から〝相続人〟へ

本書の「II 『法華経』前夜の仏教」でも触れたように、ここには「王様と同等の権威を持つ」（植木訳『サンスクリット版縮訳 法華経』、八〇頁）ほどの資産家の登場という時代背景を踏まえて、「財産管理人」から「財産相続人」に転ずる譬えが登場する。それは、「如来の知の管理人」から「如来の知の相続人」への転換を意味している。「財産（如来の知）のすべてを知悉《ちしつ》しているが、自分とは関係ない」と思っていたのが、実は自分のもの（こと）だったということを譬えた見事な譬喩だ。ただし、「ケルン・南条本」も、そのもとになった写本も「如来の知の相続人」から「如来の知の相続人」へと同じ単語になっていて、つじつまが合わない。筆者は、前者の「相続人」を「管理人」に改めた。それにともない、植木訳『梵漢和対照・現代語訳 法華経』上巻の第八刷以降で、三〇〇頁一八行目の dāyādān（相続人）を paripālakān（管理人）に改めた。

インドにおいて汚物処理人は、不可触民として蔑《さげす》まれていた。三人のバラモン出身者と資産家の息子であった四人の声聞たちが、自らを汚物処理人に譬えて語ったということはカースト制度の否定を意図しているといえよう。直接的に「カースト制度はおかしい」とは言っていない。しかし、場面設定や登場人物のキャスティング自体に、重要な主張が盛り込まれているのだ。

ところで、「ケルン・南条本」の散文には、その父親は、邸宅の門のところで数多くの**バラモン**（司祭階級）、**クシャトリヤ**（王族）、**ヴァイシャ**（商人）、**シュードラ**（奴隷階級）の人たちに囲まれ、卓越した師子座に坐っていた。
（植木訳『サンスクリット版縮訳　法華経』、七九頁）

と、四つのカーストが羅列されているが、韻文（偈）の相当箇所には挙げられていない。しかも、対応する鳩摩羅什訳は次のとおりで、四つのカーストの羅列にすらなっていない。

其の父を見れば、師子の牀《ゆか》に踞《こ》して、宝机《ほうき》足を承《う》け、諸の**婆羅門《ばらもん》・刹利《せつり》・居士《こじ》**、皆、恭敬《くぎょう》し囲繞《いにょう》せり。
（植木訳『梵漢和対照・現代語訳　法華経』上巻、二八八頁）

大乗仏教が興起したころは、仏教徒やジャイナ教徒のあいだでは、カースト制度は行なわれていなかった。すなわち、鳩摩羅什の底本のほうが古い形で、「ケルン・南条本」の表現は、バラモン教が復興したグプタ王朝（三二〇～五五〇年ごろ）の四〇〇年以後にバラモン教学の復興が著しくなった時代に書き換えられたのであろう。

第5章＝薬草喩品（第五）

普遍的平等相に立って対立を乗り越える

四人の大声聞《だいしょうもん》が語った「長者窮子《ちょうじゃぐうじ》の譬《たと》え」を了承して、釈尊は「薬草の譬え」を説いて応えた。この章では、インドらしいモンスーン気候を反映した譬喩が展開される。

インドの雨期には水をたっぷり含んだ雨雲が大量の雨水を放出する。多くの植物は、その雨水を、能力に応じて、立場に応じて吸い上げ、それぞれの種類の種子に応じて発芽し、生長する。それぞれに花と実を着け、それぞれにさまざまの名前を得る。

千差万別の植物といえども、「同一の大地に生えて、同一の味の雨水によって潤《うるお》される」（植木訳『サンスクリット版縮訳　法華経』、九七頁）。この譬えによって、三乗の違いにとらわれることなく、普遍的平等相に立つことで違いは違いとして尊重し合い、対立を乗り越えることができる。その結果、それぞれに「無量の人間の花が生長する」（同、一〇三頁）という。

『法華経』が編纂されたのは東西の要衝《ようしょう》ガンダーラを擁する西北インドであり、そこにはインド系、ペルシア系、ギリシア系、中央アジア系といった多くの民族が入り混じって、さまざまな文化が融合していた。ギリシアの英雄ヘラクレスが、インドの武器ヴァジュラ（金剛杵《こんごうしょ》）を手に持ってインドの釈尊の脇侍《わきじ》となっている仏像がアフガニスタンのハッダで発見されている（前田耕作著『アフガニスタンの仏教遺跡　バーミヤン』、八一頁）。そのような異文化間の対立を超えて、融和した文化の中で『法華経』は醸成された。異なる文明間、宗教間の対立にも、多様性の違いにとらわれず、人間という普遍性を見る『法華経』の思想が注目されよう。

如来は世間に出現して言葉によって救う

この薬草喩品で注目すべき言葉は、「大きな雲が湧き起こるように、如来も世間に出現して、世間のすべての人々を声をもって覚らせる」（植木訳『サンスクリット版縮訳　法華経』、九七頁）である。如来は、別世界にいる存在ではない。この世に出現して人々に語りかけ、声（言葉）によって救済する。人間対人間の関係性の中で人間に対して対話によって救済する。これが『法華経』だけでなく、本来の仏教の基本思想である。釈尊は、決して神がかり的な救済は説かなかった。

植木訳『サンスクリット版縮訳　法華経』の一〇四頁七行目以降は、後世に追加された箇所で、鳩摩羅什訳には存在しない。

陶工が粘土で容器を作る譬えでは、同一の粘土で作った容器も、中に何を入れるかで、多様性が生じるが、粘土自体は同一である。人間に違いはないけれども、好みなどの違いに応じて教えに差があるだけであると説く。

生まれつき盲目であった人の目が見えるようになったことは、すべてを知っていることではないと述べていることは、「三車火宅《さんしゃかたく》の譬《たと》え」で火事の家から脱出しただけで、まだ本物の牛の車を得ていないのと同様に、マイナスがゼロになっただけで、まだプラスになっていないということを表現していたのと観点が似ているといえよう。

第6章＝授記品（第六）

ブッダの国土に反映された理想

釈尊《しゃくそん》の「三車火宅の譬え」、四大声聞《しだいしょうもん》の「長者窮子の譬え」、釈尊の「薬草の譬え」という譬喩のやり取りを経て、四人の大声聞が理解したことが認められ、未来成仏の予言（授記）がなされる。その予言の詳細については、第9章＝授学無学人記品（第九）で他の声聞たちに対する授記と比較しながらまとめて論ずることにする。

ここではブッダの国土の描写について見ておこう。その中に「石や沙《すな》、瓦礫《がれき》が取り除かれていて、深い割れ目や断崖が消滅し、糞尿《ふんにょう》などの汚物の排水路もなく、平坦《へいたん》」（同、一一五〜一一六頁）だとある。これは、本書の「I『法華経』の基礎知識」で論じたようにガンジス河の流れる大平原ではなく、険しい山岳を抱えた西北インドの人たちによって『法華経』は編纂されたことを示唆しているといえよう。

また、「糞尿などの汚物の排水路もなく」という表現も気になる。インドでは汚物をトイレに残すことを嫌い、水で流す。その行先は道路の側溝である。筆者が初めてインドに行ったとき（一九九一年）、ニューデリーの繁華街を横道にそれたところで異臭がした。側溝のコンクリートの蓋《ふた》の周囲に黄色いものが付着していた。古代においても排水路の汚物に悩まされていたのであろう。それが理想とするブッダの国土の在り方として反映されて、このように表現されたのであろう。

第7章＝化城喩品（第七）

過去からの師弟の因縁を明かす

この時点で授記されたのは、わずか五人である。釈尊《しゃくそん》は、未だ理解できない人々のために、角度を変えて話し出した。「私はかつて、〃大いなる神通の智慧の勝れたもの〃（大通智勝《だいつうちしょう》）という如来が王子であったときの十六人の息子の末っ子だった。そのとき以来、あなたたちは、菩薩であった私とともに何度も何度も生まれ変わっては、私から法を聞いたのだ」（取意）と。こうして、三千塵点劫《さんぜんじんてんごう》の昔からの師弟の因縁を明かした。

その十六人の王子たちは現在、それぞれブッダとなって、四方八方のそれぞれの仏国土に十五人、その中央のサハー（娑婆《しゃば》）世界で釈尊が説法しているとされた。釈尊滅後に考え出され、四方八方に散在するとされる多くのブッダたちを釈尊を中心として空間的に統一するという意図が、ここから読み取れよう。

そのとき以来、常に釈尊とともに生まれてきた人たちが、今この『法華経』の説法に参列していると語った。

三千塵点劫とは、太陽系に相当する「世界」の千の三乗個、すなわち十億個の太陽系に相当する三千大千世界を原子に磨《す》り潰《つぶ》して、東に千の世界を過ぎるたびにその原子を一個ずつ置いていって、すべてなくなったとして、それまで通り過ぎてきたすべての国土を構成する原子の数だけの劫の年数が三千塵点劫だとされる。現代天文学によると、我々の住む銀河系には一千億個の太陽系があり、そこには十の六十六乗個の原子が存在すると計算されているので、三千大千世界には、その百分の一である十の六十四乗個の原子があることになり、その原子の数を用いて表現された三千塵点劫は気がめいるほどの時間の長さになる。

この化城喩品では、銀河系宇宙に匹敵するマクロの世界と、ミクロの原子の世界を駆使して論じられる時間の長さに圧倒されたが、次の一節にも驚いた。

> 世界の間には中間の世界があり、その中に苦難の暗黒の闇夜が包まれている。そこにおいては、〔中略〕光明によってでさえも光明を〔中略〕、色彩によってでさえも色彩を、輝きによってでさえも輝きを生み出すことができないでいるのだ。
>
> （同、一三二頁）

これは現代天文学の重要テーマであるブラックホールの概念に非常に近い。『法華経』編纂者たちの深遠な思考の一端が垣間見える。

ちなみに、巨大数を示すのに、この『法華経』（一〜三世紀初）では三千大千世界を原子に磨《す》り潰《つぶ》したときの原子の数で表現されているが、釈尊在世中（紀元前四世紀）の女性出家者たちが書き残した詩集（拙訳『テーリー・ガーター――尼僧たちのいのちの讃歌』、一二〇頁）を現代語訳していて、五百年の時間の経過による進展ぶりを目の当たりにした。女性出家者たちは、一つの世界を構成する四つの大陸（四大洲《しだいしゅう》）の一つジャンブー洲（閻浮提《えんぶだい》）をナツメの種子の大きさに砕いたときの粒々の数で表現していた。五百年ほどでジャンブー洲が三千大千世界に、ナツメの種子が原子に取って代わった表現に飛躍している。

こうした表現による遥かな過去からの因縁によって、今、一仏乗の教え（法華経）を聞いていることを、釈尊は「化城宝処《けじょうほうしょ》の譬《たと》え」として語る。宝処を目指す隊商のリーダーが、途中で疲れて引き返したいという人たちのために、化城（仮に造られた幻の都城）を化作《けさ》して休息を取らせ、最終目的地に導くという譬喩だ。これまで声聞、独覚、菩薩の三乗を説いてきたのは、化城に相当していて、それによって一仏乗という宝処に到らせるためであったことを明かした。

第8章＝五百弟子受記品（第八）

声聞のふりをする菩薩

声聞への未来成仏の予言や、過去の因縁を聞いて、プールナ（富楼那《ふるな》）は歓喜の心で満たされた。釈尊は、プールナを評価して、「四衆に対して、教化《きょうけ》し、励まし、喜ばせる人」であり、「修行の仲間を慈しむ人」（植木訳『サンスクリット版縮訳　法華経』、一五一頁）として、過去・未来・現在を通じて「説法第一」で、「あらゆる場合に〔中略〕菩薩《ぼさつ》の神通に通達していた」（同、一五二頁）と語った。

プールナの振る舞いについても、〔自分のことを声聞であると思わせるという〕方便によって、衆生に利益を与え、無量の衆生をこの上ない正しく完全な覚りに向けて成熟させ、ブッダの仕事をなすことによって衆生のために奉仕し、密かに菩薩としての修行を行ないながら、声聞のふりをして人々を導いてきた――このようにプールナのことを評価し、プールナに未来成仏の予言がなされた。

さらに、初転法輪の際に最初に覚った人であるアージュニャータ・カウンディヌヤ（阿若《あにゃ》憍陳如《きょうじんにょ》）をはじめとする五百人の声聞たちにも未来成仏の予言がなされる。その五百人が、自らの喜びを「衣裏珠《えりじゅ》の譬《たと》え」として語る。自らの衣服に友人が結び付けてくれていた宝石に気づかずに貧しい暮らしを続けていた男が、友人に言われて初めて、その宝石に気づいて、その心が大いに歓喜するという話だ。

これは「長者窮子の譬え」と似ていて、自分を卑下していた人間が、自分にも優れたものがあることに気づいて歓喜するという物語である。後世の表現によれば、衆生に〝仏性《ぶっしょう》〟という宝石が具わっているのに、それに気づいていないということを譬喩している。

女性がいない仏国土？

『法華経』はあらゆる人が成仏可能であることを説く経である。ところが、プールナに対する予言の中に「このブッダの国土は、悪が消滅し、また女性もいなくなっているであろう」（同、一五四頁）という一節がある。女性を「悪」と並べてブッダの国土から排除しているのだ。第3章＝譬喩品（第三）のシャーリプトラのブッダの国土には「多くの人々と女性の群衆が充満し」（同、五七頁）とあった。他の声聞たちのブッダの国土においても、女性はまったく排除されていなかった。阿閦仏《あしゅくぶつ》の仏国土でも女性が生きいきと活躍しているとある（『阿閦仏国経』）。『法華経』にそぐわないこの一節は、苅谷定彦《かりやさだひこ》博士が主張されるように後世の付加であろう（『法華経一仏乗の思想』）。筆者も、極楽浄土に女性は一人もいないとする浄土教の思想（『無量寿経』）を割り込ませたものだと考える（詳細は、拙著『思想としての法華経』二七四〜二七九頁を参照）。

これと同趣旨の文章は、やはり後世に挿入された第22章＝薬王菩薩本事品（第二十三）や、

第24章＝観世音菩薩普門品（第二十五）の末尾にも出てくる。

第9章＝授学無学人記品（第九）

未来成仏の予言の完結

多聞第一とされるアーナンダ（阿難）は、釈尊晩年の二十五年間、常に釈尊に随行していて、女性の出家の許可を釈尊から取り付けた人物でもあったことから、釈尊滅後、教団から妬まれたり、疎《うと》まれたりしていたようだ（詳細は、拙著『差別の超克——原始仏教と法華経の人間観』第四章を参照）。

第9章＝授学無学人記品（第九）では、そのアーナンダの名誉回復を図るという意図もあったのであろう。アーナンダに対して授記がなされる。まず釈尊は、過去世におけるアーナンダとともに志した修業時代のことを回想する。アーナンダは教えを多く聞くことに専念し、釈尊は、努力精進《しょうじん》に専念した。それゆえに、釈尊のほうが先に覚りを得て、アーナンダは、ブッダの正しい教えの蔵（法蔵《ほうぞう》）を保持するものとなったという。

これを聞いて、アーナンダは過去世の誓願を思い出し、釈尊から授記された。

アーナンダに続いて、釈尊の実子ラーフラ（羅睺羅《らごら》）、および「まだ学ぶべきことが残っている人」（有学《うがく》）と、「もはや学ぶことのなくなった人」（無学《むがく》）の二千人のすべてに授記された。

以上で、すべての声聞への授記が完結した。

多様な授記に込められた意味

方便品以来、行われてきた声聞への授記を整理すると、次の表3－3のようにまとめることができる。

最初に授記されたシャーリプトラ（舎利弗）は、智慧第一とされながら自分が菩薩であることを忘れていた。次に授記された四大声聞は、菩薩の教えを人に伝えるだけで自ら渇望することはなかった。それに対して、プールナ（富楼那）は、菩薩であるのに声聞のふりをして、周りには声聞だと思わせながらブッダのやるべきことをやっていた。この三種の在り方の中で一番格好悪い役回りは、菩薩であったことを忘れていたシャーリプトラである。

この三つの分類は、当時の小乗教団の構成要素だと考えることができよう。小乗教団の中から大乗仏教が興ったとすでに述べたが、①大乗の教えにまったく無関心で無知な人、②大乗の教えを知ってはいるけれども「自分とは関係ない」と思っている人、③大乗仏教を信奉しているけれどそれを表立っては言わず、二乗のふりをしている人――という構成である。

あるいは、声聞から菩薩へと変わっていくプロセスの三段階だとも考えることができる。〈菩薩の教えをまったく知らなかった〉→〈知ってはいるけれど興味を持たなかった〉→〈教えを信奉しているが表立っては言わなかった〉――という三段階である。

如来としての寿命	菩薩とのかかわり
12中劫	菩薩であったことを忘れていた。
12中劫	四大声聞として、釈尊から聞いた菩薩の教えを菩薩に語って聞かせるだけで、自らそれを渇仰することはなかった。
12中劫	
12中劫	
24中劫	
無量阿僧祇劫（10^{59}劫）	密かに菩薩としての修行を行ない、菩薩でありながら、二乗のふりをして、ブッダのなすべきことをなして衆生を導いてきた。
無量幾百・千・コーティ・ナユタ劫	過去世において、釈尊は仏道修行に専念し、阿難は菩薩たちに覚りを得させるために、教えを多く聞き覚えることに専念していた。

このように理解すると、釈尊があの手この手で弟子たちに教えを理解させ、いろいろなやり方（方便）で授記を行なうというストーリーに仕立てた『法華経』編纂者の意図が見えてくる。第2章から第9章まで多くのページ数を割いていたのは、緻密《ちみつ》な計算のもと、いろいろな意味を込めるためだったのだ。

それは、表3-3の「如来としての寿命」の長さの違いからもうかがえる。智《ち》慧《え》第一《だいいち》のシャーリプトラ（舎利弗）は十二中劫。解空《げくう》第一のスブーティ（須菩《しゅぼ》提《だい》）、論議《ろんぎ》第一のマハー・カーティヤーヤナ（迦旃延《かせんねん》）頭陀《ずだ》第一のマハー・カーシャパ（摩訶迦葉《まかかしょう》）、神通《じんつう》第一のマハー・マウドガリヤーヤナ（大目犍連《だいもっけんれん》）からなる四大声聞《しだいしょうもん》も十二中劫、ないし二

取り扱い箇所	人　名	才　能
方便品第二 譬喩品第三	舎利弗	智慧第一
譬喩品第三 信解品第四 薬草喩品第五 授記品第六	須菩提	解空第一
	迦旃延	論議第一
	摩訶迦葉	頭陀行第一
	大目犍連	神通第一
化城喩品第七 五百弟子受記品第八	富楼那	三世において 説法第一
授学無学人記品第九	阿　難	多聞第一

表３－３　授記の内容の違いに込められた意味

十四中劫。それに対して、プールナ（富楼那）とアーナンダ（阿難）は無量劫（十の五十九乗劫）と桁違《けたちが》いである。その違いは、初めの五人の才能は智慧第一など、個人レベルの才能で、自利《じり》的である。それに対し、プールナは説法《せっぽう》第一で人々に語って聞かせる。アーナンダは多聞《たもん》第一で、人々に覚りを得させるために教えを伝える役目を果たしている。この二人の才能は利他《りた》的である。

　授記される順番は、教団伝統の十大弟子の序列に則っているが、寿命の長さには彼らの才能や実践の違いが重視されている。小乗における序列を踏まえつつも、利他行を重視していることが明らかである。『法華経』にはこのように重要な主張が直接的ではなく、間接的ではあれ、さり気なく盛り込まれていることに注意しなければならない。

　天台大師智顗は、声聞たちの理解の仕方の違いを、①理論的真理を聞いて覚った法説周《ほうせつしゅう》、

②譬喩を聞いて理解した譬喩説周《ひゆせつしゅう》、③過去からの師弟の因縁を聞いて理解した因縁説周《いんねんせつしゅう》——と分類したが、それだけでは押さえきれないメッセージが込められていたのだ。

燃燈仏授記物語をモデルとして授記

『法華経』の勝れていることとして二乗作仏《にじょうさぶつ》が挙げられる。ところが『法華経』では授記されて実際に作仏（成仏）するのは天文学的な時間を経た後だという。これでは小乗仏教で強調されていた歴劫修行《りゃっこうしゅぎょう》と何ら変わりない。かつては何がありがたいのか疑問であった。「あなたに一億円あげよう。ただし一万年後に」と言うのと同じで、空手形も同然だ。

この疑問に対する答えは、授記という考えが小乗仏教において燃燈仏《ねんとうぶつ》授記の物語として打ち出されたということから導き出される。釈尊が遠い過去世において修行中に燃燈仏から、「この青年は、サハー世界において天文学的な時間を経てシャーキャムニという名前のブッダとなるであろう」と予言されていたという物語だ。小乗仏教徒にとって、授記は燃燈仏授記の物語として理解されていた。この『法華経』で声聞らの小乗仏教の出家者たちに自分も成仏できることを理解させるのに、燃燈仏による釈尊への授記の形式に則って説明した——ということだ。その証拠に、第10章＝法師品（第十）では、遥か未来にどこかのブッダの国土に生まれるというその考えが否定されてくるのだ。

2 菩薩としての使命（序品を除く第二類）

第10章＝法師品（第十）

四衆から善男子・善女人へ

第9章で、二乗への未来成仏の予言（授記）が完結し、法師品から釈尊《しゃくそん》の滅後に誰が『法華経』を弘通《ぐつう》するのか、その資格の付与（付嘱《ふぞく》）がテーマとなり、説法の対象（対告衆《たいごうしゅ》）が、声聞から菩薩に変わる。

それとともに、出家の男女と在家の男女を表現するのに比丘《びく》・比丘尼《びくに》・優婆塞《うばそく》・優婆夷《うばい》の四《し》衆《しゅ》から「良家の息子」（善男子《ぜんなんし》）、「良家の娘」（善女人《ぜんにょにん》）へと転換が図られる。最初期の仏教では、在家も出家も、男も女も等しく「仏弟子」と呼ばれ、「聖なる智慧《ちえ》を具《そな》えた在家の仏弟子」という言葉が示すように、在家だからといって低く見られるようなことはなかった。

ところが、釈尊の滅後における権威主義化とともに出家者優位の考えが顕著になり、出家を比丘（bhikṣu：食べ物を乞う男性）と比丘尼（bhikṣuṇī：食べ物を乞う女性）、在家を優婆塞

(upāsaka：そば近く仕える男性)と優婆夷(upāsikā：そば近く仕える女性)とする表現が多用されるようになった。いずれも仏教以外で用いられていたもので、在家は出家に仕えるものだとする差別が前提となっている。

この章では、在世の仏教徒を「四衆」、滅後の仏教徒を「良家の息子」「良家の娘」と呼んで、使い分けている。これは、家柄を表現した言葉ではなく、在家と出家を区別することなく、「行ないの立派な男性」「行ないの立派な女性」という意味で用いられていて、「善男子」「善女人」と漢訳された。

「良家の息子・良家の娘」とセットで呼ぶことで、①出家と在家の差別を超え、②男女の差別も超え、③原始仏教の「人の貴賤は行ないによって決まる」という言葉とも合致する——と一石三鳥の効果がある(その用法の詳細は、拙著『思想としての法華経』第六章を参照)。

如来の使者として人間の中へ

法師品では、『法華経』を受持・読誦・解説・書写する「良家の息子たちと娘たちは、衆生《しゅじょう》を憐《あわ》れむために、このジャンブー洲《しゅう》(閻浮提《えんぶだい》)の人間の中に再び生まれてきたものたち」(植木訳『サンスクリット版縮訳　法華経』、一七八頁)であり、「ブッダの国土への勝れた誕生も自発的に放棄して、衆生の幸福と、憐れみのために、この法門を顕示するという動機でこの世に生まれてきた」(同、一八〇頁)のであって、その人たちこそが「如来の使者」であり、「如来によってなされるべきことをなす人」だと説かれた。

第9章＝授学無学人記品（第九）までは、燃燈仏《ねんとうぶつ》授記の物語に則り、授記されて別世界の仏国土でブッダとなることが強調された。第10章＝法師品（第十）では、他の仏国土に生まれることを自ら放棄して、人間の中に生まれてきた菩薩のサハー世界での振る舞いが重視された。別世界に行ってブッダとなることよりも、人間の中に生まれて、この現実社会で「説法者（法師）としての菩薩」として、「如来のなすべきこと」を実行する。その行為自体に人格の完成としての〝成仏〟があるということだ。

ストゥーパ信仰から経典重視へ

もう一つ、第10章＝法師品（第十）で意図されていることは、ストゥーパ信仰から経典重視への転換であろう。『大パリニッバーナ経』によると、釈尊は入滅を間近にして、「今でも」「わたしの死後にでも」「誰でも」と前置きして、「自らをたよりとし、他人をたよりとせず」「法をよりどころとし、他のものをよりどころとしない」ようにと戒め、そのようであるならば「最高の境地にある」と〝遺言〟していた（中村元訳『ブッダ最後の旅』、六四頁）。「自己」と「法」の重視である。

ところが、仏滅後、釈尊に代わるものとして遺骨を安置したストゥーパ（仏塔）を崇拝するようになる。それは、釈尊の〝遺言〟からの逸脱である。その反省として経典重視を主張したのが『般若経』であった。『法華経』も第10章＝法師品（第十）で、如来の身体はストゥーパの中ではなく、この経の中に「如来の身体が一揃いの全体をなして存在している」（植木訳『サンスクリット版縮訳　法華経』、一八三頁）と述べ、経典重視を強調した。

釈尊は、「法」を覚ったことでブッダ（目覚めた人）となった。その「法」は、釈尊の専有物ではない。あらゆる人に開かれているし、経典の中に記されている。その経典を通して「法」と「自己」に目覚めれば、我々も「目覚めた人」すなわちブッダである。こうして「釈尊」「法華経」「我々」がダイレクトに結ばれる。ここに、「法（dharma）の下の平等」がある。

衣座室の三軌

釈尊滅後の弘教《ぐきょう》の実践には大変な困難さがともなうとして、そのような状況下での実践規範（衣座室《えざしつ》の三軌《さんき》）が法師品で示される。「菩薩は、如来の室《しつ》に入って、如来の衣《ころも》を着て、如来の座《ざ》に坐ってこの法門を四衆に説き示すべきである」（同、一八五頁）と。

人間生活の基本として「衣・食・住」が重要とされるように、「衣・座・室」は修行者にとって不可欠なものだ。その三つに象徴される、『法華経』信奉者に不可欠の実践規範が衣座室の三軌である。それは、①「如来の衣」として「忍耐に対する喜び」、②「如来の座」として「あらゆるものごとが空《くう》だと覚って執着しないこと」、③「如来の室」として「一切衆生に対する慈悲」である。

どんなに非難中傷されても、それにとらわれず、耐え忍び、慈悲の振る舞いを貫き通すということだ。この衣座室の三軌を実践する菩薩が、第19章の常不軽《じょうふきょう》菩薩である。

第11章＝見宝塔品（第十一）

地上から虚空へ

見宝塔品に入ると、いきなり地の下から七宝《しっぽう》でできた巨大なストゥーパ（宝塔）が出現して空中に立ち、中から、

素晴らしいことです。素晴らしいことです。シャーキャムニ世尊《せそん》よ。あなたは、この〝白蓮華のように最も勝れた正しい教え〟という法門を見事に説かれました。世尊よ、これはその通りです。（同、一九二頁）

と賛嘆する声が聞こえてきた。

それは、下方（鳩摩羅什訳では東方）の世界からやって来た多宝《たほう》（多くの宝を持つもの）如来が発した声であった。その如来は入滅するとき、『法華経』が説かれる所に必ず出現して、『法華経』を讃嘆するという誓願を立てていたのだという。

『法華経』が編纂されたころは、ストゥーパ信仰が広く普及していた。それに対して『法華経』は経典重視に転換することを目指している。そこで巨大なストゥーパを登場させて、釈尊の説いている『法華経』を讃嘆させた。それは、敬うべきはストゥーパではなく『法華経』のほうだということであろう。

その宝塔の扉を開くに当たり、諸々の如来や、釈尊の分身の諸仏を十方からすべて集合させた。第7章＝化城喩品（第七）と同じく、十方に散在する諸仏を釈尊に統一する意図が見られる。

釈尊は、空中にのぼって扉を開き、多宝如来と並んで座る（二仏並座《にぶつびょうざ》）。過去仏と現在仏が並座した。さらに第14章＝従地涌出品（第十五）では未来に弘通する使命を託される地涌《じゆ》の菩薩も参列し、三世十方（過去・未来・現在、および全空間）の諸仏・菩薩が一堂に会して儀式が展開される。瞬間に永遠をはらみ、娑婆世界に全宇宙を含んでいることを象徴したものであろう。

こうして舞台が地上の霊鷲山から、虚空《こくう》（空中）へと移された。なぜ虚空なのか。それは、地上と宇宙空間の違いを考えると分かりやすい。地上世界では、たとえば床と天井ははっきり区別されるが、無重力のスペースシャトルの中ではその区別はなくなる。虚空は、時空を超越し、二元的対立を超えた世界である。そういう世界でしか説けないものをこれから説くのだということから、虚空という場面設定にしたのであろう。

こうして、「釈尊滅後の弘教の付嘱」をテーマに説法が始まる。そこで釈尊は、滅後の弘教がいかに困難であるのかを六つの困難なことと九つの容易なこと（六難九易《ろくなんくい》）を説いて示した。容易なこととは、①ガンジス河の砂の数ほどの経典を説くこと、②スメール山を片手でつかんで放り投げること、③三千大千世界を足の指一本で蹴り飛ばすこと、④世界が劫火《ごうか》で焼き尽くされるとき、焼かれることなく乾草《ほしくさ》を背負って歩くこと――などで、物理的に困難なものばかりだ。それに対して、困難とされているのは、滅後にこの経を受持（心に留めて忘れない）し、語り、書写し、一人にでも聞かせること――などで、物理的困難さではなく、人間の在り方、生き方、思想的営みの問題である。前者は、科学技術の進展で何とかなりそうなものだが、後者はそうはいかない。

また、『法華経』の『法華経』たるゆえんは、あらゆる人が平等に成仏《じょうぶつ》できることを説くことであった。他のことならば、間接的な表現で済まされるかもしれないが、この一点を明言しなければ『法華経』とは言えない。『法華経』のそのような普遍的平等思想は、身分差別を前提とするバラモン教だけでなく、既存の小乗仏教の主張とは正反対のものであった。真正面から語ったり、書いて残したりすれば、命に及ぶかもしれないほど危険なことだったであろう。だから、差別思想が横行する中で『法華経』の平等思想を語るのがいかに困難であるかを、「九易」と比較することで表現したのであろう。

第11章・続＝提婆達多品（第十二）

極悪人とされた提婆達多の名誉回復

この提婆達多品《だいばだったぼん》は、デーヴァダッタ（提婆達多）の成仏（悪人成仏）と龍女《りゅうにょ》の成仏（女人成仏）が説かれていて、『法華経』の「皆成仏道《かいじょうぶつどう》」（皆、仏道を成ず）の思想を補完するものとして後世に追加された。挿入するに当たり、第12章＝勧持品（第十三）に女性への授記の場面があるので、その直前が選ばれたのであろう。

この提婆達多品は、各写本、諸漢訳の間でその有無と挿入箇所の違いが目立つ。中央アジアのホータンに近いファルハード・ベーク・ヤイラキで発見された写本と、当初の鳩摩羅什訳『妙法蓮華経』（四〇六年）には欠落していた。「ケルン・南条本」、竺法護訳『正法華経』（二八六年）等では見宝塔品の後半部分になっている。タクラマカン砂漠西端のオアシス都市カシュガルで発見された写本には第十二章として独立して入っている。インドでは、四～五世紀ごろのヴァスバンドゥ（世親）のころまでには、追加された写本が登場したようである。現今の『妙法蓮華経』には、鳩摩羅什訳から百数十年ほどして見宝塔品第十一の次に第十二として追加されている。

デーヴァダッタは釈尊の従兄弟《いとこ》で、教団を分裂させた悪人だとされる。釈尊に「戒律をもっと厳しくするべきだ」と主張し、釈尊が「そこまでやる必要はないのではないか」と柔軟な姿勢を示すと、「釈尊は堕落した」と言って弟子を引き連れて出て行ってしまった。これは歴史的事実だとされるが、後の時代になって次第に話に尾ひれがつき、極悪人にされてしまった。

その傾向は、説一切有部などが有力であった西北インドで顕著であった。中村元著『原始仏教の成立』（中村元選集決定版、第一四巻）によると、当初は「怠けもので如来を悩ませた」という程度だったが、次第にエスカレートしたという。その主なものとして、①アジャータシャトル（阿闍世《あじゃせ》）をそそのかして父のビンビサーラ（頻婆娑羅《びんばしゃら》）王を殺害させた、②釈尊の妃ヤショーダラーを襲い辱《はずかし》めようとした（説一切有部の所伝）、③釈尊は結婚の際の恋敵《こいがたき》であった、④象を放ち釈尊を殺そうとした、⑤五逆罪（「殺父《せっぷ》」「殺母《せつも》」「殺阿羅漢《せつあらかん》」「破和合僧《はわごうそう》」「出仏身血《しゅつぶつしんけつ》」からなる大罪）を犯した、⑥説法している釈尊めがけて山頂から岩を転がし、その破片で釈尊の足の小指から出血させた――などを挙げることができる。

けれども、『沙門果経《しゃもんかきょう》』などの古い聖典で確認すると、アジャータシャトルの父王殺害は、デーヴァダッタとは無関係であったし、デーヴァダッタは、釈尊やヤショーダラーより三十歳も年下で、二人が結婚する時点では生まれておらず、恋敵になれるわけがない。象をけしかけた話は、説一切有部の『十誦律《じゅうじゅりつ》』や、大衆部系《だいしゅぶ》（宇井伯寿《ういはくじゅ》博士の説）とされる『増壱阿含経《ぞういつあごんきょう》』などに出てくるが、法蔵部の『四分律《しぶんりつ》』には出てこない。五逆罪は、『増壱阿含経』にはあるが、他の諸伝説にはない。このように見てくると、デーヴァダッタを極悪人とする傾向は、説一切有部などが有力であった西北インドで著しかったと言えよう。

デーヴァダッタによる教団分裂は歴史的事実のようだが、種々に誇張されて極悪人とされた。提婆達多品では、釈尊とデーヴァダッタとの師弟関係を過去世において逆転させ、釈尊に『法華経』を教えたのはデーヴァダッタであったとして、「デーヴァダッタこそが私の善き友（善《ぜん》知識《ちしき》）なのだ」と釈尊が語って授記された。こうして、デーヴァダッタの名誉回復を図った。

このような提婆達多品をまとめたのは、デーヴァダッタ教団の関係者だと言う研究者がいた。五世紀の法顕《ほっけん》や、七世紀の玄奘《げんじょう》がインドを訪ねたとき、提婆達多教団が存続していて、決して彼らは釈尊のことをブッダとは認めていなかったと記している。このことからすれば、釈尊をブッダとしてデーヴァダッタの名誉回復を図ろうとすることなどありえないことで、デーヴァダッタ教団とは関係ない人たちによるものと考えるしかない。

龍女の成仏

続いて龍女の成仏が明かされる。龍女は「八歳」で「畜身」の「女性」――というインドにおける三重のマイナス条件を持つものとして描かれている。バラモン教徒の規範を定めた『ナーラダ法典』で八歳以下は、胎児あつかいであり、一人前の人間だと認められていなかった。インドにおける女性差別は非常に苛烈で、このころすでに、夫が亡くなったら妻は火の中に飛びこまなければいけない（寡婦焚死《かふふんし》）という慣習があった。また古代インドの社会規範を定めた「マヌ法典」には、女性は幼いときには親に従い、結婚したら夫に従い、年を取ったら息子に従うべきであり、女性は自立するに値しないという、儒教の三従説にも通じることが書かれている。このように、三重のマイナスの条件を一身に背負った龍女の成仏が明かされる。マンジュシリー菩薩が、サーガラ龍王の宮殿（龍宮《りゅうぐう》）から戻ってきた。龍宮で、多くの衆生を『法華経』によって教化してきたという。その代表として八歳の龍女を挙げ、次のように紹介した。

その娘は八歳で、大いなる智慧をそなえ、研ぎ澄まされた能力を持ち、〔中略〕覚りを求める心において不退転であり、広大なる請願を持ち、一切衆生に対して自分のことのように愛情を抱いており、〔中略〕正しく完全な覚りを得ることができるのだ。

（植木訳『サンスクリット版縮訳　法華経』、二一四〜二一五頁）

それを聞いて、権威主義的小乗仏教の女性観・成仏観に固執する智積《ちしゃく》菩薩とシャーリプトラが難癖をつけた。不退転の菩薩など、女性がなれないとする五つのもの（五障）を挙げて、どんなに優秀であっても女性であること自体でブッダになれないと言い張った。女性も覚れるとするマンジュシリーと龍女、覚れないとする智積とシャーリプトラ。両者の主張はかみ合わず、平行線をたどる。そこで龍女は、「それではあなたたちが信じているやり方で成仏してみせましょう」と言わんばかりに、男性に変じて成仏し、多くの大衆に説法して歓喜させる場面をシャーリプトラに見せつけて、沈黙させた。

日蓮の独創的見解

この龍女の成仏について、日蓮が独創的な見解を述べていて感銘した。『法華経』と言えば二乗の成仏を明かした経典として知られる。ところが日蓮は、

かかるいみじき法華経と申す御経《みきょう》は、いかなる法門ぞと申せば、一の巻方便品よりうちはじめて菩薩・二乗・凡夫、皆仏になり給《たま》うやうをとかれて候《そうら》へども、いまだ其《そ》のしるしなし。〔中略〕いまだあらわれたる事なければ、語《ことば》のみにては信じがたきぞかし。

(『千日尼御前御返事《せんにちあまごぜごへんじ》』)

と記している。つまり、二乗などに授記はされたが、成仏するのは遥かな未来のことであり、『法華経』が説かれた時点ではまだ成仏していないではないか、というのである。この点は、私も昔から疑問に思っていたとすでに記した(一五四頁)。ところが、日蓮は、この提婆達多品の龍女の成仏について次のように述べている。

一切信じて信ぜられざりしを、第五の巻に即身成仏《そくしんじょうぶつ》と申す一経第一の肝心《かんじん》あり。〔中略〕龍

女と申せし小蛇を現身《げんしん》に仏になしてましましき。此《こ》の時こそ、一切の男子の仏になる事をば疑う者は候《そうら》はざりしか。されば此の経は女人成仏を手本としてとかれたりと申す。（同）

シャーリプトラをはじめとする声聞たちに未来成仏の授記はされたが、まだその結果は現われていなかった。だから、「信じて信ぜられざりし」という半信半疑の状態であったという。ところが、彼らに先駆けて、龍女が彼らの目の前で成仏してみせた。それによって、すべての男子の成仏に対する疑心暗鬼がなくなった。だから、この『法華経』は、女人成仏を手本として一切衆生の成仏が説かれているという。先駆的な卓見であろう。

説得の手段としての「変成男子」

一九九〇年代に入ると、「仏教は女性差別の宗教だ」とする出版が相次いだ。その中で、龍女が「変成男子《へんじょうなんし》」して成仏することを説く『法華経』は、女性の性を否定するものだと批判された。その批判は話の前後関係を理解せずになされたものである。龍女は、小乗仏教の女性観と成仏観に固執している分からず屋のシャーリプトラたちを説得するために、彼らの信じている成仏の仕方、すなわち男の姿になって成仏してみせただけである。「変成男子」は、女性の成仏に必要不可欠の条件ではなく、あくまでも説得の手段であった。だから、第11章＝提婆達多品（第十二）は、「智積《ちしゃく》菩薩とシャーリプトラは沈黙してしまった」で話が終わっている。

二人は説得されて、もはや何も言えなくなったということだ。

また、女性差別の著しかったインドにおいて、女性が女性のままで成仏できるとすることは危険なことであった。バラモン教の原理主義者たちから命を狙われるほどの危険が予想された。だから、いったん男になってという妥協的な表現をとったともいえる。

先述した、釈尊在世中の女性出家者の手記詩集である拙訳『テーリー・ガーター――尼僧たちのいのちの讃歌』には、「私は覚りました」「ブッダの教えをなし遂げました」「私は解脱《げだつ》しました」と口々に語り、出家して七日目に覚りを得た女性も出てくる。仏教は、本来女性を差別していなかったのである。

女性の自立と財産権を認めていた釈尊

原始仏典を見ても、釈尊は女性を軽視することはなかった。『シンガーラへの教え』の中で、釈尊は在家の男性シンガーラに対し、人間関係の六つの在り方を説いている。その中の「夫の妻に対する在り方」において、釈尊は「夫は妻に五つのことで奉仕せよ」と言っている。具体的には「妻の自立を認めよ」「妻を尊敬せよ」「妻に宝飾品を買い与えよ」「妻を軽蔑するな」「道にはずれたことをするな」の五つで、宝飾品はインドでは単なるアクセサリーではなく財産を意味する。インドでは数多《あまた》の王朝が興亡を繰り返したが、たとえ王朝が代わっても金銀や宝石類は財産として通用する。だから、妻に宝飾品を買い与えよというのは、釈尊がインドにおいて女性に財産権を認めていたということを意味する。女性の自立と財産権を世界で初めて認めたのは釈尊ではないか、というのが筆者の説である。

しかし、この話が中国で漢訳されると、奉仕する側とされる側が逆転され、「婦《つま》は夫に五つのことで事《つか》えよ」とされてしまった。仏典の翻訳にはこういう歴史がある。漢訳仏典だけを読んでいると女性差別に思えるかもしれないが、インドの原点に立ち還ると本来の教えとは異なっていることもあることを知らなければならない。

第11章＝見宝塔品（第十一）に入り、滅後の弘教の話が展開されている途中に、その後半部として追加された「提婆達多品」は以上で終わり、この後の第12章＝勧持品（第十三）から再び、滅後の弘教《ぐきょう》というテーマに戻る。

第12章＝勧持品（第十三）

女性に対する授記

滅後の弘教の呼びかけに、二百万人の菩薩を侍者とする薬王菩薩と、大楽説《だいぎょうせつ》菩薩が名乗り出た。続いて、サハー世界以外でという条件付きで有学と無学の五百人の男性出家者たちと、有学と無学の八千人の男性出家者たちも名乗り出た。サハー世界を除く理由は、サハー世界の衆生が、傲慢で、善根が乏しく、意地が悪く、悪意があり、生まれつき心が歪《ゆが》んでいるからだという。

滅後の弘教の付嘱のテーマが進行し始めたその矢先に、女性の出家第一号のマハー・プラジャーパティー（摩訶波闍波提《まかはじゃはだい》）尼《に》と、ヤショーダラー（耶輸陀羅《やしゅだら》）尼をはじめとする女性たちが立ち上がり、釈尊《しゃくそん》をじっと見つめた。自分の名前を呼んで授記されなかったというのだ。すべての聴衆に対して授記がなされているので、二人もすでに授記されていると答えながらも、釈尊は改めて二人とその侍者一万人の女性に授記する。

その場面を追ってみよう。

その時、世尊の叔母《おば》であるマハー・プラジャーパティー・ゴータミー（摩訶波闍波提憍曇弥《まかはじゃはだいきょうどんみ》）尼は、六千人の女性出家者たちとともに立ち上がって、世尊に向かって合掌し、世尊を見つめながら立っていた。

（植木訳『サンスクリット版縮訳　法華経』、二二四頁）

爾《そ》の時、仏の姨母《いも》、摩訶波闍波提比丘尼《まかはじゃはだいびくに》、学《がく》・無学《むがく》の比丘尼《びくに》六千人と倶《とも》に、座より起って一心に合掌《がっしょう》し、尊顔《そんげん》を瞻仰《せんごう》して目 暫《しばら》くも捨てず。

（植木訳『梵漢和対照・現代語訳　法華経』下巻、一一〇頁）

釈尊は、マハー・プラジャーパティーに語りかけた。

ゴータミーよ、なぜ、あなたは憂いを抱いて私を見つめているのか？
（植木訳『サンスクリット版縮訳 法華経』、二二四頁）

マハー・プラジャーパティーは、言った。

私は、名前を呼ばれて、覚りに到るであろうという予言がなされませんでした。
（同）

それに対して、釈尊は、

しかしながら、ゴータミーよ、すべての聴衆に対する未来の成仏の予言によって、あなたは、既に予言がなされているのだ。
（同、二二五頁）

と答えた。女性に対する授記は、取り立てて論じられていないけれども、すでに女性への授記も完了しているというのだ。あらゆる人が漏れなく成仏できるという一仏乗の思想によれば、これは当然のことであろう。けれども、マハー・プラジャーパティーたちは、それでは満足できなくて、「私たちには授記はしてもらえないのだろうか」という不安にかられた。そこで釈尊は、改めて女性たちに未来の成仏の予言を行なって女性たちを安心させた。

女人成仏を際立たせる表現

当時の仏教界で『法華経』の「皆成仏道」を訴えるには、二乗作仏を明らかにすることが大きな課題であった。従って、第2章＝方便品（第二）から第9章＝授学無学人記品（第九）までは、声聞を代表する二乗に対して授記が多角的に展開された。そのため、当時、否定されていた女性の成仏に関しての反論に言及することが希薄にならざるをえなかった。そこで、あえて女性の成仏を際立たせる表現をとったと見ていいであろう。

初めに、マハー・プラジャーパティー・ゴータミーに予言がなされた。

従って、あなたは、この私の外に三百八十万・コーティ・ナユタものブッダたちのそばにおいて、説法者としての菩薩となるであろう。（同）

六千人の比丘尼たちにも同じことが繰り返され、そのうえで、マハー・プラジャーパティーに対して、

それからさらに後に、あなたは、菩薩としての修行を成し遂げて、〝あらゆる衆生が喜んで

見るもの〟(一切衆生喜見《いっさいしゅじょうきけん》)という名前の如来となるであろう。(同)

と、仏の十号を列挙して成仏の予言がなされた。これは、第3章＝譬喩品(第三)以後のシャーリプトラをはじめとする声聞たちへの授記とまったく同じ表現であり、男女間の差別はまったくない。

さらに、六千人の比丘尼たちに対しても同じことが行なわれる。そして、ヤショーダラーたちに対してもまったく同じ表現で予言がなされた。

この釈尊とマハー・プラジャーパティー、あるいはヤショーダラーとの対話自体に、すでに一仏乗の思想が女性の成仏・平等を保証するものであることが示されている。一仏乗の思想からすれば、女人の成仏を取り立てて言わなくても、それは当然のことであった。

この文脈において、提婆達多品の龍女の成仏は必ずしも必要ではない。マハー・プラジャーパティーも、ヤショーダラーも、その侍者たちであった一万人の比丘尼たちも変成男子することなく授記されている。女人成仏というテーマが一致することで、女人成仏を補強するために龍女の成仏の話が後世に挿入・付加されたのであろう。

そこでは、ただ授記されるだけという受動的な女性像から、女性を軽視する小乗仏教の女性観に毒された智慧第一のシャーリプトラたちを黙り込ませるという、主体的に行動する女性像が描かれていて秀逸である。バラモン教の女性蔑視の著しい社会にあって長年、虐《しいた》げられ、泣き寝入りしてきた女性たちの目覚めた姿が生きいきと輝いている。それは、『維摩経』に登場する女性が、智慧第一とされるシャーリプトラを、ぐうの音も出ないほどにコテンパンに智慧でやりこめ、おろおろとうろたえさせる場面が描かれているのと並ぶ描写である（植木訳『サンスクリット版全訳　維摩経』、二二七～二四〇頁参照）。

滅後の弘教の困難さ

次に釈尊に催促されるようにして、八百万・コーティ・ナユタもの非常に多くの菩薩たちが、滅後の弘教を申し出て（ただし、場所を指定せず）、滅後の『法華経』弘通にともなう困難さについて語る。その箇所は、漢訳で二十行の偈（詩句）からなるので、「勧持品《かんじぼん》の二十行の偈《げ》」と言いならわされている。それは次の通りである。

①在家の愚かな者たちから罵《ののし》られ、棒《ぼう》で威嚇《いかく》される、②悪智慧を持ち、愚かで、慢心を抱く貪欲な男性出家者たちは、阿羅漢であるかのように振る舞っているが、『法華経』信奉者を「自分で経典を作って説いている」と言って誹謗《ひぼう》する、③国王、大臣、バラモン、資産家などの前で、「仏教以外の外道の論議をなすものだ」と非難される――中国の妙楽大師《みょうらくだいし》は、この三つを①俗衆増上慢《ぞくしゅうぞうじょうまん》、②道門《どうもん》増上慢、③僭聖《せんしょう》増上慢の「三類の強敵《ごうてき》」と称した。

そして、八百万・コーティ・ナユタもの菩薩たちは、眉《まゆ》をひそめられ、集会で座席が与えられず、精舎《しょうじゃ》から追放され、悪口《あっく》されるとしても、不惜身命《ふしゃくしんみょう》で耐え忍びましょうと決意を語った。

集会で座席の割当がないというのは、小乗教団の集会で席を与えられないという嫌がらせをされるということで、このような表現がなされていることも、大乗仏教が小乗教団の中から興ったことの一つの証左といえよう。

二十行の偈の中の、

愚かな出家者たちが「こいつらは、ブッダになるんだってよ」と〔皮肉を言って〕私たちを誹謗するであろう。(ye câsmān kutsayiṣyanti... durmatī ime buddhā bhaviṣyanti.)

という文章は重要である。これは掛詞《かけことば》になっていて、「私たちを誹謗するこれらの愚かな出家者たちもブッダになるのだ」というもう一つの意味も含まれている。『法華経』信奉者を誹謗する言葉がそのまま、誹謗する人たちも成仏できるのだと『法華経』信奉者が彼らを尊重する言葉になっている。この掛詞に「誹謗を耐え忍びましょう」と決意を語る根拠が示されていたのだ。ここに、『法華経』の寛容の思想がうかがわれる。

「勧持品の二十行の偈」に挙げられていることは、未来のこととして予言の形式で書かれているが、釈尊滅後五百年ごろ『法華経』が編纂された当時(一世紀末から三世紀初頭にかけて)、『法華経』信奉者たちが実際に経験したことを描写したものであろう。だから、出家者の堕落ぶりと権威主義的振る舞いの表現が極めてリアルである。『法華経』編纂当時のことは、五百年前の釈尊在世中から見れば未来のこととなる。だから未来形で書かれている。偈の中には、「我不愛身命」と漢訳された「私たちは身体も、生命も実に惜しむことはありません」（植木訳『サンスクリット版縮訳　法華経』、二二九頁）とある。あらゆる人の平等と成仏を明かす『法華経』の主張は、権威主義と差別思想の著しい社会では著しい危険をともなうことであったことが理解できよう。

釈尊入滅直後に現われた前兆

教団の堕落と権威主義化の傾向は、釈尊入滅直後にすでに現われていた。釈尊の直弟子たちが書き残した『テーラ・ガーター』（中村元訳『仏弟子の告白』）には、その兆候を嘆いている箇所が見られる。その第九二〇～九四八偈に綴られたパーラーパリヤ長老の嘆きの言葉（以下、中村元訳を引用）の中に次の記述が見られる。

世間の主・最上の人（ブッダ）が世にましましたときには、もろもろの修行僧のふるまいは今とは異なっていた。今では（昔とは）異なっているのが認められる。（第九二一偈）

あらゆる煩悩の汚れを滅ぼし尽し、偉大な瞑想者で、大いに利益をもたらす者であるかれら

長老は、いまや亡くなってしまった。今やそのような人々は僅かである。（第九二八偈）

その結果、修行僧たちは、「腹がふくれるほどに食べ」「目が覚めると雑談をし」、遊女のように装い飾り、王族のように権威的に振る舞い、「奸詐《かんさ》なる者、欺瞞《ぎまん》する者、偽証する者、放埒《ほうらつ》なる者どもであって、多くの術策を弄《ろう》して、財を受用する」――という堕落ぶりを露呈する。そして、釈尊によって重視されていた民主的な会議も、修行僧の堕落とともに形骸化していたことが現在形で綴られている。

かれらは会議を開催するが、それは（わざわざ）業務をつくり出すためであり、真理を実現するためではない。かれらは他人に法を説くが、それは（自分たちの）利得のためであり、（実践の）目的を達成するためではない。（第九四二偈）

巧みに言いまくる饒舌無学の輩

続く第九四九～九八〇偈には、「未来における僧尼の行跡」について語ったプッサ長老の言葉がある。未来においては、修行僧たちは、怒り、また恨み、自分の悪を覆い隠し、強情で、偽り、嫉妬《しっと》し、異なった言説を語る者が多くなる。そして、自分は真理を知っていると思い、「法」を軽んじて重んじず、お互いに尊敬し合うこともなくなってくる。そのような修行僧た

ちが増えた結果、

会議に際しては、たとい徳がなくとも、巧みに言いまくる饒舌《じょうぜつ》無学の輩《やから》が有力となるであろう。（第九五五偈）

会議に際しては、たとい徳が具《そな》わり、恥を知り、欲念のない人々が、道理に従って陳述しても、力が弱いだろう。（第九五六偈）

また、軽薄で青色の衣服を纏《まと》うた者どもが現れるであろう。詐《いつわ》りの心あり、無情冷酷で、しかも弁舌巧みに交際のうまい者が、貴人のごとくに闊歩《かっぽ》するだろう。（第九五九偈）

これは、正論が軽んじられ、「巧みに言いまくる饒舌《じょうぜつ》無学の輩《やから》」「弁舌巧みに交際のうまい者」の意見がまかり通るようになるということを予測したものだが、釈尊入滅当時、すでにその前兆が現われていたのであろう。

釈尊の滅後、立派な長老たちもこの世を去り、修行僧が堕落し、民主的な会議が内実を失い、空洞化していった。果たして、プッサ長老の予測は現実のものとなっていった。その実態がさらに進行して『法華経』の勧持品や、後述する常不軽品の増上慢の比丘たちの姿として描写されるまでになっていったと言えよう。

四世紀ごろ成立の『涅槃経』にも記述

こうした当時の情況は、四世紀ごろに成立した『涅槃経《ねはんきょう》』にも生々しく描写されている。現代語訳して引用しよう。

釈尊の入滅した後、正法《しょうほう》が滅してしまって、さらには法そのものも見失われ、仏法が形骸化してしまう像法《ぞうほう》時代のちょうどその時になると、次のような出家修行者が登場するであろう。いかにも戒律を持《たも》つ者であるかのように外面的な姿だけを似せて、ほんのすこし経を読《どく》誦《じゅ》するだけで、うまい飲み物や、食べ物を貪《むさぼ》り嗜《たしな》んでは自分の身をこやしている。袈裟《けさ》を身に着けて、いかにも出家修行者の格好をしているとはいっても、その心や振る舞いは、ちょうど猟師が目を細めてソーッと獲物に近付いていくのと同じであり、また猫が鼠《ねずみ》に襲いかかろうとして、その好機をうかがっているのと同じである。そうでありながら、常に「私は、三界《さんがい》の一切の煩悩を断じ尽くした阿羅漢の位を得ている」ということを口にするであろう。外見だけは賢く立派そうに見せかけているが、その心の内には貪欲と嫉妬心が渦巻いているのである。

（大正蔵、巻一二、三八六頁中）

文献学的に〝非仏説〟でも思想的には〝仏説〟
「勧持品二十行の偈」の中に次の一節がある。

「情けないことに、これらの出家者たちは、仏教以外の外道《げどう》を信ずるもので、自分たちの詩的才能を誇示している。自分で諸々《もろもろ》の経典を作って、利得と称讃を求めて、集会の真ん中でそれを説いている」と、私たちを謗《そし》るでありましょう。

（植木訳『サンスクリット版縮訳　法華経』、二二八頁）

これは、『法華経』が非仏説だという主張である。江戸時代中期の大坂の町人、富永仲基《とみながなかもと》が、大乗仏教は釈尊が直接説いたものではないとする「大乗非仏説論」を唱えたことはよく知られているが、富永仲基に言われるまでもなく、『法華経』編纂者たちは、『法華経』が〝非仏説〟だと非難されていたことを堂々と書き残していたのだ。

『法華経』は釈尊の滅後五百年ほどしてから編纂された経である。釈尊が直接、説いていないという意味では、明らかに〝非仏説〟と言える。

しかし、その五百年のあいだに、これまで見てきたように、①聖地信仰、②ストゥーパ信仰、③在家や女性に対する差別思想、④人間主義を否定する絶対者の導入、⑤釈尊の神格化、⑥修行の困難さの強調、⑦出家中心主義——など、ことごとく歴史上の人物である釈尊の説いていたことと正反対のことが説かれるに至っていた。『法華経』を〝非仏説〟と批判した小乗仏教は、釈尊の時代から連綿として続く教団で、我こそは〝仏説〟と自負しているかもしれないが、釈尊の教えを改竄《かいざん》していたのだから、思想的には、小乗仏教のほうこそ〝非仏説〟である。『法華経』は、こうした五百年のあいだにずれてしまった仏教に対して、「釈尊の原点に還れ」「原始仏教に還れ」と随所で主張している。「自己」と「法」にもとづくこと、在家の復権を図り、女人の成仏を明かし、人間を根本にすえ、一切衆生の成仏を説いている。そちらのほうが、本来の仏教に沿ったものであり、文献学的には『法華経』は〝非仏説〟であるかもしれないが、思想的には〝仏説〟である。

その誇りをもって、『法華経』編纂者たちは小乗教団からの謗《そし》りの言葉を記録したのであろう。

東京工業大学の大学院生に対する授業で「思想としての法華経」と題する講義を二〇一〇年に行なった。そこで、「『法華経』は釈尊の直説《じきせつ》ではありません」と切り出すと、一人の学生が「うっそー！」と、自分が信じてきたものに裏切られたかのような反応を示した。けれども、上記のことを知れば、何もうろたえる必要はない。『法華経』の価値が増しこそすれ、いささかも低減することはないのだ。

第13章＝安楽行品（第十四）

『法華経』実践者の日常的心構え

漢訳の「安楽行」という文字を見て、中国仏教の天台大師智顗《ちぎ》（五三八～五九七）や、三論《さんろん》宗《しゅう》の嘉祥《かじょう》大師吉蔵《きちぞう》（五四九～六二三）らは、「安楽な行」と解釈して、初心浅行の菩薩のために説かれたものと説明した。その解釈が、今日まで日本でも受け容れられてきた。ところが、「安楽な行」ではなく、「安楽の境地に住するための行」という意味であった。仏滅後における『法華経』を実践する菩薩の日常的な心構えをまとめたものであり、『法華経』信奉者にとっての〝戒律〟といえよう。

原始仏典の『ダンマ・パダ』に、

善い行ないの理法を実行するがよい。悪い行ないの理法を実行してはならない。〔善い行ないの〕理法を実行する人は、この世においても、あの世においても、安楽に住するのだ。
（第一六九偈）

自ら自己を励まし、自ら自己を反省するがよい。修行僧よ、自己を護《まも》り、正しい念《おも》いをたもっていれば、あなたは安楽に住するであろう。
（第三七九偈）

とある。この安楽行品は、ここで言う「善い行ないの理法」「自己を護《まも》り、正しい念《おも》いをたもっていること」を具体的に詳しくしたものと言えよう。

安楽行品では、「善い行ない」として忍耐、感情の抑制、心の制御をたもち、誤った憶測で判断しない。不正直、高慢、狡《ずる》さ、嫉妬《しっと》をすべて捨て去る……などを挙げ、「適切な交際範囲」、すなわち自ら近づいて親しくなってはならないものとして国王・王子・大臣などの権力者、歓楽や遊興の場所と、その関係者などが列挙されるとともに、女性に執着して法を説いてはならないことなどが挙げられる。贅沢《ぜいたく》な暮らしや、誘惑に負けて修行を忘れ堕落することを戒めている。また、『法華経』信奉者として、あらぬデマを流されたり、敵対勢力につけ入るスキを与えたりしないという意味もあろう。余計なことに振り回されて修行に専念できなくなることを戒めている。一片の不安も、心配もなく修行に専念できる境地が、安楽の住処なのだ。

嫌な顔をせず感動的な話を語るべし

こちらから積極的に近づくことは戒められているが、法を求めて向こうから近づいてきたときは、随時に法を説くべきだとしている。ただし、執着してはいけない。嫌な顔をしないで意味のある感動的な話を語るべきである。質問した人が覚りを得ることができるように、適切な意味のすべてを説き示すべきである。多くの譬喩によって、日夜に最高の法を説いて、聴衆を歓喜させ、満足させるべきである。「私もこの人も、ともにブッダになるように」と願って、『法華経』の法門を説き聞かせようと考えるべきである――としている。

逆に「お前は、覚りを得ることはないのだ」などと言って、相手に不安な思いを与えてはならない――といったことが挙げられているのは、当時の仏教界の実情の裏返しであろう。

この章は他の章と違い、奇想天外な巨大数を使った時空を超越した話などがまったく出てこない。日常的な実践や振る舞いについては、『法華経』編纂者たちは極めて現実的であったようだ。

皮膚の黒い人も如来のように供養されるべき

安楽行品で気になるところが一カ所あった。それは、仏滅後に菩薩が、安楽に住するための四つの在り方（四法）を実践する人について語った次の言葉である。

> 憂いも、障害も、醜さも、病もない。その人には皮膚の黒さも、粗末な町に住むこともないのだ。
> （植木訳『サンスクリット版縮訳　法華経』、二四三頁）

この「皮膚の黒さ」という言葉は、人種差別を連想させる。

このような言い方がなされているということは、『法華経』信奉者の中に、憂いや、障害、醜さ、病、皮膚の黒さを具《そな》え、粗末な町に住む人がいて、その点を非難されていた人たちがいたということであろう。その人たちのことが、「常に麗しい容貌を持ち、如来のように供養されるべき」だと述べられている。このことから、『法華経』信奉者たちは、皮膚の黒い人たちを平等に受け入れていて、その人たちも如来と等しく敬われるべきだと語られていたことが読み取れる。

釈尊在世のころも、皮膚の黒い人たち、すなわちドラヴィダ族などの先住民をこのように蔑《さげす》むバラモンたちがいた。それは『法華経』が編纂されるころも変わりなかったということだ。

「皮膚の色」と「生まれ」による身分制度

釈尊は、徹底した平等主義に立って、一貫して「皮膚の色」や、「生まれ」などによって人が差別されるべきではないと主張した。それは、インドの社会が古来、根強い身分制度に支配されていたからだ。「皮膚の色」による差別とは、インドに民族大移動してきた白人種のアーリア人による、インドにもともと住んでいたドラヴィダ族をはじめとする人たちに対する人種差別ということである。「生まれ」による差別とは、家柄や、種姓、男女のあいだの差別のことだが、人種差別も含むと考えていいであろう。

インドの身分制度は、「皮膚の色」すなわちヴァルナ（varṇa）と、「生まれ」すなわちジャーティ（jāti）の二つの要素が複雑に絡んで成り立っている。「カースト制度」は外国人が名付けたもので、「ヴァルナ・ジャーティ制度」と言ったほうが正確である。

バラモン（婆羅門＝司祭者）、クシャトリヤ（王族）、ヴァイシャ（庶民）、シュードラ（隷民）という四つの階層は、皮膚の色によって大別されたものだ。これらの四つの名前は、バラモン教の最古の聖典『リグ・ヴェーダ』において初めて登場した。それは巨大な原人《げんにん》（puruṣa）から宇宙が展開した経路を説明する「プルシャ（原人）の歌」においてであった。

〔神々が、原人（puruṣa）を切り刻んだときに、〕彼の口はバラモン（brāhmaṇa）であった。〔彼の〕両腕は王族（rājanya）となされた。彼の太腿は庶民（vaiśya）となされた。彼の両足からは隷民（śūdra）が生みだされた。（X・九〇・一二）

この四つの階層をもとに地域ごとの分業体制が進み、職業が世襲化されて、同業者同士が「生まれ」を同じくする集団として結束するようになった。こうしてカーストという社会集団が成立した。

人の貴賤は行ないによって決まる

釈尊は、このように「皮膚の色」や「生まれ」によって身分を分かつカースト制度を批判した。『スッタニパータ』には、次のような言葉がある。

生まれによって賤しくなるのではなく、生まれによってバラモンとなるのではない。行ないによって賤しくなるのであり、行ないによってバラモンとなるのである。（第一三六偈）

バラモン教の社会では、バラモンは尊敬されるべき人と言われていた。それは、バラモンの家系に生まれたことが唯一の理由であった。このように、生まれによって、人の貴賤が分類されていた。

釈尊は、「バラモンだから尊敬されるべき人である」という迷信的で、権威主義的な考えを否定した。そして、「尊敬されるべき人」を「バラモン」と呼ぶとしたら、それは生まれのいかんによるのではなく、その人の振る舞い、行為、生き方のいかんによって決まるのだと主張した。これは、バラモン教の言うバラモンを肯定したのではなく、「バラモン」という既成の言葉の意味内容を塗り替え、内実をともなわせようとしたものだ。

また、『サンユッタ・ニカーヤⅠ』にも、次のような言葉がある。

多くの呪文《じゅもん》をつぶやいても、生まれによってバラモンとなるのではない。［バラモンと言われる人であっても、心の］中は、汚物で汚染され欺瞞《ぎまん》にとらわれている。クシャトリヤ（王族）

であれ、バラモンであれ、ヴァイシャであれ、シュードラであれ、チャンダーラ（旃陀羅《せんだら》）や汚物処理人であれ、精進に励み、自ら努力し、常に確固として行動する人は、最高の清らかさを得る。このような人たちがバラモンであると知りなさい。（一六六頁）

バラモンと言われる人であっても、その内心は、汚物で汚れているとまで言い切っている。そのいっぽうで、不可触民とされたチャンダーラも、その行ないによって「最高の清らかさ」を得ると断言している。

釈尊は、出家して袈裟《けさ》を着ていた。袈裟は、「薄汚れた色」を意味するサンスクリット語のカシャーヤ（kaṣāya）を音写した語である。布にくるまれ、墓地に捨てられた死体を猛獣が食べた後に散らばった布の破片を拾い集め、洗って、つなぎ合わせたものが袈裟だった。死体の体液の染《し》みで汚れていることから、その衣はカシャーヤと呼ばれた。

その袈裟はチャンダーラたちが身に着けていたものである。釈尊をはじめとする出家者は、袈裟を着て、チャンダーラと同じ境地に身を置いた。出家することは、本来、世俗の名声、利得など一切を捨てて、社会の最低辺に置かれた人たちと同じ立場に立つことであった。釈尊は、その立場から平等を唱えていたのである。

『サンユッタ・ニカーヤI』に、スンダリカ・バーラドヴァージャというバラモンが、「あなたの生まれは何ですか？」と、釈尊のカーストを尋ねたことが記されている。それに対して釈尊は、次のように答えている。

生まれを尋ねてはいけない。行ないを尋ねよ。火は実に木片から生じる。賤しい家柄〔の出〕であっても、堅固《けんご》で、慚愧《ざんき》の念で自らを戒めている賢者は、よき生まれ〔すなわち高貴〕の人となるのである。（一六八頁）

「慚愧の念」、すなわち自らを恥じ入る反省の心をもって自戒することによって賢者となり、高貴の人となるというのである。

釈尊は、カースト制度の矛盾を突き、人は皆平等であると、機会あるごとに仏教外の人々にも訴えていた。

仏教は徹底した平等思想に立っていたので、バラモン教の立てた四姓の階級的区別を全面的に否認し、最後までカースト制度を承認することはなかった。ジャイナ教も初めは同じ立場をとっていたが、後世になってカースト制度を承認し、妥協してしまった。

人間のあいだの差別は言葉による

このように、釈尊の平等観は「人の生まれによって差別が生じるのではない」、その人の振る舞い、行為、生き方によって貴賤《きせん》が決まるという点にあった。そして、人間に差別があるかのように世間で言われているのは、人間が勝手に言葉で規定しただけであると、『スッタニパータ』で次のように言っている。

髪についても、頭、耳、眼、口、鼻、唇《くちびる》、眉《まゆ》、首、肩、腹、背、〔中略〕手、足、指、爪、脛《すね》、腿《もも》、容貌、声についても、他の生類《しょうるい》の間にあるような、生まれにもとづく特徴〔の区別〕は〔人間同士においては〕決して存在しない。身体を有する〔異なる生き〕ものの間ではそれぞれ区別があるが、人間〔同士〕の間ではこれ（区別）は存在しない。名称（言葉）によって、人間の間で差別が〔存在すると〕説かれるのみである。（第六〇八～六一一偈）

人間同士において、身体的特徴としての本質的な区別は存在しない。それなのに、いかにも人間のあいだに差別があるかのように思わせているのは、言葉によるものである。私たちは、言葉によって概念規定されて、存在しないものも存在するかのように思い込みがちであるが、人間における差別も言葉によって誰かが勝手に言い出しただけであって、人間には本来、差別はないと断言している。

紀元前十二世紀ころ、現在の形に編纂された『リグ・ヴェーダ』の「プルシャの歌」に四つの階層が規定されたことで、身分が一方的に決めつけられてしまったのは、まさに「名称（言葉）によって、人間のあいだで差別が〔存在する〕」ということに当たる。それは、支配者が被支配者を従属させるために考え出した神話的意義づけの言葉である。

　聖典に書いてあるということで、自分で確かめることもなく、先人が言ったことを何ら疑問を抱くこともなく鵜呑《うの》みにして伝承しているバラモンの教えは、前後の人を見ない〝盲人の一列縦隊〟と同じで、「バラモンたちの語る言葉は、笑うべく、言葉のみであり、空虚で、虚妄《こもう》なものである」（『ディーガ・ニカーヤI』）と、釈尊は語っていた。

　我々の周りには、「言葉のみ」によって作られた価値観、思い込まされたこと、迷信、権威、あるいは祟《たた》り、脅し、恫喝《どうかつ》、中傷、罰への不安などがいかに多いことか。そこにおいて、釈尊は「あるがままに見る」（yathābhūtam paśyati）ことを重視した。それは、如来寿量品で「如実《にょじつ》知見《ちけん》」と漢訳されている。あるがままに見ることによって、思い込まされたこと、決めつけられたことから解放されるのである。

　この『法華経』が編纂されたころの仏教界は、自らを声聞と規定する人たちと、菩薩と自認する人たちが、相互に相手を否定して対立していた。それは、釈尊から見れば、言葉によってそう思い込んでいるだけであった。声聞だ、独覚だ、菩薩だという言葉にとらわれて自他を区別し、その違いに執着していたのだ。それに対して、釈尊は、「私にとって、この世に声聞〔と言われる人〕は誰一人として存在しないのだ」（方便品）と語って、声聞や菩薩たちを言葉による思い込みから解放した。

皮膚の色の違いによる人種的偏見への反駁

こうした思い込みの一つに人種的偏見もあった。原始仏典の『ディーガ・ニカーヤIII』にバラモン階級出身の青年が仏教教団に入ったとき、バラモンたちから次のように非難されたと記している。

バラモンは最上の階級であり、他の階級は劣っている。バラモンのみは白い色であるが、他は黒い色である。バラモンのみは清浄であるが、バラモンならざるものはそうではない。バラモンのみは梵天の真正の子であり、その口から生まれたのである〔中略〕汝らは最上の階級を捨ててかの貧しい階級に近づき、剃髪した道人、色の黒い傭人、われら一族の足から生まれた者どもに親しんでいるが、それはよろしくない。（中村元訳）

バラモン階級は、インドに民族大移動してきた白人種で、自らを「梵天の口から生まれたもの」とし、インドにもともと住んでいたドラヴィダ族などの人々を、「われら一族（梵天）の足から生まれたもの」と一方的に決めつけて、「皮膚の色」と「生まれ」によって差別するカースト制度を正当化していた。それに対して釈尊は、「梵天の口から生まれた」と言っているバラモンといえども、すべての人と同じく母親から生まれているという事実を突きつけ、「皮膚の色」の違いによる人種的偏見に反駁《はんばく》した。

「平等」は仏教独自の思想

平等ということは仏教独自の思想であった。「平等」という漢字は、「へいとう」ではなく、「びょうどう」と読む。「へいとう」は漢音《かんおん》、「びょうどう」は呉音《ごおん》の読み方で、呉音で読むこと自体、仏教用語であることを意味している。「平らな」「等しい」を意味するサンスクリット語サンスクリット語のサマ（sama）、あるいはサマター（samatā）の漢訳語である。

仏教の平等論は、労働や、教育、財産などに関する社会的権利の主張として論じられたのではなく、一人ひとりが「法」（真理）にもとづいて〝真の自己〟に目覚め、智慧と人格の完成によって、自他ともに人間の尊厳に目覚めるという形で提唱された。それは「権利の平等」というよりも、「精神的・宗教的な意味での平等」であった。それが、近代西洋の平等の観念と異なる点である。

中村元先生は、『原始仏教の社会思想』において、仏教の平等論が権利の主張という形でなされなかったことについて、

一般に近代の平等思想が見のがしている重大な問題点は、精神的宗教的な平等思想がなければ、社会的な平等は樹立し得ないということである。仏教では精神的な意味での平等を主張した。平等の主張が単に利己主義にもとづくものではなくて、人間のより高き生存を実現す

るための思想的基盤を提供するものとなるためには、仏教にいたっていちおう完成した平等論は大きな意味をもっている。

（『原始仏教の社会思想』中村元選集決定版、第一八巻、九七〜九八頁）

と述べている。

『法華経』は、在家と出家、男女の性差を問わず、人種の違いを超えて、一仏乗の思想をもって、あらゆる人が〝真の自己〟に目覚め、智慧と人格の完成によって、自他ともに人間の尊厳に目覚めることを提唱していた。

以上のような仏教の平等思想が、この安楽行品に反映されていたのである。

第14章＝従地涌出品（第十五）

地涌の菩薩の出現

これまで多くの声聞や菩薩たちが滅後の弘教を申し出た。けれども、「サハー世界で」と言うものは一人もいなかった。ここで初めて、サハー世界での弘教を名乗り出る人たちが現われた。他の世界からやって来ていた八つのガンジス河の砂（八恒河沙《ごうがしゃ》）の数に等しい無数の菩薩たちである。ところが、釈尊《しゃくそん》はそれを言下に退けた。

章名	志願者	弘教の場所	釈尊の応え
勧持品	薬王菩薩、大楽《だいぎょう》説《せつ》菩薩ら二百万人の菩薩	場所を指定せず	なし
	五百人と八千人の有学・無学の男性出家者	サハー世界以外	〃
	マハー・プラジャーパティー尼とヤショーダラー尼ら一万人の女性出家者	〃	〃
	八百万・コーティ・ナユタもの菩薩	場所を指定せず	〃
従地涌出品	他の国土からやって来た八つのガンジス河の砂の数の菩薩	サハー世界で	却下される

表3-4 釈尊滅後の弘教の志願者

やめなさい。良家の息子たちよ、あなたたちのその仕事が何の役に立とうか。

（植木訳『サンスクリット版縮訳 法華経』、二四九頁）

止《や》みね、善男子《ぜんなんし》よ。

（植木訳『梵漢和対照・現代語訳 法華経』下巻、一八〇頁）

これまでに名乗り出た志願者をまとめると、表3-4のようになる。

彼らのサハー世界での弘教の申し出が却下されるやいな

や、大地が裂け、そこから①上行《じょうぎょう》（卓越した善行をなすもの）、②無辺行《むへんぎょう》（際限なき善行をなすもの）、③浄行《じょうぎょう》（清らかな善行をなすもの）、④安立行《あんりゅうぎょう》（よく確立された善行をなすもの）——という四人の指導者に率いられた無数の菩薩（地涌《じゆ》の菩薩）が出現する。身は金色で、ブッダが具えるとされる三十二相をすでに具えていて、その数が幾何級数的に列挙される。

その卓越した姿を見て圧倒されたマイトレーヤ（弥勒）菩薩やそこに列座していた八つのガンジス河の砂の数に等しい菩薩たちは、これらの菩薩たちは一体、どこから来たのか？　誰が教化《きょうけ》したのか？　誰の教えを受持したのか？——と疑問を抱く。

その疑問に答えて、釈尊は「これらの大地から出現した菩薩たちは、私がこのサハー世界において覚りを得て後、私がこの上ない正しく完全な覚りに向けて成熟させたものたちなのだ」（植木訳『サンスクリット版縮訳　法華経』、二五五頁）と答えた。

『法華経』を弘通する人の新たな人格像

地涌の菩薩は、常不軽菩薩とともに『法華経』のみに登場する菩薩である。大地を割って膨大な数の菩薩が出てくるという驚天動地の設定には、『法華経』を広めるのは今までの在り方では通用しない、これまでの人たちの決意を遥かに凌駕《りょうが》するような強い決意に立った人でなければならない、そういう人たちに未来を託したい、という思いが込められているのであろう。

それまでの仏教史を振り返って、『法華経』に登場してきた釈尊の十大弟子などの歴史上の人物たちや、そのころまでに考え出されていたマンジュシリーなどの理想的菩薩たちの在り方でもとうてい、通用しない。それよりもさらに強固な決意に立った人でなければならないという思いを込めて、滅後に『法華経』を弘通する人たちの新たな人格像を作り上げようとしているのだと思う。

大地の裂け目から出現するという描写は、象徴的である。我々も自分の殻《から》に閉じこもり、そこから抜けられずに悩むことがあるが、それでもその殻を突き破って、「よし、やろう」と立ち上がる。そんな力強いイメージが読み取れる。

地涌の菩薩たちが出現し、彼らがそこにたたずんでいる姿を、鳩摩羅什は「如蓮華在水《にょれんげざいすい》」（蓮華の水に在るが如し）と漢訳した。紅蓮華《ぐれんげ》（paduma ≒ padma：白蓮華ではない）の花が泥の中から出てきて、汚い泥の中にありながら、それに染まることなく自らは清らかな花を咲かせ、それによって周りも清らかにしていくという意味である。悪意に満ちた衆生の住むサハー（娑婆）世界にありながらも、そこで清らかな花を咲かせ、周りをも清めていく。地涌の菩薩とはそのような存在だとされている。

第2章＝方便品（第二）では、「諸仏の智慧は甚深無量《じんじんむりょう》なり。其《そ》の智慧の門は難解難入《なんげなんにゅう》なり。一切の声聞《しょうもん》、辟支仏《びゃくしぶつ》の知ること能《あた》わざる所なり」（植木訳『梵漢和対照・現代語訳　法華経』、上巻、七六頁）として、〝真の声聞〟、あるいは菩薩への止揚を行なっていたが、この第14章＝従地涌出品（第十五）では、マイトレーヤをはじめとする菩薩たちにとって「知ること能わざる所」を問題提起して、そのうえで第15章＝如来寿量品（第十六）に移行して、〝真の菩薩〟へと止揚することを意図している。

その止揚のために、『法華経』の理想とする菩薩のモデルとして地涌の菩薩を登場させ、その具体的な実践の在り方を示すモデルとして第19章＝常不軽品（第二十）で常不軽菩薩を登場させたのであろう。

第15章＝如来寿量品（第十六）

久遠実成を明かす

釈尊が成道して四十数年しか経っていないのに、その短い期間に、どうやってこれだけ無数の地涌の菩薩を教化したのかというマイトレーヤ菩薩の疑問に答えて釈尊が語り出した。

まず、世間の人々の釈尊についての理解内容について、次のように語った。

シャーキャ（釈迦《しゃか》）族出身の聖者（牟尼《むに》）である如来は、シャーキャ族の高貴な家から出家して、ガヤーという都城《とじょう》（伽耶城《がやじょう》）において〔中略〕この上ない正しく完全な覚りを得られたのだ。

（植木訳『サンスクリット版縮訳　法華経』、二六〇頁）

それは、釈尊が二十九歳で出家して、三十五歳で成道したという歴史的事実を言ったものだ。ところが釈尊は、この後すぐにこれを全面的に覆《くつがえ》す。

けれども、そのように見なすべきではない。それどころか、私が覚りを得て以来、幾百・千・コーティ・ナユタ劫《こう》もの長い時間が経っているのだ。(同、二六一頁)

つまり、覚りを得てから天文学的な時間が過ぎているという。

第7章=化城喩品(第七)では、十億個の太陽系からなる小規模の銀河系宇宙に匹敵する"一"個の三千大千世界を構成する原子(塵《じん》)の数を用いた「三千塵点劫」という時間の概念が出てきたが、ここではそれとは比較にならないほどの時間の長さが出てくる。ただし、サンスクリット原典からは意味を読み取りにくいので、鳩摩羅什訳で比較する。如来寿量品では、「五百・千・万・億《のく》・那由他《なゆた》・阿僧祇《あそうぎ》・三千塵点劫」、略して「五百塵点劫」という遥かな過去が語られる。それは、"五百・千・万・億・那由他・阿僧祇"個(=十の八十七乗個)の三千大千世界を構成する原子の数を用いて計算される時間である。それは、筆者の計算では、三千塵点劫の十の百七十乗倍の過去ということになる(詳細は拙著『思想としての法華経』第十章、『ほんとうの法華経』第十五章を参照)。釈尊が覚りを得て、それほどの遥かな時間が経過しているというのだ。

方便としての涅槃と永遠の菩薩道

このように想像を絶する遥かな過去における成道（久遠実成《くおんじつじょう》）を明かしたうえで、釈尊は次のように語った。

その時以来、私はこのサハー（娑婆《しゃば》）世界、および他の幾百・千・コーティ・ナユタもの世界において、衆生に法を説いているのである。その間において、〔中略〕それぞれの国土で如来としての名前をそれぞれに名乗るのだ。それぞれの国土で自分の完全なる涅槃について述べ、種々の法門によってそれぞれのやり方で衆生を喜ばせるのだ。

（植木訳『サンスクリット版縮訳　法華経』、二六二頁）

さらに続けて、

私は、過去における菩薩としての修行を今なお完成させていないし、寿命も未だに満たされていない。私の寿命が満たされるまで、今なおその〔久遠《くおん》以来の〕二倍、すなわち幾百・千・コーティ・ナユタ劫にわたるであろう。

（同、二六四頁）

と語り、自らが入滅することについては、

如来は、遥かな昔に覚りに達し、量ることのできない寿命を持ち、常に〔サハー世界に〕存在し続けて〔説法して〕いるのである。如来は、完全なる滅度に入ったことはなく、〔衆生を〕教化することを願って完全なる滅度を示してみせるのである。（同）

と方便として涅槃を現ずることを明かした。

このように釈尊は、自らのブッダとしての永遠性を強調するとともに、釈尊が涅槃するのは、衆生を教化するための方便であって、久遠以来、常にブッダとしてサハー（娑婆）世界にあり続けると同時に、永遠の菩薩道に専念しているという。だから衆生が、仏を渇仰《かつごう》する思いを生じれば、いつでもその人の前に姿を現わすのだと説いた。

以上のことが、留守中に毒物を飲んで苦しむ子どもたちに、良薬を作って与えた父親（医者）の譬《たと》え話（良医病子《ろういびょうし》の譬え）として再説された。

毒が深く回った子どもたちは、本心を失って薬を飲もうとしない。そこで、父親は再び旅立って旅先から「父親が亡くなった」と告げさせる。悲嘆にくれる子どもたちは、悲しみのあまり正気を取り戻し、父の残してくれた薬を思い出して口にする。子どもたちの病は癒《い》え、元気を回復した。そこへ父親が帰って来て再会するというものだ。父親の良医が釈尊、毒を飲んで苦しんでいる子どもたちが迷える衆生を意味している。

この如来寿量品に込められた意味については本書の「Ⅳ 『法華経』の人間主義」で詳述する。

第16章＝分別功徳品（第十七）

弥勒菩薩への皮肉

この章では、「如来の寿命の長さについての教え」を聞いて信受する功徳が明かされる。寿命の長さ自体ではなく、釈尊がそれだけの長い寿命をもってこのサハー（娑婆）世界で常に説《せっ》法教化《ぽうきょうけ》し、人間として、人間の中で菩薩行を貫くブッダであり、釈尊滅後に考え出された多くの三世十方の諸仏・菩薩の根本であるということが重要である。

マイトレーヤ（弥勒）がその諸仏・菩薩の一人であり、小乗仏教や、一部の大乗仏教では五十六億七千万年後に釈尊に代わってブッダになると待望されていた。如来寿量品の説法を聞いて、そのマイトレーヤ菩薩が感想を語った。「指導者（釈尊）の寿命の長さがいかに無限であるのか、私たちは、かつて聞いたことがありません」（同、二八〇頁）と。ということは、マイトレーヤ菩薩の出番はないということになる。それをマイトレーヤ菩薩自身に語らせた。

本書の「Ⅱ 『法華経』前夜の仏教」で外来の仏・菩薩信仰への批判について述べた。マイトレーヤ菩薩は、第1章＝序品（第一）では、過去において「名声ばかりを追い求めるもの」「怠け者」という不名誉な人物として紹介されていた。第14章＝従地涌出品（第十五）でも、地涌の菩薩の出現を見てその意味が分からず、釈尊が〝永遠〟のブッダであるという答えを引き出す質問役をさせられていた。『法華経』のすこし前に編纂された『維摩経』でもマイトレーヤ菩薩は、在家の菩薩である維摩詰《ゆいまきつ》の手玉に取られる役を演じさせられていた。

ガンダーラで編纂された『雑譬喩経《ぞうひゆきょう》』の冒頭（大正蔵、巻四、四九九頁中）に、五十六億七千万年後に出現するとされるマイトレーヤ菩薩に会うまでは死ぬに死ねないと頑張る長老高僧の話が登場する。弟子たちから「弥勒の教えには、六波羅蜜《ろくはらみつ》や、四無量心《しむりょうしん》、四恩《しおん》、四諦《したい》の教えと何か異なる点があるのでしょうか」「異なることがないのなら、弥勒の出現を待つ必要などないではありませんか。今、釈尊の恩を受けていながら、どうしてそれに背いて弥勒に帰《き》するのですか」と諭《さと》されて目が覚め、マイトレーヤ菩薩の出現を待つことなく阿羅漢《あらかん》に達して入滅したという話である。このような皮肉に満ちた話が経典として残っているということは、それだけ、歴史上の人物である釈尊を差し置いて、架空の仏・菩薩を待望するマイトレーヤ信仰に納得できない人たちがいたのであろう。

如来の寿命の長さについての教説の功徳

第16章＝分別功徳品（第十七）では、この法門を聞いて信受する人の福徳がいかに無量で、甚大であるのかがいろいろな観点から詳細に論じられた。

①八十万・コーティ・ナユタ劫のあいだ、智慧《ちえ》の完成（智慧波羅蜜）を除く布施《ふせ》・持戒《じかい》・忍辱《にんにく》・精進《しょうじん》・禅定《ぜんじょう》の五種類の完成（五波羅蜜）に向けて修行する人、②〝如来の寿命の長さについての教説〟という法門を聞いて、一度でさえも覚りを求める心を発《おこ》す信順の志（一念信解《いちねんしんげ》）を生じる人、③〝如来の寿命の長さについての教説〟という法門を聞いて、高潔な心をもって信順の志（深心信解《じんしんしんげ》）を抱く人、④この法門を受持しつつ、布施・持戒・忍辱・精進・禅定・智慧の六波羅蜜によって修行を完成しようとする人――の四段階を挙げ、①よりも②、②よりも③が勝れているとする。

③による功徳として、霊鷲山《りょうじゅせん》（グリドラクータ山）で菩薩の群衆にともなわれ、声聞の集団の真ん中で釈尊が法を説いているのを見、サハー（娑婆）世界が、ブッダの国土の様相となるのを見ることになる。如来寿量品の「良医病子の譬え」に出てくる父と子の再会とは、このことを意味していたのであろう。

さらに③よりも④のほうが勝れていると語られる。智慧の完成（智慧波羅蜜）なき五波羅蜜は、最も劣ったものだが、根本のブッダを見誤らないで、智慧の完成を根本とした五波羅蜜の修行がベストであるということだ。

第17章＝随喜功徳品（第十八）

50人の伝言ゲームでも衰えない感動の連鎖

「随喜」は、サンスクリット語のアヌムッド（anu-√mud：ともに喜ぶ、喜んでよしとする）から造られた名詞アヌモーダナー（anumodanā）の漢訳で、「歓喜して受け容れること」を意味する。随喜功徳品ではこの法門を聞いて喜んで受け容れて、他の人に語る功徳が明かされる。

喜んで受け容れる人たちが、次々に語り継いで五十人に至り、その五十番目の人が、たった一つの偈《げ》（詩句）だけでも喜んで受け容れる功徳は、大施主が多くのものを八十年間、布施し、小乗仏教の最高の覚りである阿羅漢に到らせた福徳よりも遥かに大きいと説かれる。これは、「五十展転《ごじゅうてんでん》の功徳」と呼ばれてきた。

伝言ゲームでは、人数が増えるほど伝言する内容に大きなズレが生じやすいものだが、「五十展転の伝言ゲーム」ではズレることなく、功徳も衰えることがないという。それは、「この法門」の勝れていることと併せて、「この法門を聞いて、次のその人もまた喜び、その法門を喜んで受け容れて後に、その人もまた他の人に語る」（植木訳『サンスクリット版縮訳　法華経』、二八九頁）とあるように、「法」に則った「真の自己」に目覚めるという感動の連鎖があるからだ。「真の自己」と「法」に目覚める感動の連鎖は、五十人の伝言ゲームでも衰えないのだ。

ここに、比較の対象として大施主の布施が挙げられている。これは、当時の小乗仏教の実態を反映しているといえよう。小乗仏教は、社会の上層階級の支援を当てにして、教団への莫大な富の布施は功徳が大きいと言って奨励し、王侯・貴族・大地主から広大な土地、ローマ帝国などと海外貿易を手掛ける豪商からは高額の現金の寄進を受けていたことが反映されているのであろう。

五十展転の功徳は、莫大な布施よりも、自らも感動し、人々をも感動させて、この『法華経』を語り継ぐことこそが、重要なことだと主張しているのであろう。

第18章＝法師功徳品（第十九）

六根清浄の功徳

第18章＝法師功徳品（第十九）では、この法門を受持し、読誦し、教示し、書写する人の六根清浄《ろっこんしょうじょう》の功徳が明かされる。六根清浄とは、眼《げん》・耳《に》・鼻《び》・舌《ぜつ》・身《しん》・意《い》の六つの感覚器官（六根）の能力がそれぞれの対象に対して執着しなくなり、清らかになるということだ。

しかし、この章に挙げられた具体例は奇抜なものが多く、理解に苦しむ場面も多い。たとえば、匂いで神々が何をしているか分かるとか、匂いによって母胎にいる胎児の性別が分かるとか、地中の秘宝、財宝、黄金、金、銀などを匂いで嗅《か》ぎ分けるとか、皮膚に三千大千世界の姿が映し出される――などといった具合だ。

そのいっぽうで、納得できるものもある。たとえば、舌根には味覚のほかに声を発する働きも含まれていて、舌根の清浄を得た人は、深く、美しく、心にかなった声を発して、衆生を満足させる。さらに、その人が法を説けば、その声を聞いて、神々でさえもその人を尊敬し、法を聞くためにその人に近づきたいと考えるという。

意根が清浄となった人は、一つの偈《げ》（詩句）を聞いただけで、そこに多くの意味を読み取り、その意味にもとづいて何ヵ月も、一年間も法を説き示すことができるという。また、その人が説く法は、その人に記憶され、その法は忘却されることはない――といったことが挙げられている。

経典名以外で「プンダリーカ」はここだけに

『法華経』の経典名サッダルマ・プンダリーカ・スートラ（Saddharma-puṇḍarīka-sūtra）に含まれるプンダリーカ（白蓮華）という語が、経典名以外で出てくるのは、第18章＝法師功徳品（第十九）の一ヵ所のみである。それは、鼻根の清浄を得た人の功徳を語った次の箇所である。

水の中から生ずる蓮《はす》の花、例えば青スイレンや、紅蓮華、白スイレン、白蓮華の多種多様な香りも、その人は嗅ぎ分けるのだ。（同、二九八頁）

本書の「I 『法華経』の基礎知識」でも触れたように、これまで『法華経』のサンスクリット語のタイトルの現代語訳としては、坂本幸男・岩本裕訳注『法華経』上巻（岩波文庫、一九六二年）の「正しい教えの白蓮」（九頁）という岩本訳が広く普及し、定着してしまった感がある。もしも、この訳が正しければ、経典名に用いられた「白蓮華」が何を意味するか、本文中に言及されてあるべきだ。けれども、この一カ所からはタイトルに用いるほどの深い意味はまったく読み取れない。

菅野博史《かんのひろし》博士は、『法華経入門』（岩波新書）において、「プンダリーカも釈尊自身を象徴するという説の方が私には興味深く思われる」（八四頁）と述べておられるが、個人の興味は別として、『法華経』本文のどこにもそんなことは書かれていない。

鳩摩羅什が「妙法蓮華経」と訳した「蓮華」も、平川彰博士をはじめ多くの研究者たちによって第14章＝従地涌出品（第十五）の「如蓮華在水《にょれんげざいすい》」（蓮華の水に在るが如し）から意義づけされてきたが、そこに用いられているのはパドマ（paduma ≒ padma：紅蓮華）であって、プンダリーカ（puṇḍarīka：白蓮華）ではない。したがって、「如蓮華在水」から意義づけることもできない。

釈尊自身とすることも、「如蓮華在水」と結び付けることも、サッダルマ・プンダリーカ・スートラを現代語訳する際の意義づけとしては、いずれも誤りである。サンスクリット文法に忠実に「白蓮華のように最も勝れた正しい教え」と訳すべきである。

第19章＝常不軽菩薩品（第二十）

サダーパリブータ菩薩についての釈尊の回想

釈尊は、〝大いなる勢力をかち得たもの〟（得大勢）という菩薩に向かって、過去の威音王如来が入滅した後、正しい教え（正法）が衰亡し、正しい教えに似た教え（像法）も衰亡しつつある時代に活動していたサダーパリブータと呼ばれる一人の菩薩について語り出した。

『法華経』が成立したころは、「末法《まっぽう》」という語はまだ用いられていなかったが、「その教えが増上慢の男性出家者たちによって攻撃されているとき」のこととして話が展開される。鳩摩羅什はそれを「像法の隠没《おんもつ》」と漢訳している。

この「正法」「像法」「末法」は、「教え（法）が時を経て効力を失っていくプロセス」として説明され、教え自体の問題として語られることが多かったようだ。果たしてそうであろうか。人間の平等と尊厳を説いた普遍的真理（法）が、時を経るに従って衰えるということはあるはずがない。むしろ、それを伝承する人間のほうに問題があるのではないだろうか。権威主義に陥った小乗仏教では、自分たちの都合のいいように釈尊の言葉を改竄《かいざん》したりしていた。あるいは、低俗化させることもあった。そのように、「正法」を形骸化させるのは人間のほうだ。

「像法」は「似て非なる教え」

「像法」は、サッダルマ（saddharma：正しい教え）とプラティルーパカ（pratirūpaka）の複合語を漢訳したものである。pratirūpaka は、「似ている」「やぶ医者」「山師」「似て非なるもの」という意味で、saddharma（正法）との複合語となって、「正しい教え（正法）に似た教え」となる。もっと厳しい言い方をすれば、「正しい教え（正法）に似て非なる教え」を意味している。「正しい教え」が、「似て非なる教え」に取って代わられるということだ。「正しい教え（正法）」は厳然としてあるにもかかわらず、それを亡きものにして「似て非なるもの」にすり替えてしまうのは、人間の側である。

正法・像法・末法の歴史観は、どんなに勝れた思想であっても後世の人間による形骸化を免れないということを教えている。その変遷の仕方は、初めは〝似ているもの〟であったかもしれないが、世代交代を繰り返す中で、〝似て非なるもの〟となり、最終的には〝似ても似つかぬもの〟になってしまう。「正法・像法」の存続期間は、「千年・五百年」「五百年・千年」「千年・千年」などと考えられたが、いずれもおおよその概数であって、年数自体にとらわれる必要はない。形骸化は思想自体の問題ではなく、それを伝える人間の問題なのだ。どんなに勝れた思想といえども、人によって伝承されるからその変遷を免れることはない。だからこそ、原点を見失わないことが大事であり、『維摩経』や『涅槃経』で「依《え》法《ほう》不《ふ》依《え》人《にん》」（法《ほう》に依って人《にん》に依らざれ）と言って、「人」ではなく「法」にもとづくべきだと強調されてきたのである。

『法華経』も、「原始仏教の原点を見失うな」と訴える経典である。その後も、正法・像法・末法の史観にもとづき、正法の復興・興隆を叫ぶ人が現われた。それは、普遍的真理にもとづきつつも、時代社会の変化に対応する表現形式をとって展開された。そこにおいては、普遍的真理にもとづいているかどうかが重要である。

この常不軽品も、過去の威音王仏《いおんのうぶつ》が入滅した後の話で、「その世尊の入滅後、正しい教えが衰亡し、また正しい教えに似た教えも衰亡しつつあり、その教えが増上慢の男性出家者たちによって攻撃されている時」（植木訳『サンスクリット版縮訳 法華経』、三一〇頁）のこととして語られている。「正しい教え」（法）を攻撃して亡きものにするのは人間なのだ。

サダーパリブータは四つの意味の掛詞

第19章＝常不軽菩薩品（第二十）の主人公であるサダーパリブータ（sadāparibhūta）菩薩の名前を、竺法護は「常被憍慢《じょうひきょうまん》」（常に軽んじられる）、鳩摩羅什は「常不軽《じょうふきょう》」（常に軽んじない）と漢訳した。二つの訳を比べると、肯定に対して否定、受動に対して能動というようにまったく相反する訳になっている。

この sadāparibhūta という名前は、副詞の sadā（常に）と、過去受動分詞 paribhūta か、あるいはそれに否定を意味する接頭辞 **a** を頭につけた aparibhūta を用いて、

sadā（常に）+ paribhūta（軽んじられた）

sadā（常に）+ aparibhūta（軽んじられなかった）

の二通りの複合語と考えることができる。前者は竺法護訳に相当するが、鳩摩羅什訳はいずれでもない。そこで、鳩摩羅什訳は誤りだとして、岩波文庫『法華経』下巻の岩本裕訳では「常に軽蔑された男」（二二九頁）、中公文庫の大乗仏典『法華経II』では「常に軽んぜられた」（一六四頁）と現代語訳されている。

ところがこれは、過去受動分詞だから「～られた」「～られなかった」とする〝教科書的〟文法からの翻訳である。さらに高度な実践的文法書（たとえば、J. S. Speijer, *Sanskrit Syntax*, reprinted by Bodhi Leaves Corp. in Delhi, 1973, §360. など）には、過去受動分詞は受動だけでなく、能動の意味でも用いられると明記されている。そうなると、この菩薩の名前は、〈能動と受動〉および〈肯定と否定〉の組み合わせ方によって、次の四通りに解釈できることになる。

①常に軽んじない（能動と否定）＝鳩摩羅什訳に相当
②常に軽んじた（能動と肯定）
③常に軽んじられた（受動と肯定）＝竺法護訳、岩波文庫の岩本裕訳、中公文庫『法華経』の訳に相当

④常に軽んじられなかった（受動と否定）

サダーパリブータという名前は、この四つの意味の掛詞《かけことば》になっていて、竺法語訳か、鳩摩羅什訳かという二者択一ではなかったのだ。掛詞に込められたすべての意味を反映させて外国語に翻訳するのは不可能に近い。そこで、鳩摩羅什は中心的意味の①で、竺法護は末節の③で漢訳した。常不軽品の内容から言っても、鳩摩羅什の訳のほうが勝れている。それよりもっと勝れた訳は、四つの意味をすべて訳すことであろう。そこで私は、次のように現代語訳した。

常に軽んじない〔と主張して、**常に軽んじている**と思われ、その結果、**常に軽んじられる**ことになるが、最終的には**常に軽んじられない**ものとなる〕菩薩。

（植木訳『梵漢和対照・現代語訳　法華経』下巻、三六三頁）

これは、「常不軽品」で主人公の菩薩と四衆たちとの関係性が変化していく様子をたどったストーリーそのままである。この命名は天才的なものである。このように高度な掛詞が『法華経』に用いられているのを見るにつけ、渡辺照宏《わたなべしょうこう》氏（一九〇七〜一九七七）が、『法華経』について岩波新書『日本の仏教』で「一見してあまり教養のない人たちの手で書かれたものである」（一七八頁）と記されていることに首を傾《かし》げたくなる。

しかし、あまりにも長い。『梵漢和対照・現代語訳　法華経』上・下巻を岩波書店から出版するとき、気になったので編集部長（当時）の高村幸治氏に尋ねた。

「これを第十九章のタイトルにすると四行にもなってしまいますが、見出しの体裁としては変ではないですか？」

高村氏は、即座に応えて下さった。

「それは世界で初の訳でしょう。だったら、それでいきましょう」

それで、この訳が『梵漢和対照・現代語訳　法華経』第十九章のタイトルに反映された。

経典は読誦しないが人間を尊重

この菩薩は、出家の男女、在家の男女の誰であれ、「出会う人には、誰にでも」近づき、「尊者がたよ」「ご婦人がたよ」と呼びかけては、次のように告げた。

私は、あなたがたを軽んじません。あなたがたは、軽んじられることはありません。理由は何か？　あなたがたは、すべて菩薩としての修行を行ないなさい。あなたがたは、正しく完全に覚った尊敬されるべき如来になるであありましょう。

（植木訳『サンスクリット版縮訳　法華経』、三一〇頁）

このように『法華経』の理想とするこの菩薩は、「常不軽」という名前のとおり、女性をも軽んじることなく、男女が平等に成仏できることを訴え続けていたのだ。しかも、「変成男子《へんじょうなんし》」を必要としていない。

ただ、鳩摩羅什は、「尊者がたよ」「ご婦人がたよ」というこの二つの呼びかけを訳していない。「ご婦人がたよ」と明記してくれていたなら、提婆達多品が後から付け加えられたものであることをとらえて、「『法華経』には、もともと女性の成仏は説かれていなかった」などと言いがかりをつけられることはなかったであろう。その点は惜しまれるところである。

さらに、「出会う人には、誰にでも」ということは、カーストの違いにもとらわれないということであり、この菩薩は身分差別も超越していた。

この菩薩は、あらゆる人にこのように語りかけるのみで、他者に対して教理の解説もなさず、自分自身のために聖典を学習することもなかった。鳩摩羅什は、これを「経典を読誦《どくじゅ》するを専《もっぱ》らにせずして、但礼拝《ただらいはい》を行ず」（不専読誦経典但行礼拝《ふせんどくじゅきょうてんたんぎょうらいはい》）と漢訳した。受持とともに読誦・解説の実践を『法華経』ほど重視し、強調していた経典はない。その『法華経』でこの菩薩は経典を読誦することも、解説することもしていなかった。仏道修行の基本ともいえる〝形式〟を満たしていなかったというのだ。

そのような菩薩から、このように告げられた増上慢の四衆たちは、「虚偽の予言」（虚妄《こもう》の授記）をなすものだと言って、この菩薩に対して嫌悪感を抱き、怒り、罵り、非難し、危害を加えた。その菩薩は、何をされても決して怒ることも、憎悪の心を生じることもなく、危害の及ばないところへ走り去り、そこから「私はあなたがたを軽んじません」と主張し続けた。増上慢の四衆たちは、そこをとらえてサダーパリブータというニックネームをつけた。それは、「馬鹿の一つ覚えのように『私は常にあなたを軽んじません』と言うしか能のない奴」という軽蔑の意味が込められていた。

「不軽の解」により身口意の三業で人間尊重

常不軽菩薩が、ここまで悪口罵詈《あっくめり》されても人間尊重の振る舞いを貫けたのはなぜであろうか？　その答えを世親《せしん》（または天親《てんじん》）と漢訳されたヴァスバンドゥは、『法華論』において次のように述べている。

「我れ汝《なんじ》を軽《かろ》んぜず。汝等《なんだち》は皆当《まさ》に作仏《さぶつ》することを得べし」とは、衆生に皆、仏性《ぶっしょう》有ることを示現《じげん》するが故《ゆえ》なり。（大正蔵、巻二六、九頁上）

すべての衆生が本来、「仏となる可能性」「仏の本性」である仏性（如来蔵《にょらいぞう》）を具えているからだという。「仏性」という言葉は、中期大乗仏典（四～五世紀）の『涅槃経』などで用いられるようになった。『法華経』に仏性という言葉は用いられていないが、その考えはすでに現われている。ヴァスバンドゥは、その思想を汲《く》み取って記述したのであろう。

天台大師智顗は、ヴァスバンドゥの言葉よりもさらに立ち入って、『法華文句』で次のように論じている。

内に不軽の解《げ》を懐《いだ》き、外に不軽の境《きょう》を敬う。身に不軽の行《ぎょう》を立て、口に不軽の教《きょう》を宣《の》べ、人に不軽の目《もく》を作《な》す。（大正蔵、巻三四、一四〇頁下）

心（＝意《い》）に「不軽の解」を抱いているからこそ、身体（＝身《しん》）と言葉（＝口《く》）によって顕在化する一切の不軽（軽んじない）という行為が可能になる。また、あらゆる人が尊い存在であり、軽んじるべきではないと見ることができるというのだ。その「不軽の解」を智顗は、ヴァスバンドゥの言葉を踏まえて、「衆生に仏性有るを知る」ことだと述べている。

まず〈意〉、すなわち心に、「衆生に皆、仏性有る」ことを信じるがゆえに、〈身〉にあらゆる人への礼拝をなし、〈口〉に「我深く汝等を敬う」と語り続けるのであり、身口意《しんくい》の三業《さんごう》で、すなわち全身全霊で不軽の礼拝を行じることができるというのだ。

仏教では、〈身〉と〈口〉だけでなく〈意〉による行為（karman：「業」と漢訳）も認めて、身口意の三業と称する。あらゆる行為の根本にあるのは心の思いであるからだ。心に思ってもいないのに、口先だけでものを言ったり、格好だけ取り繕っても、いつか必ずメッキがはげてしまう。常不軽菩薩が、どんなに悪口・罵詈されても決して感情的にならず、人間尊重の振る舞いを貫くことができたのは、〈意〉に「不軽の解」が不動のものとしてあったからだ。

自己から他者へ「不軽の解」の拡大

では、どうしたら「不軽の解」、すなわち「衆生に仏性有るを知る」ことができるのであろうか。それには、まず「自己に仏性有るを知る」ことが第一であろう。それは、〝真の自己〟に目覚めることであり、自己との思想的対決や格闘の結果得られるものだ。

第4章＝信解品（第四）の「長者窮子の譬え」は、自らを卑下していた貧しい男が、自らの尊さに目覚める物語であった。〝失われた自己の回復〟〝真の自己〟に目覚めることがテーマであった。それこそ、「自己に仏性有るを知る」ことであった。

常不軽菩薩も、『法華経』には描かれていないが、自己卑下や、自信喪失、自己嫌悪などを乗り越え、自らの存在の尊さを覚知した原体験があったはずである。だからこそ、他者の尊さを信ずることができたし、どんなに非難されても信念を貫くことができたのであろう。

〝真の自己〟に目覚めることは、同時に他者の〝真の自己〟に目覚めることでもある。自己の尊さに目覚めることは、他者の尊さに目覚めることでもあり、自己から他者への「不軽の解」の拡大・発展につながる。

原始仏典の『サンユッタ・ニカーヤI』には次の言葉がある。

あらゆる方向を心が探し求めてみたものの、どこにも自分よりもっと愛《いと》しいものを見出すことは決してなかった。このように、他の人にとっても、自己はそれぞれ愛しいものである。だから、自己を愛するものは他の人を害してはならないのである。

（七五頁）

仏教においては、自己への目覚めを通して他者への目覚めへと発展するという形での他者とのかかわりが重視された。その第一歩が、釈尊の初転法輪であった。このような自己から他者への展開を、日蓮は次のように表現した。

一心を妙《みょう》と知りぬれば、亦《また》転じて余心《よしん》をも妙法と知る処《ところ》を妙経とは云《い》うなり。

（『一生成仏抄』）

これは、天台大師智顗の、

一心、観を成《じょう》ずるに由《よ》って、亦《また》転じて余心を教ゆ。之《これ》を名づけて経と為《な》す。

（『法華玄義』巻一上）

という一節にもとづくものであろうが、日蓮の表現のほうが「言葉」と「自己」と「他者」との緊密な関係が見事に、また簡潔に表現されている。

自己の「一心」が、妙法（最高の真理）に則ったものであると知ったとき、それは転じて他者の「余心」もまた妙法にかなったものであると知る（信ずる）ことができる。だから、他者にもそのことを知らせたくて、「妙経」という言葉による表現の行為となって現われるというのだ。

誰も語っていない空中からの声

この菩薩は、教理の解説もなさず、自ら聖典を学習することもなく、人間尊重の振る舞いをひたすら貫き通した。長いあいだ、このような実践を続け、臨終間際になったとき、『法華経』の法門が空から聞こえてきた。鳩摩羅什訳では誰かがしゃべったとも、しゃべっていないとも書かれていない。岩波文庫『法華経』下巻の岩本裕訳では「誰かが語った空中からの声」（一三七頁）となっている。

それに対して私は、「誰も語っていない空中からの声を聞き」（na kena-cid bhāṣitam antarīkṣān nirghoṣaṃ śrutvā）と訳した。「ケルン・南条本」は、この箇所の冒頭を yena kena-cid（誰かが～したところの）と校訂しているが、その底本である英国・アイルランド王立アジア協会本でも、カシュガル本でも na kena-cid（誰も～していない）となっている。チベット語訳もそうなっている。J・H・C・ケルンと南条文雄《なんじょうぶんゆう》は、誰も語っていないのに聞こえるはずがないと気を回し、na（英語の not）に ye を付け加えて関係代名詞 yena に書き換えた。それは、〝勇み足〟であった。岩本裕氏は、それに何の疑問も抱かずに「誰かが語った」と訳されたのであろう。したがってこの箇所に関して、私は「ケルン・南条本」を採用せず、元の英国・アイルランド王立アジア協会本のままに戻した（拙訳『梵漢和対照・現代語訳　法華経』下巻、三七〇頁五行目）。

人間尊重の振る舞い自体がすでに『法華経』

空中から誰も語っていない声が聞こえてきたということは、渡辺照宏氏が言われるように、この菩薩の振る舞い自体が『法華経』の精神にかなっていて、この菩薩が『法華経』を自得したことを意味しているのであろう（詳細は、拙著『思想としての法華経』第八章を参照）。

この菩薩の人間尊重の振る舞い自体、誰でもブッダになれると主張し続けたこと自体、さらに悪口《あっく》・罵詈《めり》されても感情的になることもなかったということ自体、それこそが、まさに『法華経』の説かんとすることであり、『法華経』の精神にかなっていたということを意味する。しかも、第10章＝法師品（第十）に説かれた「衣座室《えざしつ》の三軌《さんき》」にもかなっている。

あらゆる人の平等を信じて、人間尊重の行為を貫いても、なかなか理解されない。誤解されて、ひどい仕打ちを受けることもある。それでも、誠意を貫くことが理解を勝ちとる近道であるということを教えている。それが仏教、なかんずく『法華経』の他者に対する接し方なのであろう。

誠意を誠意と感じるかどうかは相手の問題で、誤解されたり、すれ違ったりするのが常である。そこにおいて、誠意はどこまでも貫くしかない。時間がかかるかもしれないが、いつかは通じる。そこにおいて持ち合わせなければならないのが、常不軽菩薩の立脚していた「忍辱《にんにく》地《じ》」(いかなる迫害や辱《はずかし》めにも耐える境地)であり、それを支えるのが「一切衆生に仏性あり」という人間観(不軽の解)にもとづく「慈悲」の心であり、いかなる毀誉褒貶《きよほうへん》にもとらわれず執著することのない「一切法は空であるという覚り」であった。

勝利は常に誇りを堪え忍ぶ人に

この菩薩は、空中から聞こえてきた『法華経』を素直に信受して、六根清浄の功徳を得るとともに寿命を延ばし、ここから初めて経典としての『法華経』を説き始めた。これまで誹謗していた増上慢の四衆たちは、その菩薩に具わった見違えるほどに勝れた神通力や、雄弁の力、智慧の力の威力を見て、その菩薩に信伏随従《しんぷくずいじゅう》するものとなった。これで、菩薩は「常に軽んじられない」ものとなった。

それは忍辱地に立った不軽菩薩の振る舞いの勝利の姿を示していて、原始仏典『ウダーナ・

ヴァルガ』第二十章の次の言葉そのままであった。

愚かな人は、粗暴な言葉を語りながら、〔自分が〕うち勝っていることを考える。〔けれども〕勝利というものは常に、謗《そし》りを堪え忍ぶところのその人のものなのだ。（第一三偈）

セクト主義の超越

常不軽菩薩は、仏道修行の基本である経典読誦をやっていなかったかもしれないが、人間尊重という振る舞いが『法華経』にかなっていたため、これを自得したということになると、その裏には重要なメッセージが込められていることになる。

ここでは、経典ばかり読んではいるが、「人間を軽賤《きょうせん》する」（植木訳『梵漢和対照・現代語訳法華経』下巻、一一六頁）出家者たちに対して、経典を読むことはないが人間を尊重する振る舞いに徹している菩薩とのコントラストを際立たせる表現がとられている。

文字化された経典を目にし、口にすることが大切なのか、それともその経典の言おうとしたこと、すなわちあらゆる人が平等であり、誰でもブッダとなることができることを訴え、人間を尊重する振る舞い・行為を貫くことを、言葉では知らなくても実行することが大事なのか――という根本的な問題提起がなされている。

その答えは、誰人も軽んじない人間尊重の振る舞いこそが、『法華経』であったということになる。経典読誦などの仏道修行の〝形式〟を満たしていなくても、『法華経』の教えを知らなくても、人間尊重の振る舞いを貫いているならば、その人はすでに『法華経』を行じていることになる。この考え方を敷衍《ふえん》すれば、仏教徒であるか否かということも二の次になるといえよう。

ここでは、両極端のケースの比較がなされているが、『法華経』も読誦し、人間尊重の振る舞いも貫くのがベストであるのは、もちろんのことである。

これは、『法華経』編纂当時、小乗と貶称《へんしょう》された部派仏教のように仏教が出家中心主義になって権威主義化し、社会的に没交渉になっていたことの反省を迫るものである。「宗教のための宗教」に陥ることなく、「人間のため」「社会のため」の『法華経』であり、仏教であり、かつまた宗教であるという原点を忘れてはならないということを警告している。権威主義は、『法華経』とも、本来の仏教ともまったく逆行するのだ。

一宗一派や、イデオロギー、セクト主義の壁を乗り越え、異なる文明・宗教のあいだの対立を乗り越える視点が、ここに提示されている。それは、人間の尊厳を訴え、生命を尊いものとして尊重するという視点である。

なぜ大勢至菩薩を聞き役にしたのか？

この常不軽品が、地涌の菩薩に対して滅後の弘教の付嘱が行なわれる第20章＝如来神力品

(第二十一)の直前に置かれているのは、滅後の弘教における菩薩の実践のモデルケースを示したものと理解すべきであろう。

それは、この章の聞き役を〝大いなる勢力をかち得たもの〟(mahā-sthāma-prāpta)としていることからもうかがうことができる。**mahā** は「大きい」「偉大な」で、**sthāma** は「勢力」、**prāpta** が「得た」「至った」を意味する。この複合語を鳩摩羅什は、「得大勢《とくだいせい》」と漢訳した。ところが、三世紀ごろの康僧鎧《こうそうがい》(Samghavarman:生没年不詳)は、『仏説無量寿経』において「大《だい》勢至《せいし》」と漢訳している。これは阿弥陀《あみだ》如来の脇侍《わきじ》である。漢訳だけを見ていると、両者が同一人物だとは気づきにくい。どうして、このサダーパリブータ菩薩について語って聞かせる相手が大勢至菩薩なのか?

それは、大勢至菩薩の働きが「智慧の光で一切を照らし、衆生が地獄界や餓鬼界に堕ちるのを防ぐ」とされていることがヒントになるであろう。サダーパリブータ菩薩は、あえて人間関係にかかわって、言葉によって語りかけ、誤解されても感情的にならず、自らの人間尊重の主張を貫き、誤解を理解に変えて、ともどもに覚りに到るという在り方を貫いた人である。これは、原始仏教以来、変わってはならない実践形態であろう。そのようなサダーパリブータ菩薩からすれば、「光で照らすだけで人が救えるのか?」という疑問はぬぐえない。人は、人間対人間の対話によってしか救うことはできない——ということを釈尊は語って聞かせているように見える。

原始仏教で強調されていたように、神がかり的な救済を否定する意図が大勢至菩薩を聞き役とする場面設定自体に込められているように筆者には読める。

教主釈尊の出世の本懐は人の振る舞い

『法華経』の理想とする菩薩の一人である常不軽菩薩に最も注目していたのは、日蓮であった。インド、敦煌《とんこう》、中国、朝鮮、日本においてこの菩薩が彫刻や絵画で取り上げられることは希有《けう》なことで、それだけ注目されていなかった。それは、中国の敦煌研究者の方廣錩《ほうこうしょう》氏（世界宗教研究所副教授＝当時）や、中国大陸の仏教遺跡をつぶさに調査された東大名誉教授の鎌田茂雄博士（一九二七〜二〇〇一）も認めておられたことである（中公新書『仏教、本当の教え』、二一七頁参照）。その日蓮は、この常不軽菩薩の姿を通して人の振る舞いの大切さを読み取っていた。

一代の肝心は法華経、法華経の修行の肝心は不軽品にて候なり。不軽菩薩の人を敬《うやま》いしは、いかなる事ぞ、教主釈尊の出世の本懐《ほんかい》は、人の振舞《ふるまい》にて候《そうらひ》けるぞ。（『崇峻《すしゅん》天皇御書』）

その観点から、常不軽菩薩が礼拝の行を貫いた理由を、日蓮は次のように意義づけている。

過去の不軽菩薩は、一切衆生に仏性あり、法華経を持《たも》たば必ず成仏すべし。彼れを軽んじては仏を軽んずるになるべしとて、礼拝《らいはい》の行《ぎょう》をば立てさせ給《たま》いしなり。法華経を持たざる者をさへ若《も》し持ちやせんずらん。仏性ありとて、かくの如《ごと》く礼拝し給う。（『松野殿御返事《まつのどのごへんじ》』）

何をもって人間を尊しとするのか。ここでは「すべての人に仏性がある。その人を軽んじることは仏を軽んじることになる」という意味で、人間を最大限に尊重するというのだ。

人間尊重の振る舞いは目的であり手段に非ず

以上の日蓮の言葉から、人間を尊重する振る舞いの大切さを常不軽菩薩の礼拝行に読み取っていることが分かる。その振る舞いは、手段としてではなく、それ自体が目的でなければならない。ところが、この常不軽菩薩の振る舞いを教化／布教の手段として説明する人がいた。中国の天台大師智顗である。彼は、『摩訶止観《まかしかん》』において、『勝鬘経《しょうまんきょう》』に説かれている「摂受《しょうじゅ》」（相手を受け容れ穏やかに説得すること）と「折伏《しゃくぶく》」（相手を責めたて、うち砕いて迷いを覚ますこと）の考えを、『法華経』に持ち込んで解釈した。そして、常不軽菩薩の礼拝行を「折伏」という教化方法に相当すると論じた。そのため、常不軽菩薩の振る舞いについて、「教化の相手を激させ、怒らせることによって、かえって自分のほうに引きつけてゆく、これが逆化《ぎゃっけ》折伏である」（藤井教公著『法華経』、仏典講座7、下巻、九五八頁）というような説明がなされることになった。

常不軽菩薩が、この説明を読んだらものすごい違和感を抱くのではないだろうか。今まで常不軽菩薩の人間尊重の振る舞いについて紹介してきて、どんな人間にも誠心誠意を貫く常不軽菩薩の高潔な人格を感じてきたが、ここで一気に手段という言葉が出て来て、興《きょう》が冷めてしまう。常不軽菩薩は、小乗仏教の権威主義的な人間観に対して、人間を尊重する振る舞いを貫いただけであり、誤ったことが横行している中で真実を訴えただけである。その行為は、権威主義者にとって不都合なことだから、悪口や罵詈を被ったのであり、教化の手段として怒らせたのではない。そこには誠意はあったとしても、下心《したごころ》はない。

天台大師の解釈は、もともと『法華経』の意図していなかったことを他の経典から枠組みを持ち込んで無理矢理、型にはめるもので、『法華経』を誤解させるものでしかない。型にはめるということでは、妙楽大師堪然《たんねん》も同じで、第13章＝安楽行品（第十四）に説かれる安楽行を「摂受」、常不軽菩薩の礼拝行を「折伏」と規定した。安楽行を「安楽な行」と解釈したことにともなう勘違いでもある。すでに指摘したように、「安楽な行」ではなく、「安楽の境地に住するための行」という意味であった。そこに説かれたことは、中国仏教で解釈されてきた「初心浅行の菩薩のための教え」ではなく、仏滅後における『法華経』を実践する菩薩の日常的な心構えをまとめたものであり、『法華経』信奉者にとっての〝戒律〟といえるものであった。決して軽んじるべきでないものであり、常不軽菩薩の礼拝行と〝二者択一〟あつかいすべきものではない。

先の「不軽の解」についての天台大師智顗の展開は、素晴らしいものがあった。けれども、この常不軽菩薩の礼拝行を折伏とすることは、『法華経』常不軽品の意図したことから外れたものである。サンスクリット原典の存在を知られなかった時点では、中国における注解を手掛かりとして『法華経』を理解するしかなかった。そこには、普遍的な視点があるとともに、六世紀の中国という時代的制約を免れないものもあるであろう。天台大師といえども、すべてを絶対視することはできない。そこに依存しすぎると、型にはめて、先入観にとらわれて『法華経』を読むことにもなりかねないという教訓がここにある。

すでに述べたように、「無二亦無三」を二乗も三乗もないとする読み方や、提婆達多品が追加された理由づけなど、情報量の少ない中での説明であり、時代的制約を免れていないのは仕方がないことであって、普遍的なものと、時代的制約のあるものを判別すればよいことである。

常不軽菩薩の振る舞いを実践した人たち

常不軽菩薩の寛容と忍辱の振る舞いを実践したのが、インド独立の父、マハトマ・ガーンディーの非暴力主義であったし、その影響を受けたのが、アメリカの黒人解放指導者、マルチン・ルーサー・キングであった。わが国では、日蓮が自らを常不軽菩薩になぞらえて「法華経の行者」と称していたし、宮沢賢治が「雨ニモマケズ」で「サウイフモノニ／ワタシハナリタイ」としていた「デクノボー」は、この常不軽菩薩がモデルであった。

この常不軽菩薩の振る舞いは、誰でも差別なく成仏できるとする『法華経』の一仏乗の思想を現実の人間関係における具体的実践として示したものといえよう。

第20章＝如来神力品（第二十一）

地涌の菩薩への付嘱

第11章＝見宝塔品（第十一）で釈尊が滅後の弘教を呼びかけたのに対して、第12章＝勧持品（第十三）では、場所を指定しなかったり、「サハー世界以外で」という条件付きであったりして、多くの人たちが名乗り出た。けれども、それに対して釈尊《しゃくそん》は何も応えていなかった。第14章でやっとサハー世界での弘教を名乗り出るものが現われたが、それも直ちに却下されてしまった。そこで出現したのが地涌の菩薩であった。第20章ではその地涌の菩薩に対して付嘱がなされる。

鳩摩羅什訳には存在しないが、「ケルン・南条本」では地涌の菩薩たちが名乗り出たのに続きマンジュシリー菩薩も名乗り出ている。しかし釈尊は、それにも応じず、地涌の菩薩の大群衆を率いた師である〝卓越した善行をなすもの〟（上行《じょうぎょう》）という一人の指導者に向かって、「私は、〔中略〕すべてのブッダの法、すべてのブッダの威神力、すべてのブッダの秘要〔の教え」、すべてのブッダの深遠な領域を要約して説いた」「私の入滅後、あなたたちは、この法門を恭敬し、受持し、説き示し、書写し、読誦し、解説し、修行し、供養するべきである」（植木訳『サンスクリット版縮訳　法華経』、三二八頁）と告げて、『法華経』のエッセンスを付嘱した。

『法華経』を実践する人のいる所が聖地

地涌の菩薩に滅後の弘教を付嘱すると、釈尊は果樹園、精舎《しょうじゃ》、在家の家、森、町、木の根もと、宮殿、住房、洞穴などの場所を列挙し、次のように語り出した。

〔どこであれ〕この法門が読誦され、解説され、説き示され、書写され、考察され、語られ、朗詠され、写本になって存在する〔中略〕地上のその場所において、すべての如来が、この上ない正しく完全な覚りを得られ（成道《じょうどう》）、真理の車輪を転じられ（転法輪《てんぽうりん》）、入滅（涅槃《ねはん》）されたのだと知るべきである。（同）

つまり、どこであれ、どんな場所であれ『法華経』を実践する人のいる所こそが、如来の成道・転法輪・涅槃の地だというのだ。これは国境、人種、文化の違いも超越するものだ。

道元《どうげん》（一二〇〇～一二五三）は、自ら「妙法蓮華経庵」と名づけた庵《いおり》で、この箇所の漢訳を瀕死《ひんし》の病のときに口ずさんでいたという。道元もこの一節に重要な意味を読み取っていたのであろう。

インドを大統一したアショーカ王（在位：前二六八〜同二三二）は、①誕生、②成道、③転法輪、④涅槃――など釈尊ゆかりの地を巡礼し、記念の石柱を建てた。この四カ所が聖地化され、四つの場面を四コマ漫画のように一枚の石に彫った四相図《しそうず》も造られた。こうしてストゥーパ信仰とともに聖地崇拝も奨励された。

それに対して、『法華経』は次の立場をとった。釈尊がかつて滞在した場所が聖地なのではない。特定の場所が聖地なのではなく、この『法華経』を実践している人のいる所こそが聖地だということだ。釈尊は自らの入滅を前にして、よりどころとすべきものは「自己」と「法」だと説いていた。けれども、我々は「自己」と「法」を離れて遺物、遺骨、遺跡のほうに目が奪われてしまいがちだ。『法華経』という「法」を実践する「自己」が大事であって特定の場所が大事なのではないということである。

日蓮は『南条殿御返事《なんじょうどのごへんじ》』の中でこの一節と併せて、天台大師智顗《ちぎ》の『法華文句』から「法、妙なるが故に人貴し《にんとうと》。人、貴きが故に所尊し」という一節を引用している。最初に出てくるのは「法」であって「所」ではない。「法」に則った「人」の振る舞いによって、その「人」自身も、その「人」のいる「所」も尊くなるという関係である。

釈尊ゆかりの場所よりも、「法」とそれに則った「人」の行ないこそが重要なのだ。滅後の弘教の使命を託された上行《じょうぎょう》（卓越した善行をなすもの）、無辺行《むへんぎょう》（際限なき善行をなすもの）、安立行《あんりゅうぎょう》（よく確立された善行をなすもの）、浄行《じょうぎょう》（清らかな善行をなすもの）――この四菩薩の名前にすべて「行」（cāritra：善い行ない）という文字があるように「人間としての立派な振る舞い」「善い行ない」が重視されているからであろう。一人ひとりの置かれた「所」と、それぞれの情況で「法」にもとづいていかに善く振る舞うかが大事だということだ。地涌の菩薩について表現した「如蓮華在水」もそのような善行を象徴している。

第27章＝嘱累品（第二十二）

滅後の弘教をすべてに付嘱して終了

第一類と第二類からなる『法華経』の原形では、第27章＝嘱累品《ぞくるいぼん》（第二十二）は第20章＝如来神力品（第二十一）の次にあって、最終章であったようだが、その後、嘱累品（第二十二）に続けて陀羅尼品《だらにぼん》から普賢菩薩勧発品《ふげんぼさつかんぼつぼん》までの六つの章が追加され、その形式のものが鳩摩羅《くまら》什《じゅう》によって『妙法蓮華経《みょうほうれんげきょう》』として漢訳された。さらにその後、嘱累品は巻末にくるべきだというので、嘱累品はこの六つの章の後に移されて最終章（第27章）となった。その形式のものが、植木訳『サンスクリット版縮訳　法華経』の底本である「ケルン・南条本」である。

しかし、最終章では話のつながり具合がよろしくないので、ここに移して説明することにした。

第20章＝如来神力品（第二十一）では、本命の地涌の菩薩にサハー（娑婆《しゃば》）世界における滅後の弘教の付嘱がなされたが、ここでは、その他の菩薩たちのすべてに付嘱がなされた。すべての儀式を終えると、分身の諸仏も、多宝如来とそのストゥーパ（宝塔）も、地涌の菩薩も元の国土に戻っていった。すべての衆生の歓喜のうちに経典はフィナーレを迎える。本文中には書かれていないが、終了後は、虚空から地上の霊鷲山に戻ったはずである。

第11章＝見宝塔品（第十一）で、

男性出家者たちよ、あなたたちの中の誰が、このサハー世界においてこの〝白蓮華のように最も勝れた正しい教え〟という法門を説き示すことに耐えられるであろうか？　如来の私が、あなたたちと向かい合って今ここにいる。これがその時である。これがその好機である。男性出家者たちよ、この法門を付嘱して後に、私は、完全なる滅度《めつど》に入ることを欲しているのだ。

（同、二〇二頁）

と問いかけていた。それに応じて名乗り出た人たちをすべて却下しておいて、その任に耐えられるものとして、地涌の菩薩を呼び出した。本命がいるのなら、多くの人たちに呼びかける必要などないのであって、最初から本命の地涌の菩薩を出現させればよかったのではないか——

と、素朴な疑問が残る。

否定を通じて肯定する開会の論理

よくよく、これまでの『法華経』の展開を振り返ってみると、このような疑問を何度か抱いたことがあった。第2章＝方便品（第二）で声聞・独覚には理解できないと突っぱね、五千人の増上慢の退出を黙認し、第3章以下で未来成仏の予言をなしたことなどである。

これは、初めに否定的な表現をしておいて、最終的に肯定するという論法である。第2章＝方便品（第二）では、冒頭に「ブッダの智慧《ちえ》は、深遠で、見難く、知り難いもので、一切の声《しょう》聞《もん》や、独覚《どっかく》によっても理解し難いものである」（同、三七頁）と否定していたが、その章の最後でその「理解できない内容」が、明かされた。それは、彼らも菩薩であるということであった。このように、否定のように見せて、肯定するという手法が用いられていた。部分観にとらわれたり、何かに執着していたりした現状のままでは駄目であって、その現状を改めて、視野を広げ、心構えを刷新《さっしん》して、肯定するという手法がとられていた。

その結果が、四大声聞たちの「今、私たちは、〔仏の声（教え）を聞くだけでなく、仏の声を聞かせる人として〕真の声聞であり、最高の覚りについての声を人々に聞かせるでありましょう」（同、九〇頁）という言葉で示されている。自利のみの「教えを聞く」立場の声聞から、「教えを聞かせる法師としての菩薩」という利他に目覚めた「真の声聞」の在り方へと転換することで肯定されていた。否定を通じて肯定へと導く開会《かいえ》（止揚）の論理が貫かれていたのだ。滅後の弘教の付嘱についても同じである。第14章＝従地涌出品（第十五）の冒頭で、他の国土からやって来ていた菩薩たちがサハー世界での弘教を申し出たのを釈尊が、

やめなさい。良家の息子たちよ、あなたたちのその仕事が何の役に立とうか。

（同、二四九頁）

と却下した。これも、否定のための否定ではなく、最終的に肯定するための否定と見るべきである。地涌の菩薩以外はことごとく却下された。しかし、第27章＝嘱累品（第二十二）で彼らのすべてに付嘱がなされた。その違いは、地涌の菩薩と、それ以外の菩薩に格差を設けるためだとする考えに筆者は疑問を抱く。もしも格差を認めるならば、それは〝選民思想〟になってしまうのだ。『法華経』は一切衆生の平等を説き、あらゆる人が差別なく成仏できることを説く経典である。

それでは、どうして格差が設けられることになったのかといえば中国仏教においてであった。天台大師智顗が、『法華経』を第1章＝序品（第一）から第13章＝安楽行品（第十四）までを久遠実成が明かされる前の立場で説かれた教えの「迹門《しゃくもん》」、第14章＝従地涌出品（第十五）以下を久遠実成のブッダの立場で説かれた教えの「本門《ほんもん》」と区分して、前者（迹門）のもとで教

化された菩薩を「迹化《しゃっけ》の菩薩」、後者（本門）のもとで教化されてきた菩薩、すなわち地涌の菩薩のことを「本化《ほんげ》の菩薩」と呼んだ。その区分にもとづいて、第20章＝如来神力品（第二十一）で本化の地涌の菩薩に付嘱がなされ、第27章＝嘱累品（第二十二）で迹化の菩薩に付嘱がなされたと説明されてきた。前者が「別付嘱」、後者が「総付嘱」と称された。別付嘱された菩薩は、最も困難な時代と国土での弘教を担当し、総付嘱された人たちが、困難ではない時代と国土での弘教を担当すると解釈されてきた。この解釈は中国においてなされたものである。

第14章＝従地涌出品（第十五）には無数の菩薩の出現が描写されていた。それは幾何級数《きかきゅうすう》的な表現でなされていた。第20章＝如来神力品（第二十一）の冒頭では、「大地の裂け目から出現した小千世界を構成する原子の数に等しい幾百・千・コーティ・ナユタもの菩薩《ぼさつ》たち」（同、三二四頁）とあった。小千世界とは、三千大千世界の十の六乗分の一で、そこに存在する原子の数は十の五十八乗個である。それだけの数の地涌の菩薩に付嘱がなされていた。地球上の人口は、二〇二〇年で七十七億九千五百万人で、約十の十乗人である。地涌の菩薩の数は、現在の地球の人口の十の四十八乗倍の多さである。これは、「すべての人」と言ってもかまわないほどで、もはや区別する必要はないことを意味していよう。

それでは、なぜ地涌の菩薩以外を突っぱね、二段階の付嘱としたのか、それは選ばれた人と選ばれなかった人を選別するためではなく、『法華経』の滅後の弘教を担うにふさわしい人格を引き立たせるためであったのだろう。あくまでも、高潔な人格を見せつけて、在来の菩薩や弟子たちに自覚を促したということである。そのうえで、彼らにも付嘱がなされた。

地涌の菩薩が無量であったのは、すべての人が決意と自覚次第で地涌の菩薩たりうることを言っていて、地涌の菩薩を登場させたのは、十大弟子をはじめとするこれまでの歴史的人物や、マンジュシリー菩薩などの理想化された菩薩たちを遥かにしのぐ高潔な人格像を示したものであろう。

3　民衆教化のために付加された六章（第三類）

第21章＝陀羅尼品（第二十六）

原始仏教で禁じられていたダーラニーの追加

『法華経』の原形は、如来神力品第二十一に続く嘱累品第二十二で完結していたと思われる。後世になって、陀羅尼品から普賢菩薩品までの六つの章が付け足されたのであろう。だからその六つの章は、法華経の原形部分とは異質なものがある。その違和感を抱いていたからであろう、光宅寺《こうたくじ》法雲《ほううん》（四六七～五二九）は、原形部分を①「序分《じょぶん》」（仏の本意を説くための準備・導入部）、②「正宗分《しょうしゅうぶん》」（仏の本意を説いた中心部分）としたのに対して、この六つの章を③「流通《るつう》分《ぶん》」（衆生の利益と法の流布《るふ》のために記した部分）とした。それは、『法華経』の主題とは異なるものを感じていたからであろう。鳩摩羅什門下の道生《どうしょう》（三五五？〜四三四）も、この六つの章をひとまとまりと見ている。

この陀羅尼品では、『法華経』信奉者を守護する各種のダーラニー（呪文）が列挙される。薬王菩薩、勇施菩薩《ゆぜぼさつ》、多聞天王《たもんてんのう》、増長天王《ぞうちょうてんのう》、そして鬼子母神《きしもじん》などの羅刹女《らせつにょ》たちが、「この経の受持者や、説法者たちの守護と、擁護、防護をなしましょう」と語り、そのためのダーラニー（陀羅尼）の神呪《じんしゅ》を説く。

ところが、最古の原始仏典『スッタニパータ』で釈尊《しゃくそん》は、

わが徒は、アタルヴァ・ヴェーダの呪法《じゅほう》と夢占《ゆめうらな》いと相《そう》の占いと星占いとを行なってはならない。

（中村元訳『ブッダのことば』、二〇一頁）

と呪法を行なうことを禁じていた。『アタルヴァ・ヴェーダ』は、呪文の集大成のようなもので、蛇にかまれないための呪文や、病の平癒《へいゆ》祈願《きがん》、小児の体内の虫の駆除、恋仇への呪《のろ》い、論敵への勝利、頭髪の生長など、生活の全般にわたっていた。

原始仏教において、それらに依存することはことごとく禁じられていた。ところがいつの間

にか、それが仏教にとりこまれてしまった。

その背景について中村元博士は、「一般民衆は、あいかわらず太古さながらの呪術的な祭祀を行ない、迷信を信じていた」という実情があった。「当時の愚昧な一般民衆を教化する」のに、大乗仏教は、「いちおう呪術的な要素を承認して、〔中略〕ダーラニー（dhāraṇī：陀羅尼）すなわち呪文の類が多くつくられ〔中略〕当時の民間信仰を、そのまま、あるいは幾分か変容したかたちでとり入れた」。さらに時を経て七世紀ごろ密教化すると、「男女の性的結合を絶対視」したり、「強烈な刺激を与える薬品だとかを用いるようになり、〔中略〕仏教そのものがいちじるしく変容し、堕落してしまう」（中村元著『古代インド』、三六七〜三六九頁）。

陀羅尼品から普賢菩薩品までの六つの章は、このような傾向が進行する中で追加されたのであろう。

ただ、『法華経』においては、『法華経』を実践する人を守護するための陀羅尼であって、個人の欲望充足や呪いのための陀羅尼とは一線を画している点は注目に値する。

第22章＝薬王菩薩本事品（第二十三）

本来の仏教と異なる焼身供養の宣揚

この章では薬王菩薩の過去世の話が語られ、如来のために身を焼いたり、腕を焼いたりして供養する話が出てきて、これこそが最高の供養だと讃嘆される。「不惜身命《ふしゃくしんみょう》」を象徴する表現とされるが、あまりにも即物的で真《ま》に受ける人が出た。中国でも日本でも本当に身を焼いたり、指を焼いたりする人が出て、禁令が出るほどだった。これは、『法華経』の思想、仏教本来の思想とは異なるものではないのか。

日蓮も目的不明の焼身供養に疑問を抱いていたのであろう。『佐渡御書《さどごしょ》』で「肉をほしがらざる時、身を捨つ可《べ》きや。紙なからん世には身の皮を紙とし、筆なからん時は骨を筆とすべし」と論じている。それが必要とされているときなら、その供養は意味があるだろう。しかし、この薬王菩薩の焼身供養（自殺）は、誰が何を必要としていたのか何も書かれていない。不明である。日月浄明徳《にちがつじょうみょうとく》如来のために身を焼いたというが、死んで後にすぐ化生《けしょう》して再び日月《にちがつ》浄明徳《じょうみょうとく》如来のもとに駆けつけている。再び駆けつけるのであれば、何のために身を焼く必要があったのか、誰に何の益があったのか、まったく理解できない。蛮勇《ばんゆう》の礼賛にすぎない。「身軽法重《しんきょうほうじゅう》」（身は軽く法は重し）と言っても、法隆寺の玉虫厨子《たまむしのずし》に描かれている「捨身飼虎《しゃしんしこ》」であれば飢えたトラの親子を救うためという已《や》むに已まれぬ理由があって意味があるが、無暗《むやみ》に身を軽んじるのは愚かであろう。いたずらに死ぬよりも、死ぬ気になってボランティアで奉仕活動をしたほうが、人々のためになるというものだ。

もう一点、気になることがある。終わりのほうに、女性がこの法門を聞いて、受持するならば、現在、女性であることは最後となり、ここで死亡して、〝無量の寿命を持つもの〟（阿弥《あみ》陀《だ》）という如来のいるスカーヴァティー（極楽《ごくらく》）世界に男性となって生まれるとある。これは、極楽浄土に女性は一人もいないとする浄土教系の思想（『無量寿経』）の挿入である。『法華経』といえども、このように本来の思想と異なる思想が混入されているところもあるので注意が必要である。

第23章＝妙音菩薩品（第二十四）

「吃音」か、「妙音」か？

竺法護《じくほうご》と鳩摩羅什《くまらじゅう》が「妙吼《みょうく》」と「妙音」と漢訳した菩薩の名前は、サンスクリット語ではガドガダ・スヴァラ（gadgada-svara）という。ガドガダは吃音《きつおん》の擬声語《ぎせいご》、スヴァラは声で、「吃音の声をもつもの」と説明されてきた。「妙音」「妙吼」と「吃音の声」では、違いが大きすぎる。長いあいだ、この原名と漢訳名との相違は謎《なぞ》とされてきた。

この食い違いに悩まされた一人が、泉芳璟《いずみほうけい》氏であった。泉氏は、『大谷学報』第四九号（一九三三年、一～一六頁）で、

〔鳩摩〕羅什や〔竺〕法護が勝手に訳した意図を忖度《そんたく》してあれだこれだと臆説《おくせつ》を構へるのは聊《いささ》か馬鹿げてゐるやうだ。彼等《かれら》故人を蘇生せしめえないかぎりは、如何《どう》いふ意味で妙音と譯《やく》

したのやらそれは薩張《さっぱ》りわからない。

と論じている。これは、学術論文というよりも、ぼやきの言葉である。それだけ、この謎は難解とされてきたのだ。

これまで、gadgada は擬声語としてのみ考えられてきた。本田義英《ぎえい》博士（一八八八〜一九五三）も、『仏典の内相と外相』（一九三四年）において、gadgada を擬声音として、①水牛の声、②白鳥の声、③楽器の音――の三つの場合を挙げている。これらの音は快い音なので「妙音」と訳されたと会通《えつう》しておられるが、話のすり替えではないかという印象がぬぐえない。牛は、インドでは神の使いだとされ、その鳴き声だから「妙音」だと言われるが、筆者には、インドの牛が「ガドガダ」と鳴くとは思えない。私がインドを訪れたときは日本の牛と同様に「モー」と鳴いているように聞こえた。また、楽器の音は快いかもしれないが、濁音のみからなる「ガドガダ」という音は、筆者にはどうしても快い音とは思えない。

ここで gadgada と、鳩摩羅什訳との関係について考えてみたい。gadgada は gad と gada からなる。これと似た構造の語にガンジス河を意味するガンガー（gaṅgā < gaṁgā < gaṁga < gam + gā）がある。gam も gā（√gam から作られる形容詞 ga の女性形）も、「行く」という意味の動詞 √gam の派生語で、gaṅgā は「行き行くもの」「滔々《とうとう》と流れゆくもの」を意味している。ヒマラヤの雪解け水を集めて豊かに勢いよく流れゆくガンジス河の様相にちなむ名前であった。

動詞の語根と、その動詞の語根から造られた形容詞の複合語は、その動詞の意味を強調した名詞／形容詞になるというサンスクリット文法の規則に則ってガンガーという語は成り立っていた。

これにならえば、gadgada を構成する gad と gada（√gad から作られる形容詞）は、動詞の √gad と関係していると理解できる。ただ、√gad は、荻原雲来編纂『梵和大辞典』に挙がっていないので問題解決に至らなかったが、M・モニエル＝ウィリアムズ（M. Monier-Williams：一八一九～一八九九）の辞典（*A Sanskrit-English Dictionary*）に、to speak articulately（明瞭《めいりょう》に話す）という意味が挙げてあったので一気に問題が解決した。gadgada（< gad + gada）から「明瞭に話し話す〔もの〕」「明瞭で流暢《りゅうちょう》に話す〔もの〕」という意味が読み取れる。竺法護と鳩摩羅什は、この意味を汲んで「明瞭で流暢に話す声〔を持つもの〕」という意味を込めて「妙音」「妙吼」と訳したのであろう。

如来の巨大化への懸念

この妙音菩薩品では、サハー（娑婆）世界を訪問しようとする妙音菩薩に浄華《じょうけ》宿王智《しゅくおうち》如来が次のように忠告する。

> シャーキャムニ如来も、菩薩たちも背の低い体つきをしている。〔中略〕サハー（娑婆）世界

に行って、如来についても、菩薩たちについても、そのブッダの国土についても劣ったものという思いを生じてはならない。

（植木訳『サンスクリット版縮訳 法華経』、三六〇〜三六一頁）

妙音菩薩の身長は、四百二十万ヨージャナ。それは筆者の計算では、地球と月の距離の百六十倍に相当する。浄華宿王智如来は六百八十万ヨージャナ（同二百六十倍）である。極端な如来の巨大さと、この忠告は何を意味するのか？

この章が追加されたころ、仏教界では種々の如来が考え出されるようになっていた。それらの如来は巨大化される傾向にあった。特に毘盧遮那仏《びるしゃなぶつ》は、生身《なまみ》の人間である釈尊《しゃくそん》を超える宇宙大の仏とされた。この『法華経』の編纂者《へんさんしゃ》は、こうした如来の巨大化傾向に疑問を抱いていたのではないだろうか。この妙音菩薩の住する国土の名前を、鳩摩羅什は「浄光荘厳」と漢訳し、筆者は〝太陽の光明によって荘厳されているところ〟と訳したが、サンスクリット語ではヴァイローチャナ・ラシュミ・プラティマンディタとなっている。ヴァイローチャナ（毘盧遮那）という文字を使ったのもその意図を示唆するためであったのだろう。この国土の名前は、第25章＝妙荘厳王品（第二十七）にも出てくる。

小乗仏教は、釈尊を人間離れしたものに神格化することで人間を卑小化させた。大乗仏教が如来を巨大化させたことは、人間だけでなく歴史的人物としての釈尊までも卑小化させてしまった。

妙音菩薩に対する浄華宿王智如来の忠告は、当時の仏教界の実情に対する忠告ではないか。如来や菩薩を偉大/巨大なものとするいっぽうで、人間を卑小なものとすることは、本来の仏教思想と相反する。釈尊自ら「わが身は人間に生まれ、人間に長じ、人間において仏となることを得たり」(大正蔵、巻二、七〇五頁下)と語っていた。仏教は人間主義であり、人間から決して目をそらすことはないし、軽んずることもない。

『法華経』は、「一切の衆《しゅ》をして、我が如《ごと》く等しくして異なること無《な》からしめん」(植木訳『梵漢和対照・現代語訳 法華経』上巻、一一〇頁)という思想であり、そこに説かれる釈尊は、我々の娑婆《しゃば》世界に偉大なる人間として常住し、永遠の菩薩道を実践し続けている。その釈尊は、肉体的にはちっぽけな存在かもしれないが、人間の中にあって同等・対等に振る舞い、人間としてのあるべき理法を探求することを説いた。それが、中村元先生も探求されていた〝人間ブッダ〟の実像であった。

『法華経』は、人間として人間対人間の関係性を通して、対話(言葉)によって人々を覚醒させる行為を讃嘆するもので、その模範として、『法華経』の常不軽菩薩の振る舞いが示されていた。身体の大小が人の貴賤を決めるのではない。「法、妙なれば人貴《とうと》し」である。

第23章=妙音菩薩品(第二十四)では、『法華経』を説くのに、妙音菩薩が人に応じて多くの姿を現じることが明かされる。巨大な身体であるよりも、相手に応じた姿をとるということが重大であるということであろう。

第24章＝観世音菩薩普門品（第二十五）

『法華経』と釈尊を差し置いての観世音信仰

この章では観世音（観自在）菩薩の名前を呼ぶことでかなえられる現世利益の数々が列挙される。たとえば、①大火の中に落ちても、大火の塊から解放される、②川の水に押し流されても、すべての川は浅瀬を作り与える、③大海で財宝を積んだ船が羅刹女《らせつにょ》の島に打ち上げられても、その島から解放される、④死刑の判決を受けても、死刑執行人たちの剣はこなごなに砕ける、⑤邪悪な心を持つ夜叉《やしゃ》や羅刹鬼《らせつき》たちも、その人を見ることさえもできない、⑥手枷《てかせ》、鉄の鎖、足枷で縛られても、速やかに手枷、鉄の鎖、足枷に亀裂ができる、⑦貴重な財宝を運ぶ隊商は、盗賊の恐怖や、怨敵の恐怖から速やかに解放される、⑧男の子の誕生を願う女性には、端正で輝かしい男の子が生まれる、⑨女の子の誕生を欲する女性には、端正で輝かしい女の子が生まれる、⑩龍や海の怪物マカラ魚の住む大海の難所に入り込んでも沈むことはない——などである。

ただ、この章のすみからすみまで読んでみると、観世音菩薩の名前を呼ぶところは出てきても、『法華経』に対する信受はまったく言及されていないことに気づく。そのことから、この章は、もともと『法華経』とは関係なく独立して作られた経典であって、それが後に『法華経』にとりこまれたということが読み取れる。

『法華経』の第二類である常不軽菩薩品や、如来神力品まで読んでくると、「私も菩薩として、何かやらなければいけない」という能動的姿勢になってくる。ところが、第24章＝観世音菩薩普門品（第二十五）を読んでいると、「観世音菩薩よ。いつ私を助けに来てくれるの？」という受け身の姿勢に転じている自分に気づく。第一類、第二類で展開されてきた『法華経』の思想と比べると、まったく異質で、違和感を覚える。

また、六十二のガンジス河の砂の数に等しいブッダたちに敬礼する功徳と、〝自在に観るもの〟（観世音）にたった一度敬礼した功徳とが等しいということを釈尊に語らせているのには、あきれてしまう。架空の人物である〝自在に観るもの〟（観世音）が、歴史上の人物である釈尊以上であるかのように思わせる本末転倒がここにうかがわれる。

サンスクリット原典で観世音菩薩は、救いを求めるものに応じて十六種の姿を現わすとされる。それは、すべて男性である。竺法護訳では、十七種の姿で、それもすべて男性である。鳩摩羅什訳では三十三種に増えて、その中に女性の七種が入っている。

欧米の学者のあいだでは、この菩薩が男女両性の姿をとりえることで、ジェンダーフリーの象徴と考える人がいたが、サンスクリット原典に立ち還ると、それは言えない（拙著『仏教、本当の教え』、一七四〜一八一頁参照）。インドの彫刻では、その多くが髭《ひげ》を生やしていて観世音菩薩はみな男性である。中国に来て、女性化した。日本でも女性の姿で描かれている。

中国では、先祖供養が重視される。先祖供養を行なうことができるのは男性だけで、先祖供養を途絶えさせないために、女性は男の子を産むことが求められ、男の子を産まない女性は離別された。男子出産の願望から観音信仰が盛んになった。それは、決して女性たちを自立させたのではなく、中国の儒教倫理の枠内に甘んじさせるものであった。

『法華経』には、小乗仏教の女性観に固執して女性を軽視する智慧第一のシャーリプトラに自らの成仏《じょうぶつ》の姿を見せつけて黙り込ませた龍女が登場する。『維摩経』には、女性を軽視するシャーリプトラを智慧によってコテンパンにやりこめた天女が登場する。ところが、中国では、このように自立した主体的女性像が注目されることはなかった。それは、日本においても大して変わりはない。

観世音菩薩が男女両性の姿をとるといっても、世の中の女性すべてのことではない。龍女の成仏が、すべての女性を代表しての成仏であったこととは大きく異なっている。

「ケルン・南条本」の第24章＝観世音菩薩品（第二十五）にも、第22章＝薬王菩薩本事品（第二十三）と同様に阿弥陀如来のスカーヴァティー（極楽《ごくらく》）世界に女性は一人もいないとする浄土教の思想が混入されている。それは竺法護訳にも、鳩摩羅什訳にも含まれていない偈《げ》（詩句）の部分に入っている。これも、後世に挿入されたものである。

第25章＝妙荘厳王本事品（第二十七）

バラモン教復興の時代の追加

この章は、バラモン教に熱心な父王と、その妃《きさき》を仏教に帰依させる兄弟の話である。兄弟は、父王の前で「ブッダによって許可されている二通りの奇跡」を現わした。それは、足元から水を放ち、肩から火を燃え上がらせるというものだ。これは、もちろんフィクションで実話とは言えないが、釈尊《しゃくそん》自身がバラモン教徒を教化する際に用いたとされる「舎衛城双神変《しゃえいじょうそうしんぺん》」の図そのままである。釈尊自身もやったとされていることから「ブッダによって許可されている」としたのであろう。

その「双神変」のレリーフや焔肩仏の像がアフガニスタン近傍で多数発見されており、すくなくとも『法華経』の第三類が西北インドで編纂されたことを推測させる。グプタ王朝（三二〇〜五五〇年ごろ）の四〇〇年以後のバラモン教学の復興が顕著になったころに、バラモン教から仏教に改宗させることを意図して創作・付加されたのであろう。

ここで、バラモン教徒の父親を教化する手段として、法を説くのではなく、「神力による奇跡」が用いられていることに注目したい。原始仏典の『ディーガ・ニカーヤI』において釈尊は、「ケーヴァッタよ。わたしが神通力（iddhipāṭihāriya）を嫌い、恥じ、ぞっとしていやがるのは、神通力のうちに患い（ādīnava）を見るからである」（中村元訳）と語っていた。第21章＝

陀羅尼品（第二十六）で引用したように「一般民衆は、あいかわらず太古さながらの呪術的な祭祀を行ない、迷信を信じていた」（『古代インド』、三六七頁）のが実情であったという中村元先生の言葉どおり、インド人は古来、神通力を愛好する傾向があった。こうした一般民衆の傾向に合わせて『法華経』に関心を持たせようとして、神通力を用いた表現をとったのであろう。

この章に登場する如来の国土の名前は、漢訳で「光明荘厳」となっている。それは、サンスクリット語でヴァイローチャナ・ラシュミ・プラティマンディタという。これは、第23章＝妙音菩薩品（第二十四）の浄華宿王智如来の国土の名前とまったく同じである。ところが、鳩摩羅什はそこでは「浄光荘厳」と漢訳していた。同じ名前に訳すのは気が引けたのであろう。別々に編纂された妙音菩薩品と妙荘厳王品が『法華経』にとりこまれたことで重複してしまったのであろう。

原始仏教以来、重視された善知識

出家して修行に励む父王は、二人の息子のことを「師」であり、「善き友」（善知識）と語り、「善知識」の重要性が強調される。

釈尊は、「善き友」を「師のなすべきことをなすことによって近づいてきて、この上ない正しく完全な覚りに向けて教え、悟入させ、成熟させる」（植木訳『サンスクリット版縮訳 法華経』、三九八頁）人のことだと語る。この考え方は、国王だとか、父親だとかという世俗的な立場を超越する。

法師品では、「師のなすべきことをなす」人のことを、「如来であると知られるべき」で、「如来に対するのと同じように恭敬すべき」であり、「如来と見なされるもの」「如来の使者」と呼ばれていた。これは、如来の側から見て、人々を自分と同等なものとして位置づけようとするものである。それに対して「善き友」（善知識）は、対等とも言える人間関係の在り方から見た呼び方といえよう。

原始仏典では、釈尊自身も、自らを人々の「善き友」と称していたし、人々にも「私は善き友となろう。善き仲間となり、善き人々に取り囲まれるようになろう」（植木訳『サンユッタ・ニカーヤⅢ』）と心がけるように促し、それが「清浄行の全体」であると説いていた。

第25章＝妙荘厳王本事品（第二十七）では、人間として生まれてくることの困難さ、さらには人間として生まれたとしても仏に出会うことの困難さが強調される。それを、海底からたまたま浮かび上がってきた亀が、首をぴったり入れることのできる軛《くびき》の穴に出会うという話で譬《たと》えている。『雑阿含経《ぞうあごんきょう》』巻一五には、百年に一度海底から浮かび上がってくる無量の寿命を持つ盲目の亀が、大海を漂っている孔《あな》の空いた丸太に出会い、その孔に頭を入れる「盲亀浮木《もうきふぼく》の譬え」として出てくる。『涅槃経』や『大智度論』などにもその変化形が見られ、鳩摩羅什訳では「一眼《いちげん》の亀」となっている。「ケルン・南条本」では「盲目」とも、「一眼」とも断ることなく、ただ「亀」となっている。

盲目であれば、近くを丸太が通っても気づけない。一眼であれば、目の見えない方の丸太に気づけない。手足がなければ、目の前を通ってもみすみす見逃すしかないなどと、確率論的に可能性の低さが強調される。

第26章＝普賢菩薩勧発品（第二十八）

『法華経』と釈尊に取って代わる普賢に疑問

この章の主人公は、〝普く祝福されている人〟という菩薩で、普賢《ふげん》菩薩と漢訳された。

釈尊《しゃくそん》滅後、大乗仏教においては東方の阿閦仏《あしゅくぶつ》、西方の阿弥陀仏《あみだぶつ》、未来仏のマイトレーヤ（弥勒《みろく》）仏など三世十方に多くの仏・菩薩が考え出された。それとともに観世音菩薩《かんぜおんぼさつ》、普賢菩薩などに対する信仰も流行した。『法華経』の原形が成立して後、その流行に同調して阿弥陀信仰が第8章＝五百弟子授記品（第八）や、第22章＝薬王菩薩本事品（第二十三）や、第24章＝観世音菩薩普門品（第二十五）に混入されたことはすでに述べたとおりである。そのほか薬王菩薩や、観世音菩薩などの信仰もとりこまれた。

第15章＝如来寿量品（第十六）は三世十方の諸仏・菩薩を釈尊に統一する意図をもって編纂されていたが、第三類の六つの章は、寿量品成立後に作られているので、寿量品の主張をなし崩しにするところが多々見られる。この章もその例にもれない。

第26章＝普賢菩薩勧発品（第二十八）は、『華厳経』などで脚光を浴びていた普賢信仰をとりこんだところだといえよう。普賢菩薩は、一般にマンジュシリー（文殊師利）菩薩とともに釈尊の左右にいる脇侍《わきじ》とされるが、ここではマンジュシリー菩薩とは無関係であり、マンジュシリー菩薩が『法華経』において第1章＝序品（第一）から登場していたのに比べて、普賢菩薩は第26章で初めて顔を出した。しかも、東方のブッダの国土から『法華経』を聞くためにやって来たことになっている。

『法華経』を聞くためなら、何も終了間際ではなく、もっと早く来ればいいものをと思いたくなるが、それも後世の付け足しであるからしかたがない。天台大師智顗《ちぎ》は、ここで釈尊が『法華経』を説いたとして、「再演法華」と称しているが、後世の付け足しと知ればそこまで言う必要はない。

第26章＝普賢菩薩勧発品（第二十八）で気になるのは、「普賢菩薩を称《たた》えること」が、①釈尊に会ったことになる、②釈尊のもとで『法華経』を直接聞いたことになる、③釈尊に供養したことになる、④「素晴らしいことです」という感嘆の言葉を如来が発せられたことになる——としていることである。

どうして、衆生と釈尊のあいだに普賢菩薩が割り込んでくる必要があるのか？「Ⅳ『法華経』の人間主義」で詳述するように、仏教では、「人」と「法」の関係が重視されていた。釈尊という歴史的人物の生き方に反映され、体現されることによって、普遍的な「法」が具体化された。釈尊に具現されたその「法」が言語化されて「経」となった。その「経」を通して、釈尊に体現された「法」が「人」としての我々の生き方に体現される。「法」を覚れば、誰人もブッダ（目覚めた人）である。

〈釈尊〉と〈経〉だけでなく、〈我々〉も「人」と「法」が一体化したものとなることで、その三者が横並びとなる。そこには絶対者や特権階級などが介在する余地はない。そこに「法の下の平等」があった。ところがここでは、釈尊と我々のあいだに普賢菩薩が割り込んで介在している。

またマイトレーヤ菩薩は、第1章＝序品（第一）では「名声を求めるもの」「怠けもの」と称され、第14章＝従地涌出品（第十五）から第16章＝分別功徳品（第十七）では釈尊の永遠の寿命を称える役回りを当てられ、未来仏としての立場がないものにされていた。それにもかかわらず、第26章＝普賢菩薩勧発品（第二十八）には「トゥシタ天（兜率天）の神々たちの仲間として生まれるでありましょう。そこには、マイトレーヤ（弥勒）菩薩がいて」（同、四一二頁）とあって、マイトレーヤ待望論の立場に立った記述がなされている。この点から見てもこの章は、『法華経』の原形とは異なったものであることが明らかである。

以上、第一類、第二類、第三類と分けて内容を見てきたが、第三類が大きく他と異なっていることを理解してもらえたと思う。

Ⅳ『法華経』の人間主義
――〝偉大な人間〟とは誰のことか

1 人間としての釈尊

人間の中にあり続ける〝偉大な人間〟

釈尊滅後、出家者たちは権威主義化していくが、それは釈尊の神格化、すなわち釈尊を人間離れした存在に祀り上げることと同時進行で行なわれたとすでに述べた。ところが、釈尊は『増壱阿含経《ぞういつあごんきょう》』巻二八において、「我身生於人間。長於人間。於人間得佛」と述べていた。これは、わが身は人間に生まれ、人間に長じ、人間において仏となることを得たり。

（大正蔵、巻二、七〇五頁下）

と書き下すことができよう。

「人間」は、漢音《かんおん》では「じんかん」だが、呉音《ごおん》では「にんげん」と読む。仏典の読み方には呉音が用いられるので、ここは「にんげん」でいいであろう。その意味するところについては、①今日《こんにち》の「人間」を意味する「ひと」と、②「ひとのあいだ」「世の中」――の二通りで用いられている。

①の用法としては、権威主義となった出家者の行状について述べた「勧持品の二十行の偈」の次の一節がある。

自ら真の道《どう》を行ずと謂《おも》いて、人間を軽賤《きょうせん》する者有らん。

（植木訳『梵漢和対照・現代語訳　法華経』、下巻、一一六頁）

この一節に対応するサンスクリット語の原文は存在しないが、ここの「人間」は「ひとのあいだ」ではなく、出家者が軽賤する対象としての「ひと」の意味で用いられていることは明らかだ。

②の用法としては、第10章＝法師品（第十）の次の一節を挙げることができよう。法師として、如来のなすべきことをなす人たちについて語られたところだ。

衆生《しゅじょう》を憐《あわ》れむために、このジャンブー洲《しゅう》（閻浮提《えんぶだい》）の人間の中に再び生まれてきたものたちであると知られるべきである。（植木訳『サンスクリット版縮訳　法華経』、一七八頁）

筆者が、「人間の中に」と訳したのは、サンスクリット原典の「manuṣyeṣu」（植木訳『梵漢和対照・現代語訳　法華経』、下巻、四頁）という語である。

これは「考えるもの」、すなわち「人間《にんげん》」「ひと」を意味する男性名詞マヌシュヤ（manuṣya）の複数形で、語尾が場所を意味する処格の形（〜eṣu）となっている。この語を含む先の文章に相当する箇所を鳩摩羅什は、次のように漢訳した。

衆生を愍《あわれ》むが故に、此の人間に生ずるなり。（同、四頁）

サンスクリット原典と比較しても、「人間に」は「人のあいだに」という意味であろう。それは、『増壱阿含経』の場合も同じだ。三つの「人間」という漢字の前に処格を表わす「於」の文字があることからも確認される。「人」を「人間」、「〜のあいだに」を「於」と漢訳している。

したがって、『増壱阿含経』の一節から、釈尊は、生涯にわたって人間を離れた存在ではなかったと、自ら語っていたことが読み取れる。人間の中にあり続け、自らも人間であったということだ。

最初期の仏教では、釈尊自ら「私は一人の人間」「皆さんの善き友（善知識《ぜんちしき》）である」と語り、弟子たちからも「真の人間である目覚めた人」と呼ばれていた。

原始仏典の『スッタニパータ』（第一〇九六〜一〇九七偈）にジャトゥカンニンという学生が、釈尊に向かって話しかけた言葉がある。その学生は、釈尊のことを「〔煩悩を伏する〕勇士」「欲望を求めない人」「激流を渡った人」「眼のある人」「先生」「尊師」「智慧豊かな人」と称している。ここには、釈尊を「偉大な人間」と見ているだけで、後世の神通力を発揮するような人間離れした特別な存在としては描かれていない。

『テーラ・ガーター』（第一八五偈）によると、釈尊も風邪を引いたし、『大パリニッバーナ経』には、次のような言葉が多数見られる。


アーナンダよ。わたしはもう老い朽ち、齢をかさね老衰し、人生の旅路を通り過ぎ、老齢に達した。わが齢は八十となった。譬えば古ぼけた車が革紐《かわひも》の助けによってやっと動いて行くように、恐らくわたしの身体も革紐の助けによってもっているのだ。

わたしは疲れた。わたしは坐《すわ》りたい。

（同、一一一頁）

アーナンダよ。わたしに水をもって来てくれ。わたしは、のどが渇《かわ》いている。わたしは飲みたいのだ。

（同、一一一頁）

とあり、食中毒で亡くなったことも何のはばかるところもなく記されている。歴史上の人物としての釈尊は、生身《なまみ》の人間であったのだ。後世の神格化されたブッダとはほど遠い、極めて人間的な姿だ。

「自己」と「法」こそよりどころ

人生最晩年の言葉には千鈞《せんきん》の重みがある。王舎城《おうしゃじょう》の霊鷲山《りょうじゅせん》からクシナーラーまで、故郷を目指した三百五十キロにわたる徒歩の旅の記録『大パリニッバーナ経』には、二十九歳で出《しゅっ》家《け》して、三十五歳の成道《じょうどう》、および初転法輪《しょてんぼうりん》から四十五年間、法を説き続けてきて、迫りくる死を前にして、自らの入滅後のことにまで思いを馳《は》せた〝人間ブッダ〟釈尊の率直な言葉が綴られている。

「II 『法華経』前夜の仏教」では拙訳を引用したが、次は中村元先生の訳の引用である。釈尊亡き後に不安を感じるアーナンダに対して、「わたくしに何を期待するのであるか?」と語りかけ、

アーナンダよ。今でも、またわたしの死後にでも、誰でも自らを島とし、自らをたよりとし、他人をたよりとせず、法を島とし、法をよりどころとし、他のものをよりどころとしないでいる人々がいるならば、かれらはわが修行僧として最高の境地にあるであろう

(同、六四頁)

と戒めた。「今でも」「わたしの死後にでも」「誰でも」と前置きして、「自己」と「法」こそよりどころとすべきものだと語り、そこに「最高の境地」があると説いた。この教えは、「自帰《じき》依《え》」「法帰依《ほうきえ》」と称されている。

それは、釈尊自身が自ら実行してきたことであった。原始仏典の『サンユッタ・ニカーヤI』によると、釈尊自身は、覚りを開いた直後、「尊敬すべきものがなく、従うべきものがないありさまは苦しい」という思いを抱くが、「法が最高の権威である」という確信に達し、次のように考えた。

わたくしはこの法(dhamma)をさとったのだ。わたくしはその法を尊敬し、敬い、たよっているようにしよう。〔中略〕すぐれた人たらんと欲する者は、正しい法を敬うべし。(中村元訳)

釈尊自身が、「法」を覚り、「法」を敬い、「法」にもとづいていたのである。
また、『大パリニッバーナ経』では、自らの来し方《こかた》を振り返り、

わたしは自己に帰依《きえ》することをなしとげた。(中村元訳『ブッダ最後の旅』、九七頁)

と語った。人間としての理法にもとづく「自己の完成」「人格の完成」が、在世であれ、滅後であれ、誰にとっても変わることのない、仏教の目指す根幹だといえよう。

「法」にもとづいて善く生きることに覚り

そして、釈尊は終焉《しゅうえん》の地に至り、そこで帰依したスバッダに対して、

スバッダよ。わたしは二十九歳で、何かしら善を求めて出家した。
スバッダよ。わたしは出家してから五十年余となった。

正理と法の領域のみを歩んで来た。

これ以外には〈道《みち》の人〉なるものも存在しない。

（同、一五〇頁）


と回想の言葉を語った。釈尊が出家したのは、覚り澄ました状態になることを求めてではなかった。釈尊にとって最大の関心事は、人間としての正しい理法をよりどころとして「いかに善く生きるか」ということであった。「法」にもとづき「善く生きる」ということのうちに「覚り」があったのだ。

いよいよ自らの死が迫ると、釈尊はアーナンダに告げた。


アーナンダよ。あるいは後にお前たちはこのように思うかもしれない、「教えを説かれた師はましまさぬ。もはやわれらの師はおられないのだ」と。しかしそのように見なしてはならない。お前たちのためにわたしが説いた理法（dhamma）とわたしの制した戒律（vinaya）とが、わたくしの死後にお前たちの師となるのである。

（同、一五五頁）


この言葉を踏まえて、中村元先生は、「仏教とは、特殊な神秘的な霊感を受けた人を尊崇することではなくて、理法（dhamma）にたよることである。その理法は人間にとっての正しい理法でなければならない」（『原始仏教の思想 I』中村元選集決定版、第一五巻、五八五頁）と論じておられた。その正しい理法（saddhamma）が「正法」と漢訳された。それは特別の師を必要としない。だから師の死後には、もはや特定の個人にたよらず、普遍的な理法と戒律とにたよれ、というのである。すでに述べたように、それは釈尊自身が自ら実践していた在り方であった。理法のみがゴータマ・ブッダの後継者であり、師であり、導き手である。この考えが、後に「依法不依人《えほうふえにん》」（法に依って人に依らざれ）と表現された。

言い換えれば、「自己」に「法」を体現することが釈尊の説いたことであった。それは、あらゆる人に可能なことであった。ここに、釈尊滅後の仏教の取るべき在り方が示され、語り尽くされていたと言えよう。

2 人と法

「人」と「法」の一体化で〝「法」の下の平等〟

「自帰依」「法帰依」が強調されたということは、仏教では「人《にん》と法《ほう》」という視点が重視されていることを意味する。「人」は具体的な人格的側面、「法」とは人間としてあるべき理法のことであり、普遍的な真理の側面をとらえたものである。これは、人間（人）と真理（法）との関係をとらえる仏教独自のものの見方だといえよう。

世の中の宗教をこの観点で見てみよう。「人」を強調する宗教は、特定の人物が偉大であることを強調する。駄目な存在である我々は、その偉大な人物に〝頼る〟〝すがる〟ということになる。人間を自立させることはない。その「人」が絶対者であれば、絶対者の言葉を預かる存在として、王権神授説のように特権階級を生み出し、差別や支配の思想になりかねない。それに対して「法」を強調する宗教は、普遍性や平等性が出てくる。しかし、「法」のみでは抽象的な理想論となって、現実がともなわないことにもなる。

仏教は、「人」と「法」は一体であるべきだと説いた。「法」は宙に浮いた状態では意味をなさないが、一人ひとりの生き方に具現されて初めて価値を生ずるからだ。

『サンユッタ・ニカーヤⅢ』に、

ヴァッカリよ、実に法を見るものは私（ブッダ）を見る。私を見るものは法を見る。ヴァッカリよ、実に法を見ながら私を見るのであって、私を見ながら法を見るのである。

とある。ブッダという「人《にん》」を見るということは、特別な存在としてのブッダではなく、そのブッダをブッダたらしめている「法」を見ることであり、その「法」も観念的・抽象的なものとしてあるのではなく、ブッダの人格として、歴史的事実として具体化されて存在しているというのである。

しかも、その「法」はブッダのみに開かれているのではなく、誰人にも平等に開かれている。したがって、その「法」に目覚め、その「法」を自らの生き方に体現すれば、誰でも「ブッダ」、すなわち「目覚めた人」（覚者）だということになる。ただ「人」と「法」では、具象的な「人」のほうに目が奪われやすい。具体的な誰かを特別視して、自らを卑下《ひげ》してしまい、自己に「法」を体現することを見失いがちである。その点に対して、『涅槃経《ねはんきょう》』『維摩経《ゆいまきょう》』などでは、「依法不依人《えほうふえにん》」（法に依って人に依らざれ）と戒めていたのである。

釈尊という「人」をブッダたらしめたのは、「法」であった。その「法」は釈尊が発明したものでもなく、釈尊の専有物でもない。あらゆる人に平等に開かれている。

釈尊という歴史的人物の生き方に反映され、体現されることによって、普遍的な「法」が具体化された。釈尊という「人」に具現されたその「法」が言語化されて「経《きょう》」となった。その「経」を通して、釈尊に体現された「法」が、「人」としての我々の生き方に体現される。その「法」を覚れば、誰人もブッダである。ここに〝「法」の下《もと》の平等〟が実現される。釈尊のみが特別な存在ではないのだ。

釈尊は、『スッタニパータ』において、次のように語っている。

ドータカよ。わたくしは世間におけるいかなる疑惑者をも解脱《げだつ》させ得ないであろう。ただそなたが最上の真理を知るならば、それによって、そなたはこの煩悩《ぼんのう》の激流を渡るであろう。

（中村元訳『スッタニパータ』、第一〇六四偈）

釈尊が人々を解脱させるのではなく、最上の真理である「法」が解脱させるのであり、釈尊がやっていたことは、その「法」について語り、知らせることだけであったと、釈尊自らが語っていた。

〈釈尊〉と〈経〉だけでなく、〈我々〉も「人」と「法」が一体化したものとなることで、〈釈尊〉と〈経〉と〈我々〉の三者が横並びとなる。そこには、絶対者や特権階級、権威主義者が介在する余地はないのだ。

「法」とも「自己」ともかけ離れた滅後の信仰

人間に即して普遍性と具体性、さらには平等性を兼ね具《そな》えさせるのが「人と法の一体化」ということだった。

ところが、釈尊滅後には、「正しい理法」とも、「自己」ともかけ離れたストゥーパや、仏舎利、遺品、聖地といった〝釈尊の代替物〟としての〝もの〟に対する信仰に取って代わられるのである。釈尊の〝遺言〟したこととはまったく異なる方向へと足を踏み出してしまったといえる。

それとともに、神格化が始まり、釈尊を人間離れした存在に祀り上げた。小乗仏教の説一切有部《うぶ》では、菩薩もブッダも釈尊のみとされた。釈尊が嫌い、恥じ、ぞっとしていやがっていた奇跡（神変《じんぺん》）や神通力が、滅後に編纂《へんさん》された仏伝では強調されるにも至る。（『ディーガ・ニカーヤⅠ』）ことで、最古層の原始仏典では説かれることのなかった

原始仏典では成道後も頻繁に悪魔が釈尊に近づいて誘惑するが、そのたびごとに釈尊は退けていた。ところが、後世になるほど悪魔を撃退して覚りを得たブッダが悪魔の誘惑を受けるはずがないとされた。

初転法輪の際も古い仏典では、悪魔が説法をやめさせようとしたが、釈尊は積極的に説こうとしたとある。それなのに、後世になると釈尊が説くのをやめようとしたが、ブラフマー神の要請（梵天勧請《ぼんてんかんじょう》）を受けて説くことにしたと改められた。当時、世界の創造神とされ、最有力の神格であったブラフマー神の依頼で説いたとすることによって、釈尊の説法に権威づけを行なったのである。

しかし、自らの覚りを積極的に説くことでその覚りは社会化され、覚りの完成になるのであって、この在り方のほうが、思想的営みとして深みがある。ブラフマー神の要請を受けて教えを説いたとしたことで、思想性が浅いものになってしまった。

釈尊の身体について、初めは三十二相《さんじゅうにそう》の記述はなかったが、「転輪聖王《てんりんじょうおう》の具える三十二相をブッダも具える」とされ、さらに「ブッダの具える三十二相のほうが転輪聖王の具える三十

二相よりも勝れている」という表現に変わった。また韻文の偈《げ》（詩句）では「ブッダが金色の衣を身につけて輝いた」となっているのに、対応する散文では「ブッダの皮膚が輝いていた」とされ、ついには「ブッダの皮膚は黄金色である」とされるに至るのである。

人の偉大さは、容貌や外見で決まるものではない。釈尊自身が言っていたように、人の振る舞い、行ないによって決まるのである。三十二相を持ち込んだことで思想的に浅薄なものになってしまった。神格化することは、釈尊を崇《あが》めているように思われているのかもしれないが、逆に低俗化させ、人の振る舞いや、行ないの尊さを見えなくしてしまうことに気づくべきである。

ブッダの神格化は多面的に行なわれていった。その神格化が本来の仏教を混乱させ、玉石《ぎょくせき》混淆《こんこう》で分かりにくいものにしてしまった。人間を原点に見すえて仏教をとらえ直すことによって、人間の貴さや、平等、いかに生きるかといった重要なテーマに大いなるヒントが得られることであろう。〝人間ブッダ〟の実像を探求された中村元先生の研究が今こそ重大な意味をもってくる。

この『法華経』も、一見して壮大で悠久の時間と空間の構成に目を奪われそうになるが、人間という原点に立ち還ることを随所で主張している。

釈尊滅後の〝「自己」と「法」の探究からの逸脱〟として、釈尊の神格化のほかに、〝釈尊に代わる仏〟を求めるようになったことも挙げられよう。過去仏に始まり、未来仏へと拡大し、現在においても四方・八方・十方にも仏が存在するというように、三世《さんぜ》・十方《じっぽう》の諸仏へと拡大していった。それらは、いずれも人間が考え出した架空の仏たちである。

三世・十方にも如来がいるということで、過去・未来・現在の三世、および十方の全空間の平等性を言いたかったのかもしれない。しかし、その平等性は、特別な存在としての如来に関する時間・空間の平等性であり、人間についての平等性ではない。如来を衆生とかけ離れた存在としている点は、小乗仏教が如来を人間離れした特別な存在と見なしていたのと大差はない。

このように特定の誰かを特別な存在とする考えは、『法華経』のすこし前に成立した『維摩経』において批判されていた。未来仏として待望されていたマイトレーヤ（弥勒《みろく》）菩薩が、この一生だけ迷いの世界に縛られていて、次に生まれるときは仏となる（一生補処《いっしょうふしょ》）と予言されていると語られていたことがやり玉に挙げられた。

「あるがままの真理」（真如《しんにょ》）は、あらゆる衆生にも、あらゆるものごと（諸法）にも、あらゆる聖者にも具わっていて、マイトレーヤにも具わっている。だからマイトレーヤが、一生補処を予言されていると言うのであれば、あらゆる衆生もまた、一生補処を予言されているのだ――と在家の菩薩ヴィマラキールティ（維摩詰《ゆいまきつ》）が断言する。そして、言った。

マイトレーヤが、覚りを完全に覚る時、あらゆる衆生もまた、まさに同じ覚りを完全に覚るであろう。

それは、どんな理由からか？　あらゆる衆生が覚知することこそが、覚りであるからだ。

（植木訳『サンスクリット版全訳　維摩経』、一三七頁）

原始仏典において釈尊は、自分が覚った「法」は万人が覚ることができると説いていた。自分だけが特別な存在だとは言っていない。初転法輪において、五人の弟子たちが覚った場面の描写も、その覚りの内容も、釈尊の場合と何ら変わりない表現でなされていた。どうして、マイトレーヤだけ特別なのだ――これは、道理にかなった追及である。誰か、特定の人を特別あつかいすること自体が、本来の仏教とは異なるものだ。『法華経』にも、「如我等無異《にょがとうむい》」（我が如《ごと》く等しくして異なり無《な》けん）という言葉がある。

『維摩経』では、マイトレーヤという未来仏の場合を問題としているが、これはそのまま過去仏にも、十方の諸仏にも当てはまることである。別世界や、過去や未来の特定の人についての話として論じなくても、〝「法」の下の平等〟であらゆる衆生が成仏できると言えば、いつ、いかなるところでも、平等だと言ったことになるのではないか。十方の彼方や、過去や未来に目を向けさせなくても、あらゆる人にとって〝今〟〝ここ〟にいるこの〝わが身〟に法の具現による人格の完成が可能であると主張することは、三世・十方のすべての衆生にも当てはまるのであり、三世・十方に架空のブッダを考え出す必要もない。考え出してもいいけれど、今、このサハー世界に生きている人間の人格の完成をおろそかにしてはならない。目の前の個々の人間に仏知見を開《かい》・示《じ》・悟《ご》・入《にゅう》させることが、三世・十方の一切衆生にも通ずることになるのだ。

そのことを説いたのが『法華経』であった。日蓮も、「一人を手本として、一切衆生《いっさいしゅじょう》平等なること是《か》くの如《ごと》し」（『三世諸仏総勘文教相廃立《さんぜしょぶつそうかんもんきょうそうはいりゅう》』）と言った。

そのような立場に立つ『法華経』は、それらの諸仏を頭ごなしに否定することなく、第11章＝見宝塔品（第十一）において、あらゆる空間に散在するとされたそれらの仏たちを釈尊に統一した。時系列的に考え出された諸仏を釈尊に統一することについては、後述するように第15章＝如来寿量品（第十六）でなされるのだ。

「法身」の意味の変化

〝「人」と「法」の探究からの逸脱〟としては、さらに釈尊が八十歳で亡くなったということで、〝有限の仏〟に対する〝永遠の仏〟という議論が展開され、法身如来《ほっしんにょらい》（法身仏）という考えにまで発展する。

「法身」と漢訳されたのは、パーリ語のダンマ・カーヤ（dhamma-kāya）で、その語が、紀元前二世紀ごろの『ミリンダ王の問い』（*Milinda Pañha*）に出てくる。

アレキサンダー大王のインド遠征（紀元前四世紀）の後、多くのギリシア人が西北インドに住み着いた。『ミリンダ王の問い』は、その子孫であるミリンダ（弥蘭陀《みらんだ》、ギリシア名＝メナンドロス）という王様とインド人の仏教僧ナーガセーナ（那先《なせん》）との対談であり、ギリシア的思惟とインド的思惟の東西対話として注目される。

その中で、ミリンダ王が、すでに入滅しているブッダについて、「ブッダ〔の存在〕を示すことができますか？」と質問した。それに対してナーガセーナは、次のように答えた。

既に入滅してしまった世尊を、「ここに居る」とか、「そこに居る」とかと言って示すことはできません。けれども、世尊をダンマ・カーヤによって示すことはできます。ダンマ（法＝真理）は世尊によって説き示されたものであるからです。

ここのダンマ・カーヤは、後世の大乗仏教の言う「法身」「法という身体」という意味ではない。カーヤに「集まり」という意味があるので、「法の集まり」というほどの意味である。釈尊は、「法」を覚ってブッダ（目覚めた人）となった。その「法」は、人間として在るべき理法のことで、あらゆる人にも開かれている。釈尊は、自身が体現した「法」を説き示した。釈尊をブッダたらしめたその「法」が「経」として残された。それをダンマ・カーヤと言っている。我々は、「経」を読むことによって〝釈尊〟、およびその釈尊をブッダたらしめた「法」と出会うことになる。そういう意味で〝釈尊〟は、経典の中にダンマ・カーヤとして存在しているというのであろう。

第10章＝法師品（第十）に、

この経には、如来の身体が一揃いの全体をなして存在している。

（植木訳『サンスクリット版縮訳 法華経』、一八三頁）

とあるが、これは、第11章＝見宝塔品（第十一）の「このストゥーパの中には、如来《にょらい》の身体が一揃《ひとそろ》いの全体をなして存在しており」（同、一九三頁）という一節を意識した表現であろう。ストゥーパの中に存在する如来の身体の一揃いの全体とは、仏舎利《ぶっしゃり》（遺骨）のことである。経の中に存在する如来の身体の一揃いの全体とは、釈尊をブッダたらしめ、釈尊によって説かれた「法の集まり」のことであろう。

仏教は、人間を原点に見すえた人間主義であり、人間を〝真の自己〟（人《にん》）と「法《ほう》」に目覚めさせるものであった。「法」は宙ぶらりんの状態では価値を生じない。「人」の生き方に具現されて初めて価値を生じる。『サンユッタ・ニカーヤⅢ』に、「私（釈尊＝人）を見るものは法を見る。法を見るものは私を見る」とあったように、その「法」を覚ったことで釈尊という「人」はブッダ（目覚めた人）となった。万有引力は、ニュートンが発見しようとしまいと存在しているように、その「法」は、釈尊が発明したものでもなく、専有物でもない。誰にも開かれている。その「法」を自己という「人」に体現して、「真の自己」に目覚めることが仏教の目指したことであった。

「人」と「法」の関係としては、以上ですべてが語り尽くされている。釈尊自身は、自分のことを永遠の存在だと思ってほしいなどと考えてもいなかった。釈尊自身がそうであったように、「人」としてのめいめいの「自己」と「法」をよりどころとするように〝遺言〟していた。その考えが、『大パリニッバーナ経』において、入滅を間近にした釈尊によって「自帰依《じきえ》」「法帰依《ほうきえ》」として説かれていたのである。

「法」が釈尊の後継者であり、師であり、よりどころである。そこには、〝永遠のブッダ〟などの出てくる余地など存在しないし、必要なかったのである。

『維摩経』における法身

ダンマ・カーヤはパーリ語であり、サンスクリット語ではダルマ・カーヤという。そのダルマ・カーヤという言葉が、紀元一世紀ごろに成立した『維摩経《ゆいまきょう》』にも出てくる。

『維摩経』の主人公ヴィマラキールティ（維摩詰）は、泡沫《ほうまつ》や、陽炎《かげろう》、芭蕉《ばしょう》（バナナ）の茎、反響《こだま》などのはかないものを、これでもか、これでもかと多数例に挙げて、身体がいかに無常で、頼りにならないものであるかを執拗《しつよう》なほどに説いて聞かせたうえで、如来の身体を熱望するべきだと説いた。如来の身体とは、ダルマ・カーヤ（法身）だという。

そのダルマ・カーヤは、布施《ふせ》・持戒《じかい》・忍辱《にんにく》・禅定《ぜんじょう》・精進《しょうじん》・智慧《ちえ》の完成（六波羅蜜《ろくはらみつ》）や、慈《じ》・悲《ひ》・喜《き》・捨《しゃ》からなる他者のために尽くす四つの際限のない心の働き（四無量心《しむりょうしん》）、説法における四つの畏《おそ》れなきこと（四無畏《しむい》）などを列挙して、それらから生じるのだと繰り返されている。この表現からすると、『維摩経』におけるダルマ・カーヤ（法身）は、「法から生じた身体」「法によって生じた身体」「法を行ずる身体」という意味で用いられていることが理解できよう。「法」そのものが身体だとは見なされていない。

ヴィマラキールティは、「無常で頼りにならない身体に失望し、如来の身体を熱望するように」と説いているが、それは現在の身体を離れたところに如来の身体としての法身があると言っているのではないことを理解するべきである。

『維摩経』の第一章では、ブッダの国土は、人間とかけ離れた別世界にあるとするのではなく、人間（衆生《しゅじょう》）に即したものとして説かれている。ここも、如来の身体は人間とかけ離れたところではなく、人間に即したものとして説かれているのだ。我々の肉体は、はかなく頼りない身体にすぎないものだが、法を体現することによって我々に如来の身体が生じるのであり、それをダルマ・カーヤと呼んでいる。すなわち、物質としての肉体は、はかないものであるかもしれないが、その身体で六波羅蜜を行じ、四無量心をもって他者のために尽くし、四つの畏れなき心をもって説法する。すなわち、如来のなすべきことをなす。その身体が如来の身体であり、ダルマ・カーヤなのだ。決して、人間と断絶した絶対者的な存在のことではない（植木訳『サンスクリット版全訳　維摩経』第二章を参照）。

ところが長尾雅人《ながおがじん》氏は、『維摩経』に出てくる「法身」について「宇宙の理法、宇宙の真理、すなわち法性《ほっしょう》というものがそのまま仏身である、すなわち法身である」（『「維摩経」を読む』、岩波現代文庫、一〇七頁）と論じて、「われわれの肉体や血や肉や、膿《うみ》や鼻じる、等々のかたまりなのにくらべて、如来の身体は徳のかたまりなのであります。ですから如来の法身をねがいなさい。この肉体ではなく」（同、一〇八頁）と結論しておられる。これは、『維摩経』の考えではなく、後に論ずる法身如来《ほっしんにょらい》（宇宙仏）の考え方から論じたもので、甚《はなは》だしい勘違いである。長尾氏の言われるような「如来の身体」を我々が願い求めたとしても、そんなものは架空のものでしかなく、得られるはずもない。

ダルマ・カーヤは、これまで見てきたところでは、「法の集まり」「法から生じた身体」「法によって生じた身体」「法を行ずる身体」という意味である。この時点までは、「法」を身体と見なしてなく、普遍的真理としての「法」という独自性は維持されている。

二身論、三身論の登場

ところが、カーヤに「身体」という意味もあることから、ダルマ・カーヤは、「法身」と漢訳され、次第に「法を身体とするもの」「法という身体」というように、「法」を身体と見なすようになった。それは、次に論ずる二身論《にしんろん》として登場し、さらに三身論《さんじんろん》へと展開していった。

釈尊が亡くなった後、仏の身体の捉え方をめぐって仏身論《ぶっしんろん》が議論された。初めは、釈尊の肉体（色身《しきしん》、生身《しょうしん》、現身《げんしん》）は滅んだけれども、不変の真理としての身体、すなわち「法身」は滅びることはないと考えた。ナーガールジュナ（龍樹《りゅうじゅ》）のころには、その「法身」が衆生救済のために応現《おうげん》（化現《けげん》）したのが釈尊だとして、その身体を「応身《おうじん》」、あるいは「化身《けしん》」と見なした。これが、「法身」と「応身」の二身論である。その後、ヴァスバンドゥ（世親《せしん》）は、『法華経論』で「法身」「報身《ほうしん》」「応身」の三身論を展開した。

最初の二身論で、法身というのは真理としての身体だから、宇宙に遍満している普遍的真理として永遠であるけれども、肉体をそなえて出現することはなく、抽象的である。もう一方の応身というのは肉体をそなえて出現するので、具体的だけれども寿命が限られていて有限である。両者は断絶していて、両極端である。

そこで三身論では、両者を媒介するものとして報身という概念を打ち出した。これは、ブッダとなるための因としての行を積み、その果報としての完全な徳を得ている身体という意味で因行果徳身《いんぎょうかとくしん》、つまり、永遠性と具体性を兼ね備える存在を考え出して、現実性を持たせようとした。

ダルマ・カーヤを「普遍的真理の集まり」とするのは何の無理もない。ところが、「普遍的真理という身体」と読むのは、無理がある。「法」が、「人」の生き方に体現されることはありうるけれども、「法」自体が身体であることはありえない。真理に意志があるはずもなく、喜怒哀楽の感情もあるはずがない。「法を身体とするもの」「法という身体」とは、「兎《うさぎ》の角《つの》」「亀の毛」や、「円い三角形」と同様、形容矛盾であり、言葉のみ存在して実体のないもの（仮名有《けみょうう》）である。それなのに、「法」を身体と強引に結びつけたから、初めから無理があった。そのようなものを考え出したことは、本来の仏教からの逸脱であり、余計なことをやってしまったと思う。

天台大師が、「三身即一身《さんじんそくいっしん》」「一身即三身」と言って三身を融合させようとしたり、「報中論三《ほうちゅうろんさん》」、すなわち報身が根本であって、そこに三身が具わっていると論じたりしなければならなかったのも、余計なことがなされたことで生じる無理を繕《つくろ》おうとしたものだとしか思えない。二身論や、三身論などといった余計なことを考え出さず、「人」と「法」の関係のままでいれば、すっきりとしていた。

一神教的絶対者の否定

ところが後世になって、普遍的真理であった「法」が人格化されて、宇宙そのものを身体とする「法身如来《ほっしんにょらい》」（法身仏）という特別の存在にされてしまい、各自が体現すべきものとしてあった「法」が、崇《あが》め、すがるべき対象にされてしまった。その法身如来は、我々の現実世界とはかけ離れた存在であり、一神教的絶対者（人格神）と類似した構造になる。そうなると、仏教本来の「人」と「法」の関係が崩れてしまう。仏教では、「依法不依人《えほうふえにん》」（法《ほう》に依《よ》って人《にん》に依らざれ）として、依《よ》るべきものは「人」ではなく、「法」とされていたにもかかわらず、その「法」を「法身如来」として「人」にしてしまったのである。

仏教ではそのような絶対者的存在を立てることはないのであって、「法身如来」は、仏教本来の思想を逸脱したものである（詳細は、橋爪大三郎・植木雅俊著『ほんとうの法華経』三二三～三二四頁を参照）。

その一神教的絶対者と我々とのあいだに、「預言者」のような介在者が出てくると、その人は特権階級になる。仏教は、そのような絶対者や、特権階級を必要とせず、「人」と「法」の関係として、あらゆる人が横並びとなる平等思想を説いていたことを知るべきである。

『法華経』が編纂された紀元一世紀末から三世紀初頭には、「法身如来」的なものが仏教界にも持ち込まれつつあったのであろう。それを意識して、それを遠回しに批判することが第15章＝如来寿量品（第十六）で展開されている。

また、イランのミトラ（mitra）神がマイトレーヤ（maitreya：弥勒）菩薩となるなど、外来の神格が仏・菩薩として仏教にとりこまれることもあった。それにともない、西洋の一神教的絶対者のような宇宙大の永遠だが抽象的な如来（法身仏《ほっしんぶつ》）が考え出され、本来の仏教の人間観・ブッダ観とはかけ離れたものになる傾向が出てきた。その代表が、ゾロアスター教の最高神アフラ・マズダーに起源をもつとされる毘盧遮那《びるしゃな》（**vairocana**）仏である。その流れに対して『法華経』は歯止めをかけようとしたように見受けられる。

中村元先生は、「西洋においては絶対者としての神は人間から断絶しているが、仏教においては絶対者（＝仏）は人間の内に存し、いな、人間そのものなのである」（『原始仏教の社会思想』中村元選集決定版、第一八巻、二六一頁）と言われた。仏教では本来、人間からかけ離れた絶対者的存在を立てることはない。決して個々の人間から一歩も離れることはない。仏教は、人間を原点に見すえた人間主義であり、人間を〝真の自己〟（人《にん》）と、人間としてあるべき理法（法《ほう》）に目覚めさせるものであったのだ。

3　永遠の菩薩道

「久遠実成」による諸仏の統一

『法華経』の第15章＝如来寿量品（第十六）の冒頭で釈尊は、二十九歳で出家して、三十五歳で成道したという世間の人々の認識を根底から覆した（わが国では古来、十九出家、三十成道とされてきたが、現在は改められている）。

久遠における成道以来、釈尊はいろいろなところに出現しては、いろんな立場や名前で教えを説いてきたという。第16章＝分別功徳品《ふんべつくどくぼん》（第十七）では、それを聞いたマイトレーヤ（弥《み》

勒《ろく》）菩薩が、

指導者（釈尊《しゃくそん》）の寿命の長さがいかに無限であるのか、私たちは、かつて聞いたことがありません。

（植木訳『サンスクリット版縮訳　法華経』、二八〇頁）

と、感想を漏らした。それは、五十六億七千万年後に釈尊にとって代わり如来になるとされていた自分に出番がないことを、マイトレーヤ自身が認めたことを意味している。これは、『維摩経』と同様、マイトレーヤを特別あつかいすることへの『法華経』の批判である。

このような話の展開から、如来寿量品において釈尊が〝永遠〟のブッダであったとすることの意図の一つが見えてくる。それは、釈尊滅後に相次いで考え出された多くの諸仏たちを釈尊に統一するためであったと言えよう。歴史的に実在した人物は釈尊のみであった。「神が人間を作ったのではなく、人間が神を作ったのだ」という西洋の言葉と同様に、釈尊以外の諸仏たちは人間が考え出した架空の人物である。極端に言えば、映画やコミックなどで活躍するスーパーマンや、スパイダーマン、仮面ライダー、鉄腕アトムなどのスーパーヒーローのようなものである。

『法華経』が編纂されるころ（紀元一世紀末～三世紀初頭）には、このように過去・未来・現在の三世にわたり、四方・八方・十方の全空間において多くの諸仏たちの存在が論じられていた。

それに対して、『法華経』は「それらは、いずれも実在しない架空の存在にすぎない」と無下《むげ》に否定することなく、それらの諸仏たちは、久遠以来成仏《じょうぶつ》していた私（釈尊）が、名前を変えて種々の国土に出現していたのであり、それは私だったのだと説くことによって、諸仏を〝歴史上の人物である釈尊〟に収束させ、統一した。

それは、小林旭《あきら》の「昔の名前で出ています」（星野哲郎作詞、叶弦大《かのうげんだい》作曲）という歌の歌詞のようなものだ。京都では忍《しのぶ》と呼ばれ、神戸では渚《なぎさ》と名乗り、横浜《はま》の酒場に戻った日からは昔の名前に戻した――というように、所に応じていろんな名前を名乗ったけれども、すべて同一人物であった。

第2章＝方便品（第二）などでは、声聞乗、独覚乗、菩薩乗という三種類の教えを止揚し、一仏乗という一つの教えに統一することがなされた。これは、小乗仏教と大乗仏教の対立を教えの面から統一することであった。第15章＝如来寿量品（第十六）では、諸仏の統一が意図されている。それも、種々の仏を頭ごなしに否定するのではなく、すべて釈尊自身がそれぞれの名前で出現していたのだとすることで、それらをうまく吸収して位置づけている。

仏の統一ということでは、第7章＝化城喩品（第七）で釈尊を中心としてその八方に、西方の阿弥陀《あみだ》如来をはじめとする十五仏を配することによって、また第11章＝見宝塔品（第十一）で十方のあらゆる世界から諸仏を釈尊のもとに参集させることによって、十方の諸仏を空間的に釈尊に統一した。それに対して第15章＝如来寿量品（第十六）は、諸仏を時系列の中で釈尊に統一したと言える。

その際、中途半端な過去に成道《じょうどう》の時点を定めると、それより以前に成仏していた如来がいたと言い出されかねない。それを封じるために、「五百〔・千・万・億・那由他・阿僧祇・三千〕塵点劫」、すなわち「三千塵点劫」の十の百七十乗倍というとてつもない遥かな過去から仏であったとしたのであろう。

人間として人間の中で菩薩行を貫くブッダ

久遠実成、すなわち釈尊のブッダとしての永遠性を明かすことによって、時系列の中で考え出された諸仏を釈尊に統一した。ところが、その方法には一神教的な絶対者である法身如来のことだと受け取られかねない危険性があった。そこで、『法華経』編纂者は、久遠実成の釈尊と法身如来の違いを明確にすることを忘れなかった。

第15章＝如来寿量品（第十六）で明かされた久遠実成は、あくまでも歴史的人物である釈尊のブッダとしての永遠性を説いたものであり、一神教的な絶対者や、法身仏のように現実の世界とかかわることのない〝永遠のブッダ〟とは一線を画しているのだ。

第15章＝如来寿量品（第十六）に、

如来は、遥かな昔に覚りに達し、量ることのできない寿命を持ち、常に〔サハー世界に〕存在し続けて〔説法して〕いるのである。

（植木訳『サンスクリット版縮訳　法華経』、二六四頁）

是《こ》れより来《このかた》、我、常に此《こ》の娑婆《しゃば》世界に在って説法教化《きょうけ》す。

（植木訳『梵漢和対照・現代語訳　法華経』、下巻、二二六頁）

とあるように、久遠実成の釈尊とは、サハー（娑婆）世界という現実にかかわり続けるブッダ（歴史的人物）であった。決して、久遠仏が宇宙の背後にいて、その化身として釈尊が仮の姿で現実世界に現われてきたというのではない。

『法華経』編纂者たちは、釈尊のブッダとしての永遠性だけでなく、永遠の菩薩道を貫くブッダであることも強調しているのだ。

まず、ブッダとしての永遠性について、釈尊は次のように語った。

私が覚りを得て以来、幾百・千・コーティ・ナユタ劫《こう》もの長い時間が経っているのだ。

（植木訳『サンスクリット版縮訳　法華経』、二六一頁）

我、実に成仏してより已来《このかた》、無量無辺百千万億那由佗劫《なゆたこう》なり。

（植木訳『梵漢和対照・現代語訳 法華経』、下巻、二二四頁）

このように無限とも言える過去以来、ずっと仏であったと述べるとともに、次のようにも語っている。

私は、過去における菩薩としての修行を今なお完成させていないし、寿命も未だに満たされていない。私の寿命が満たされるまで、今なおその〔久遠《くおん》以来の〕二倍、すなわち幾百・千・コーティ・ナユタ劫にわたるであろう。

（植木訳『サンスクリット版縮訳 法華経』、二六四頁）

鳩摩羅什は、これを次のように漢訳した。

我、本《もと》菩薩の道《どう》を行じて成《じょう》ぜし所の寿命、今猶《いまなお》、未《いま》だ尽きず。復《また》、上《かみ》の数に倍せり。

（植木訳『梵漢和対照・現代語訳 法華経』、下巻、二二八頁）

常にブッダとしてサハー（娑婆）世界に在り続けると同時に、永遠の菩薩道に専念しているという。宇宙の背後など、人間とかけ離れたところにいるのではなく、あくまでもサハー世界にかかわり続けている。人間として、人間の中にあって、人間に語りかけ、菩薩行を貫く存在としてある。

第5章＝薬草喩品（第五）には、

如来も世間に出現して、世間のすべての人々を声をもって覚らせるのである。

（植木訳『サンスクリット版縮訳　法華経』、九七頁）

とあった。

あくまでも人間として生まれ、人間対人間の関係性の中で言葉（対話）によって救済する在り方を貫くブッダなのだ。仏に成ることがゴールなのではなく、人間の真っただ中で善行を貫くことが目的であり、菩薩行は手段でもあり目的でもあった。

永遠の菩薩道を貫く〝真の菩薩〟

「成仏」（仏に成る）という言葉には、仏に成る前の衆生（人間）は因位として「劣ったもの」で、仏（果位）に成ることが「勝れたもの」というイメージがともなう。このイメージは、権威主義的部派仏教が、ブッダを人間離れしたものに祀り上げてしまったことにともなう残滓《ざんし》であろう。ブッダは、「真の自己」に目覚め、人間としてあるべき普遍的真理（法）に目覚めた存在で、人間からかけ離れた在り方ではなかった。成仏とは、「真の自己に目覚めること」「失われた自己の回復」であり、中村元先生の表現を借りれば「人格の完成」であった。『法華経』では、ブッダ（覚者）に成るのは当然のことであり、なってどうするのかという行為こそが問われる。それは、永遠の菩薩道に徹するということである。

「人間であること」と、「ブッダ（目覚めた人）であること」とは二者択一の関係ではなく、同時併行である。「真の自己」と「法」に目覚めているか、いないかの違いでしかない。久遠以来、ずっと仏であり、久遠以来、ずっと菩薩の修行をやり続けている。それは、永遠に人間としてあり、人間を離れてブッダがあるのではなく、人間として完成された存在であることを意味している。

ブッダであると同時に永遠に菩薩道を貫いている釈尊自身の姿を通して〝真の菩薩〟の在り方を表明している。ここに『法華経』の目指した〝真の菩薩〟の在り方が求められよう。その在り方は、常不軽菩薩の人間尊重と寛容の振る舞いとしても提示されるのである。成仏と言っても、人間離れした特別の存在になることではなく、人間の中で〝真の菩薩〟として「如来のなすべきこと」をなす振る舞いとして在るということである。冒頭で引用した釈尊の言葉、「わが身は人間に生まれ、人間に長じ、人間において仏となることを得たり」（『増壹阿含経』）とも重なっている。

この点でも、『法華経』は原始仏教の原点に立ち還ることを主張しているのである。ただ、五百年前の釈尊の時代とは情況が様変わりして、架空の仏・菩薩たちが多数考案され、一神教的絶対者のようなものまで登場するという思想的背景があった。原子論や、天文学も飛躍的に進歩を遂げていた。そこにおいて、人間という原点に立ち還るということを主張するのに、五百塵点劫という長遠な時間の概念を用いた久遠実成という表現をとったということであろう。

「久遠即今」と「瞬間即永遠」

久遠実成を明かすその方法は、過去へ過去へと、遥かにさかのぼる形でなされている。その発想は、小乗仏教の歴劫修行の考えに沿ったものであろう。その考えに沿いながら、過去、および未来の諸仏を釈尊に集約させた。しかし、遥かな久遠にさかのぼったとしても、「因から果へ」という論理構造であることに変わりない。その点は、小乗仏教の成仏観の範囲内にある。因は劣り、果は勝れたものであるということは、現在の自己の在り方は劣ったもので、未来においてまったく別の人格に生まれ変わることによって果位に到るということになる。それは、突き詰めれば歴劫修行となる。その限界を打破するために、第15章＝如来寿量品（第十六）に「我《が》本《ほん》行《ぎょう》菩《ぼ》薩《さつ》道《どう》～」（我、本《もと》菩薩の道を行じて～）の一節を入れた。人間として菩薩道を行ずる「因位」（因行）と、「我《が》実《じつ》成《じょう》仏《ぶつ》已《い》来《らい》～」（我、実に成仏してより已来《このかた》～）という「果位」（果徳）が同時併行であるとした。それによって、久遠以来ずっと「果」としてのブッダであり、久遠以来ずっと「因」としての菩薩道を持続している人間（衆生）だということになる。すなわち、

「仏因から仏果へ」ではなく、「仏因も仏果も同時併行である」ということだ。言い換えれば、久遠以来、どの瞬間をとっても因（人間）と果（仏）が同時併行であるということだ。

こうなると、久遠とは過去のことではなくなる。どの瞬間も久遠だということになる。遠い過去ではなく、今がすなわち久遠であり、久遠とは今だということになる。〝今〟〝ここ〟に生きている、この〝わが身〟を離れて、久遠は存在しないということだ。すなわち、ここで言う久遠とは、時間の概念ではなくなってくる。我々の在り方の本来的な状態とでも言うべきものになる。中村元先生の表現を借りれば、〝真の自己〟と言えよう。あるいは、生命の本源に立ち還ることとでもいえよう。

釈尊が、「今でも」「わたしの死後にでも」「誰でも」と前置きして、

自らを島とし、自らをたよりとし、他人をたよりとせず、法を島とし、法をよりどころとし、他のものをよりどころとしないでいる人々がいるならば、かれらはわが修行僧として最高の境地にあるであろう。（中村元訳『ブッダ最後の旅』、六四頁）

と語っていたことともつながってくる。ここで言う「最高の境地」が「久遠」に相当するとも言えよう。人間として在るべき理法をわが身に体現するところに、また「法」にもとづいた〝真の自己〟に目覚めたところに現われてくる「最高の境地」が「久遠」である。それは、

今・現在のことではあるが、その生命の本源に立ち還ったときの思いは、遥かな過去からずっとそうであったような気がするという思いにかられることであろう。そこに哲学者たちが好んで用いる「瞬間を永遠に生きる」「瞬間即永遠」という表現があるのであろう。

〝いま〟〝ここに〟いるこの〝わが身〟に「最高の境地」を現わすのだから時間を隔てることはない。原始仏典の『スッタニパータ』に、

彼（ゴータマ）は、目の当たりに、即時に実現される時間を要しない法（真理の教え）をあなたに説きました。（第一一三九偈）

といった表現が複数個所あったのも、久遠と言っても今のことであり、「目の当たりに、即時に実現される」からである。

第15章＝如来寿量品（第十六）に説かれた重要なこととしては、久遠実成のみが挙げられることが多いが、以上の考察からすれば、「我本行菩薩道」の一節とセットで挙げるべきではないかと思う。

中村元先生は、「仏教の思想は時間論と言ってもいい。それは〝今を生きる〟ということだ」と言われていた。仏教の時間論は、原始仏典の『マッジマ・ニカーヤⅢ』の次の言葉に尽きる。

過去を追わざれ。未来を願わざれ。およそ過ぎ去ったものは、すでに捨てられたのである。また未来は未だ到達していない。そして現在のことがらを、各々の処《ところ》においてよく観察し、揺らぐことなく、また動ずることなく、それを知った人は、その境地を増大せしめよ。ただ今日まさに為《な》すべきことを熱心になせ。（中村元訳）

時間は、今・現在しか実在しない。過去といい、未来といっても、過去についての「現在」における記憶であり、未来についての「現在」の予想でしかない。いずれも「現在」を抜きにしてはありえない。我々は、常に「現在」にしか生きていない。その「現在」をいかに生きるかによって「過去」も「未来」も意味が変わってくる。

哲学者・三木清《みききよし》が二十歳《はたち》のとき（一九一七年）に記した小文「友情――向陵《こうりょう》生活回顧の一節」の末尾の言葉は示唆《しさ》に富んでいる。

現在は力であり、未来は理想である。記録された過去は形骸に過ぎないものであろうが、我々の意識の中にある現実の過去は、現在の努力によって刻々に変化しつつある過去である。一瞬の現在に無限の過去を生かし、無限の未来の光を注ぐことによって、一瞬の現在はやがて永遠となるべきものである。

『法華経』のいう現在・今の瞬間に久遠のいのちを開くことに通ずる言葉だ。

如来の寿命の永遠性の意味すること

仏因・仏果が同時併行であるということは、どの瞬間も「今が久遠」ということを意味する。瞬間即永遠である。如来の寿命の永遠性とは、歴史上の人物である釈尊が実際に生き続けるという意味ではない。釈尊自身が歴史的事実として示した仏因・仏果、すなわち因行・果徳が永遠であるということであろう。

如来の寿命の永遠性について、岡田行弘博士は、シリーズ大乗仏教4『智慧／世界／ことば——大乗仏典Ⅰ』（春秋社）において、次のように要約しておられる。

> 衆生が存在しているから仏が現れるのであって、時間を超越（否定）して仏が存在しているわけではない。〔中略〕寿命の永遠性とは、衆生が存在しているかぎり、仏は衆生を教化し続けるという意味である。法華経によって釈迦仏は復活・再生し、現に存在する仏となる。
>
> （二九三頁）

それは、『法華経』を受持・読誦し、菩薩道の実践に目覚めた人の振る舞いとして〝復活・

再生〟するということであろう。『法華経』という経典の中に〝如来の全身の一揃いの全体〟があり、この経を受持・読誦することを通して釈尊と〝対面〟することになる。その対面の模様が、次のように描写されている。

衆生は渇望する心を生じて、心に素直さを得る。衆生が素直で、温和で、愛欲を離れた状態になった時、私は、声聞《しょうもん》たちの集団を形成して、霊鷲山《りょうじゅせん》（グリドラクータ山）に自分の姿を現すのだ。

（植木訳『サンスクリット版縮訳　法華経』、二六九頁）

さらには、

この〝如来の寿命の長さについての教説〟という法門を聞いて、高潔な心をもって信順の志（深心信解）を抱く時、その良家の息子、あるいは良家の娘は、私が霊鷲山《りょうじゅせん》（グリドラクータ山）にいて菩薩の群衆に伴われ、声聞《しょうもん》の集団の真ん中で法を説いているのを見るであろう。

（同、二八一頁）

したがって、この『法華経』を受持・読誦・解説する衆生がいるかぎり、如来はそこに姿を現わす。こうして、ブッダは永遠である。

滅後の弘教を付嘱された地涌の菩薩に釈尊は、果樹園や、精舎、在家の家、森、町、宮殿など具体的な種々の場所を列挙して次のように語った。

〔どこであれ〕この法門が読誦され、解説され、説き示され、書写され、考察され、語られ、朗詠され、写本になって存在する〔中略〕地上のその場所において、すべての如来が、この上ない正しく完全な覚りを得られ（成道《じょうどう》）、真理の車輪を転じられ（転法輪）、入滅（涅槃《ねはん》）されたのだと知るべきである。（同、三二八頁）

本書の「Ⅲ『法華経』各章の思想」では、特定の場所を聖地とすることを否定する言葉として引用したが、ここは、どこであれ『法華経』を実践する人のいる所こそが、如来の成道から転法輪、さらには般涅槃に至るまでの釈尊のすべての活動が織りなされている所であるという意味で引用した。『法華経』を実践する人は、それぞれの地で、釈尊とともにあることになる。

「良医病子の譬え」で良医の父親は、誤って毒をのんで苦しんでいる子どもたちのために色も香りも味も美味なる薬草を調合して薬を与えたが、毒気の深く入り込んだ子どもたちは服用しようとしなかった。そこで、その薬を残して旅立った。残されたのは薬と、子どもたちであった。薬が『法華経』、子どもたちが我々衆生を意味している。

永遠の寿命をもって娑婆世界に常住し、説法・教化し続けると語った釈尊のブッダとしての働きを顕在化させるのは、残された『法華経』という経典と衆生の存在だということであろう。

現実世界で菩薩道に徹するところに如来の境地

第15章＝如来寿量品（第十六）は一見して、遥かな過去を志向させているかのように見えるが、めぐりめぐって、実はそれは今・現在、菩薩行に専念している自己を離れてブッダ（覚者）という覚りはないのだということを説いていたのである。そのことを釈尊自らの在り方として説いたのが第15章＝如来寿量品（第十六）であった。ひるがえって、それは、〝今を生きる〟我々の在るべきことを説いていたものだといえよう。釈尊は、常に娑婆世界にあって永遠のブッダでありつつ、永遠の菩薩道を貫いている。我々も、常に現実世界にあって菩薩道に徹することがブッダの境地に通ずるということだ。

それは、すでに第10章＝法師品（第十）で論じられていたことである。

> この法門の中からたった一つの詩でさえも受持する人は、如来であると知るべきであり、人々は、如来に対するのと同じようにその人を恭敬するべきである。
>
> （植木訳『サンスクリット版縮訳　法華経』、一七九頁）

如来の入滅後、如来のこの法門を説き示したり、密かに隠れてでも、誰か一人のためだけでさえも説き示したり、あるいは語ったりする人は、如来によってなされるべきことをなす人であり、如来によって派遣された人であると認めるべきである。（同、一八〇頁）

といった言葉が、第10章＝法師品（第十）では繰り返されていた。

これらの人たちのことは、「私の入滅後、教えの勝れた功力《くりき》も、ブッダの国土への勝れた誕生も自発的に放棄して、衆生の幸福と、憐《あわ》れみのために、この法門を顕示するという動機でこの世に生まれてきた如来の使者である」（同、一八〇頁）とか、「衆生《しゅじょう》を憐《あわ》れむために、このジャンブー洲《しゅう》（閻浮提《えんぶだい》）の人間の中に再び生まれてきたものたち」（同、一七八頁）であるとか、最大の讃辞をもって論じられている。

第9章＝授学無学人記品（第九）までになされた声聞への未来成仏の予言（授記）は、遥かな未来の別世界の仏国土で如来になるというものであったが、それは本書の「Ⅲ『法華経』各章の思想」ですでに説明したように、小乗仏教の声聞たちも成仏できるということを説得するための方便としての表現であった。二乗が成仏可能であることを明かすのが目的であって、遥かな未来の別世界での成仏など現実的ではないし、そんな未来のことでは有難みもない。

それに対して、法師品では遥かな未来の別世界のこととしてではなく、今、このサハー世界のジャンブー洲《しゅう》（閻浮提《えんぶだい》）、すなわち人間の住む大陸に生まれてきて、「法師としての菩薩」としての行ないに徹していること自体が如来と見なされることだとして、改めて現実にかなった成仏の姿が示されている。

その人は、如来と見なされるものであり、世間の人々に安寧《あんねい》をもたらし、慈しむものであり、過去の世における誓願の意志によってこのジャンブー洲《しゅう》の人間の中に、この法門を説き示すために生まれてきたものであると知るべきである。（同、一八〇頁）

「ブッダの国土への勝れた誕生も自発的に放棄して」というのは、非現実的な架空の仏国土ではなく、この「ジャンブー洲の人間の中」という現実の中で、『法華経』の法門をわずかでも説き示し、語ったりすることを自ら願って如来のなすべきことをなしているということだ。

このように、人間の中に生まれてきて、人々に安寧をもたらし、慈しむものとして、『法華経』を説き示すなどの菩薩行に徹していること自体が、すでにその人は、「如来と見なされるもの」としてあるという。「如来である」「如来の使者」だという表現も用いられている。『法華経』は、人間の平等と、あらゆる人が成仏できる尊い存在であることを主張する経典である。その寛容の精神に立って、自ら『法華経』を受持・読誦し、人々を憐れみ慈しんで、幸福と安寧のために説き示し、語り継いでいること自体が如来の姿を現じているというのだ。それは、先に常不軽菩薩の振る舞いについて論じたとおりである。

成仏とは、遥かな未来のことではなく、別世界のことでもない。〝いま〟〝ここ〟にいるこの〝わが身〟に即してあるということだ。それも、人間離れした特別な姿としてあるのではなく、如来のなすべきことをなしている行為、振る舞いとしてあるということだ。

ブッダとは、地位や肩書きのようなものではない。到達しさえすればよいというゴールでもない。「善き行ない」という振る舞い・行為としてある。先述したように、地涌の菩薩の導師である〝卓越した善行をなすもの〟（上行）という名前の菩薩をはじめとする四人の菩薩の名前にすべて「行」（cāritra：善い行ない）という文字が入っていたのは、そのことを意味しているのであろう。

以上のように考察してきて、平川彰ほか編『講座・大乗仏典4　法華思想』（春秋社）の中で田村芳朗氏の次の言葉に遭遇した。

法華経の菩薩行を強調した部分に着目した者はだれかということであるが、日蓮が最初といえよう。
（一〇〇頁）

この言葉をヒントに、日蓮の次の言葉を思い出した。

釈尊の因行《いんぎょう》・果徳《かとく》の二法は、妙法蓮華経の五字に具足《ぐそく》す。我等、此《こ》の五字を受持《じゅじ》すれば、自然《じねん》に彼《か》の因果の功徳を譲り与え給《たま》う。

（『観心本尊抄《かんじんほんぞんしょう》』）

「妙法蓮華経」とは、『法華経』の正式名称である。そこに、釈尊の因位《いんい》（因行）と果位《かい》（果徳）の二つが久遠以来常に同時併行であることが説かれている。その「妙法蓮華経」を我々が受持し、因位としての菩薩行に徹することでブッダの境地（果位）に通ずるということであろう。言い換えれば、釈尊と衆生を「如我等無異」として結び付けるものが、「妙法蓮華経」であり、菩薩行だということであろう。

釈尊も自らを人々の善知識と自認

第10章＝法師品（第十）に説かれる法師としての菩薩の在り方は、別の表現をすれば、人間に対して「善き友」（善知識）に徹するということであろう。「善き友」について、第25章＝妙荘厳王品（第二十七）で、次のように定義している。

師のなすべきことをなすことによって近づいてきて、この上ない正しく完全な覚りに向けて教え、悟入させ、成熟させ〔中略〕如来に会うことを勧める人が、善き友である。

（植木訳『サンスクリット版縮訳 法華経』、三九八頁）

第10章＝法師品（第十）では、「師（如来）のなすべきことをなす」人のことを、「如来であると知られるべき」で、「如来に対するのと同じように恭敬すべき」であり、「如来と見なされるもの」「如来の使者」と呼ばれていた。ということは、師（如来）のなすべきことをなす人が、善知識であり、如来と見なされ、如来の使者であるということになる。

本書の「II『法華経』前夜の仏教」でも引用したように、釈尊自身は、

アーナンダよ、実に善き友人（善知識）である私（釈尊）によって、〔迷いの世界に〕生まれることから解脱するのである。（『サンユッタ・ニカーヤI』、八八頁）

と語り、自らを人々のための「善き友人」（善知識）であると自認していた。それとともに、人々に対しても、

私は善き友となろう。善き仲間となり、善き人々に取り囲まれるようになろう。（同）

と心がけるように促し、それが「清浄行の全体」であると説いていた。ブッダと同じ自覚に立って、善知識として如来のなすべきことをなすということは、原始仏教の時代から釈尊が強調していたことであった。第10章＝法師品（第十）に説かれていることは、善知識という言葉こ

そ使われていないが、同じ精神にもとづくものである。

常不軽菩薩があらゆる人に「あなたも如来になれます」と語りかけ、あらゆる人を尊重し、最終的に自他ともに人格を完成させたという在り方にも同じ精神が貫かれている。

権威主義と差別思想が横行する中で、あらゆる人が成仏できる尊い存在で、平等であると訴えることが常不軽菩薩の実践形態であった。第20章＝如来神力品（第二十一）で地涌の菩薩に滅後の弘教《ぐきょう》の付嘱《ふぞく》がなされるが、その直前に常不軽菩薩のことが語られたのは、滅後の弘教における菩薩の実践のモデルが示されたことを意味しているのであろう。

これらのすべてに共通しているのは、常に現実世界にあって、〝真実の自己〟に目覚め、人々の安寧と幸福のためにあらゆる人の平等と人間の尊重を訴える菩薩道に徹することがブッダの境地に通ずるということである。

あとがき

『仏教、本当の教え――インド、中国、日本の理解と誤解』（二〇一一年）に続く中公新書の第二段として、植木さんに『法華経』に関する本を書いてもらえないか」といった趣旨の提案が編集長からあったと、前担当の藤吉亮平氏から聞いて五年ほどになるだろうか。その間には、『サンスクリット原典現代語訳 法華経』上・下巻（岩波書店）、橋爪大三郎氏との対談『ほんとうの法華経』（ちくま新書）、『人間主義者、ブッダに学ぶ――インド探訪』（学芸みらい社）、『仏教学者 中村元――求道のことばと思想』（角川選書）、『テーリー・ガーター――尼僧たちのいのちの讃歌』（角川選書）、『江戸の大詩人 元政《げんせい》上人――京都深草で育んだ詩心と仏教』（中公叢書）などの出版に追われていた。

二〇一七年にやっと、次の新書の概略と目次を作成し、藤吉氏に送って、それが了承されたと聞いたが、その矢先に西日本新聞の連載「仏教50話」（連載終了後、大幅に増補して平凡社新書『今を生きるための仏教100話』として出版）を担当する話があり、同時にNHK－Eテレの名物番組「100分de名著」で拙訳『サンスクリット原典現代語訳 法華経』上・下巻が

〝今月の名著〟となり、筆者が〝指南役〟を務めるという話が舞い込んできた。とりあえず、こちらを優先することにした。その放送（二〇一八年四月）を終えた後も、拙訳『法華経』および『維摩経』の角川ソフィア文庫への文庫化に取り組んだ。

二〇一八年に若松英輔《わかまつえいすけ》氏が『小林秀雄　美しい花』で角川学芸賞を受賞され、十二月に行なわれた授賞式でお会いした。すると、「100分de名著　法華経」の話になり、「今までのすべての放送とテキストを見ていますが、あれはよくできていました。あのテキストをしっかりした本の形で出してください」と要望された。本書が、その要望に応えたものになっていることを願っている。

そして、三枝充悳先生の〝遺言〟ともいうべき、『梵文「維摩経」翻訳語彙典』を二〇一九年九月に出版したのに続き、『梵文「法華経」翻訳語彙典』上・下巻（いずれも法藏館）も二〇二〇年七月出版のめどがついたことで、中公新書に取り組むことにした。この五年間の出版活動を通じて、この新書版をまとめる視点が定まったと言えよう。

二〇一九年十月末に藤吉氏に連絡をとると、担当部署が変わったとのことで、後任の楊木文祥《やなぎふみよし》氏を紹介された。このたびは、楊木氏のおかげで本書の出版を順調に進めることができた。感謝に堪えない。

◇　◇　◇

本書の執筆に取りかかり、『梵文「法華経」翻訳語彙典』上・下巻の初校ゲラ二千八百五十頁の校正に取り組んでいるのと同時進行で、世界中に新型コロナウイルスが急速に蔓延《まんえん》していった。目に見えない恐怖におののき、死の不安を抱く海外の知人たちから、その悲痛な声が届いた。わが国でも緊急事態宣言が発出され、不要不急の外出を自粛することになった。

それは、かつて世界中を震撼《しんかん》させたペストの再来かと思わせた。そのペストに関連して、一つのエピソードを聞いた。十七世紀のヨーロッパにペストが大流行し、大学が休校になった。生まれ故郷のウールスソープの家にこもってあれこれと考えていて世紀の発見をした学生の話だ。それは、微積分法、万有引力の法則を発見したアイザック・ニュートンだ。物理学を専攻していた私は、ニュートンが微積分法、万有引力の法則を発見したことについては知っていたが、ペストで〝自宅待機〟していたときのことだとは知らなかった。その自粛期間は「創造的休暇」と呼ばれているという。筆者は、この言葉に励まされるように、自宅に待機しながら、『梵文「法華経」翻訳語彙典』を脱稿させるとともに、本書の執筆を進めることができた。

人類は、未曽有の恐怖や、大惨事に遭遇して、大きく変化を遂げてきたという。新型コロナウイルスを口実に独裁制の傾向を強めた国もあると聞く。差別と分断も懸念されている。連帯が崩壊し、利己主義と経済的孤立主義も心配されている。

その中にあって、NHKがETV特集「緊急対談　パンデミックが変える世界～海外の知性が語る展望」を報じ、フランスの経済学者ジャック・アタリ氏が、「他者のために生きる」という人間本来の在り方に立ち還るべきだと利他主義を提唱していることを知った。「協力は競争よりも価値がある。人類は一つ」「利他主義という理想への転換こそが人類サバイバルのカギ」――というのが、その骨子だ。

自らが感染の脅威にさらされないためには、他人《ひと》の感染を防止することが欠かせない。他人事《ごと》ではないのだ。他の国の感染拡大は、いつかは自国に及ぶ。利他的であることは、めぐりめぐって自己を守ることになる。他者を守ることが、わが身、わが家族、社会、国、ひいては人類を守ることにつながるとアタリ氏は主張する。

何だか、仏教が言ってきたことを改めて教えられた思いだ。

日蓮が七百六十年前（一二六〇年）に著わした『立正安国論』の一節が心に浮かんでくる。

汝《なんじ》須《すべから》く一身の安堵《あんど》を思わば、先《ま》ず四表《しひょう》の静謐《せいひつ》を禱《いの》らん者か。

これは、『法華経』にもとづく信念を綴《つづ》った言葉であろう。

連日の、感染者数、死亡者数のニュースを聞きながら、この大惨事をきっかけとして人類が悪しき道へと踏み出すことなく、より良き道へと踏み出すように、普遍的平等と、人間尊重、菩薩の利他行を強調する『法華経』の思想が広く世界に広まることを願っている。

願わくは此《こ》の功徳を以《もっ》て、普《あまね》く一切に及ぼし、

我等と衆生と、皆共に仏道を成《じょう》ぜん。（化城喩品第七）

二〇二〇年七月十六日

植木雅俊

Therī-gāthā, P.T.S., London, 1883.
邦訳は、
植木雅俊訳『テーリー・ガーター——尼僧たちのいのちの讃歌』角川選書、二〇一七年
中村元訳『尼僧の告白』岩波文庫、一九八二年
Udānavarga, herausgegeben von Franz Bernhard. 2 Bände, Sanskrit texte aus den Turfan-funden X. Abhandlungen der Akademie der Wissenschaften in Göttingen. Philologisch-Historische Klasse. Dritte Folge, Nr. 54. Göttingen, Vandenhoeck und Ruprecht, 1965, p. 127.
邦訳は、
中村元訳『真理のことば・感興のことば』岩波文庫、一九七八年の後半部に当たる
Vinaya-piṭaka, vol. II , P.T.S., London, 1879.

欧米語文献

Burnouf, E. (ed.), *Le Lotus de la Bonne Loi*, I, Impr. nationale, Paris, 1852.
Coulson, Michael; *Sanskrit — a complete course for beginners*, Teach Yourself Books, Hodder & Stoughton Ltd., 1976.
Kern, H. (tr.), *Saddharma-Pundarîka, or the Lotus of the True Law*, Sacred Books of the East, vol. 21, Clarendon Press, Oxford, 1884; reprinted by Motilal Banarsidass in Delhi, 1965.
Wang, Robin, (ed.), *Images of Women in Chinese Thought and Culture*, Hackett Pub. Co. Inc., Massachusetts, 2003. 筆者と妻、植木眞紀子らとの共著
Speijer, J. S., *Sanskrit Syntax*, reprinted by Bodhi Leaves Corp. in Delhi, 1973.
Ueki, Masatoshi. *Gender Equality in Buddhism*, Asian Thought and Culture series vol. 46, Peter Lang Publ. Inc., New York, 2001.

辞典類
中村元著『仏教語大辞典』東京書籍、一九八一年
荻原雲来編『梵和大辞典』鈴木学術財団、一九七九年
M. Monier-Williams, *A Sanskrit-English Dictionary*, Oxford University Press, Oxford, 1899.

梵語と巴利語文献
Aṅguttara-nikāya, vol. I, P.T.S., London, 1885.
Aṅguttara-nikāya, vol. II, P.T.S., London, 1955.
Dhammapada, P.T.S., London, 1994.
邦訳は、
中村元訳『ブッダの真理のことば・感興のことば』岩波文庫、一九七八年
Dīgha-nikāya, vol. I, P.T.S., London, 1889.
Dīgha-nikāya, vol. II, P.T.S., London, 1903.
この経所収の一つ *Mahā-parinibbāna-suttanta* の邦訳が、
中村元訳『ブッダ　最後の旅』岩波文庫、一九八〇年
Dīgha-nikāya, vol. III, P.T.S., London, 1910.
Jātaka, vol. I, P.T.S., London, 1877.
Kathāvatthu, P.T.S., London, 1979.
Majjhima-nikāya, vol. III, P.T.S., London, 1899.
Milinda-pañha, P.T.S., London, 1880.
Ṛgveda, Part V–VII, edited by Vishva Bandhu, Vishveshvaranand Vedic Research Institute, Hoshiarpur, 1964.
Saṃyutta-nikāya, vol. I, P.T.S., London, 1884.
邦訳は、
中村元訳『ブッダ　神々との対話』岩波文庫、一九八六年
中村元訳『ブッダ　悪魔との対話』岩波文庫、一九八六年
Saṃyutta-nikāya, vol. Ⅲ, P.T.S., London, 1890.
Saṃyutta-nikāya, vol. Ⅳ, P.T.S., London, 1894.
Suttanipāta, P.T.S., London, 1913.
邦訳は、
中村元訳『ブッダのことば』岩波文庫、一九八四年
Thera-gāthā, P.T.S., London, 1883.
邦訳は、
中村元訳『仏弟子の告白』岩波文庫、一九八二年

――著『原始仏教の生活倫理』同第17巻、春秋社、一九九五年
――著『原始仏教の社会思想』同第18巻、春秋社、一九九三年
――著『原始仏教から大乗仏教へ』同第20巻、春秋社、一九九四年
――著『大乗仏教の思想』同第21巻、春秋社、一九九五年
――著『仏教美術に生きる理想』同第23巻、春秋社、一九九五年
――訳註『ブッダ最後の旅』岩波文庫、一九八〇年
――訳註『ブッダのことば』岩波文庫、一九八四年
中村元・早島鏡正共訳『ミリンダ王の問い』全三巻、平凡社、一九六三年、一九六四年
中村元・早島鏡正・紀野一義共訳『浄土三部経』上・下巻、岩波文庫、一九九〇年
中村元ほか監修、編集『アジア仏教史・インド編Ⅲ　大乗仏教』佼成出版社、一九七三年
二宮陸雄著『サンスクリット語の構文と語法』平河出版社、一九八九年
平川彰・梶山雄一・高崎直道編『講座・大乗仏教４　法華思想』春秋社、一九八三年
久松潜一編『中世歌論集』岩波文庫、一九三四年
本田義英著『仏典の内相と外相』弘文堂書房、一九三四年
堀日亨編『日蓮大聖人御書全集』聖教新聞社、一九五二年
前田耕作著『アフガニスタンの仏教遺跡　バーミヤン』晶文社、二〇〇二年
松濤誠廉・長尾雅人・丹治昭義訳『大乗仏典４　法華経Ⅰ』中央公論社、一九七五年。二〇〇一年、中公文庫
松濤誠廉・丹治昭義・桂紹隆訳『大乗仏典５　法華経Ⅱ』中央公論社、一九七六年。二〇〇二年、中公文庫
松本文三郎著『仏典批評論』弘文堂書房、一九二七年
三友健容博士古稀記念論文集刊行会編『智慧のともしび　アビダルマ佛教の展開』、山喜房佛書林、二〇一六年
宮本正尊編『大乗仏教の成立史的研究』三省堂、一九五四年
立正大学日蓮教学研究所編『昭和定本日蓮聖人遺文』総本山身延久遠寺、一九七一～一九七二年
渡辺照宏著『日本の仏教』岩波新書、一九五八年
――著『法華経物語』大法輪閣、一九七七年
和辻哲郎著『和辻哲郎全集』第五巻、岩波書店、一九六二年

加藤周一編『日本の名著18　富永仲基・石田梅岩』中央公論社、一九七二年
金倉圓照著『インド哲学仏教学研究Ｉ　仏教学篇』春秋社、一九七三年
苅谷定彦著『法華経一仏乗の思想』東方出版、一九八三年
菅野博史著『法華経入門』岩波新書、二〇〇一年
グレゴリー・ショペン著、小谷信千代訳『大乗仏教興起時代　インドの僧院生活』春秋社、二〇〇〇年
玄奘著、水谷真成訳『大唐西域記』１～３、平凡社、一九九九年
坂本幸男編『法華経の中国的展開』平楽寺書店、一九七二年
坂本幸男・岩本裕訳注『法華経』上巻、岩波文庫、一九六二年
佐々木閑著『インド仏教変移論――なぜ仏教は多様化したのか』大蔵出版、二〇〇〇年
静谷正雄著『インド仏教碑銘目録』平楽寺書店、一九七九年
司馬遼太郎『街道をゆく16巻　叡山の諸道』朝日文庫、二〇〇八年
関口真大校注『摩訶止観――禅の思想原理』上下巻、岩波文庫、一九六六年
高崎直道監修『シリーズ大乗仏教２　大乗仏教の誕生』春秋社、二〇一一年
――監修『シリーズ大乗仏教４　智慧／世界／ことば――大乗仏典Ｉ』春秋社、二〇一三年
辻森要修訳『妙法蓮華経文句』大東出版社、『国訳大蔵経　経疏部』第二巻所収、一九三六年
道元著、水野弥穂子編『正法眼蔵』第一巻～第四巻、岩波文庫、一九九〇～一九九三年
戸田宏文編『中央アジア出土　梵文法華経』教育出版センター、一九八一年
長尾雅人著『「維摩経」を読む』岩波現代文庫、二〇一四年
中村元著『古代インド』講談社学術文庫、二〇〇四年
――著『シナ人の思惟方法』中村元選集決定版、第２巻、春秋社、一九八八年
――著『インド史Ⅲ』同第7巻、春秋社、一九九八年
――著『ゴータマ・ブッダＩ』同第11巻、春秋社、一九九二年
――著『仏弟子の生涯』、同第13巻、春秋社、一九九一年
――著『原始仏教の成立』、同第14巻、春秋社、一九九二年
――著『原始仏教の思想Ｉ』同第15巻、春秋社、一九九三年

参考文献

日本語文献

岩本裕著『日常佛教語』中公新書、一九七二年
——著『日本佛教語辞典』平凡社、一九八八年
植木雅俊著『仏教のなかの男女観』岩波書店、二〇〇四年
——訳『梵漢和対照・現代語訳　法華経』上・下巻、岩波書店、二〇〇八年
——著『仏教、本当の教え』中公新書、二〇一一年
——著『思想としての法華経』岩波書店、二〇一二年
——訳『サンスクリット原典現代語訳　法華経』上・下巻、岩波書店、二〇一五年
——著「『法華経』に用いられた掛詞」三友健容博士古稀記念論文集『智慧のともしび　アビダルマ佛教の展開』所収、山喜房佛書林、二〇一六年
——著『100分 de 名著　二〇一八年四月号　法華経』NHK 出版、二〇一八年
——著『江戸の大詩人　元政上人——京都深草で育んだ詩心と仏教』中公叢書、二〇一八年
——著『差別の超克——原始仏教と法華経の人間観』講談社学術文庫、二〇一八年
——訳『サンスクリット版縮訳　法華経　現代語訳』角川ソフィア文庫、二〇一八年
——訳『サンスクリット版全訳　維摩経　現代語訳』角川ソフィア文庫、二〇一九年
——著『今を生きるための仏教100話』平凡社新書、二〇一九年
——著『梵文「維摩経」翻訳語彙典』法藏館、二〇一九年
——著『梵文「法華経」翻訳語彙典』法藏館、二〇二〇年
植木雅俊・橋爪大三郎著『ほんとうの法華経』ちくま新書、二〇一五年
慧皎著、吉川忠夫・船山徹訳『高僧伝』一～四巻、岩波文庫、二〇〇九～二〇一〇年
梶山雄一著『空の思想—仏教における言葉と沈黙』人文書院、一九八三年

植木雅俊（うえき・まさとし）

1951（昭和26）年，長崎県生まれ．仏教思想研究家．九州大学大学院理学研究科修士課程修了，東洋大学大学院文学研究科博士後期課程中退．1991年から東方学院において中村元氏のもとでインド思想・仏教思想論，サンスクリット語を学ぶ．2002年，お茶の水女子大学で人文科学博士号取得（男性初）．2008-2013年，東京工業大学世界文明センター非常勤講師．

著書『仏教のなかの男女観』（岩波書店，2004年）
『仏教、本当の教え』（中公新書，2011年）
『思想としての法華経』（岩波書店，2012年）
『仏教学者　中村元』（角川選書，2014年）
『梵文「維摩経」翻訳語彙典』（法藏館，2019年）
『梵文「法華経」翻訳語彙典』（法藏館，2020年）
『日蓮の女性観』（法藏館，2023年）ほか

訳書『梵漢和対照・現代語訳　法華経』上・下巻（岩波書店，2008年，第62回毎日出版文化賞受賞）
『梵漢和対照・現代語訳　維摩経』（岩波書店，2011年，第11回パピルス賞受賞）
『日蓮の手紙』（角川ソフィア文庫，2021年）ほか

法華経《ほけきょう》とは何《なに》か
中公新書 *2616*

2020年11月25日初版
2023年6月5日再版

著　者　植木雅俊
発行者　安部順一

本文印刷　三晃印刷
カバー印刷　大熊整美堂
製　本　小泉製本

発行所　中央公論新社
〒100-8152
東京都千代田区大手町 1-7-1
電話　販売 03-5299-1730
　　　編集 03-5299-1830
URL https://www.chuko.co.jp/

Published by CHUOKORON-SHINSHA, INC.
Printed in Japan　ISBN978-4-12-102616-3 C1215

中公新書刊行のことば

一九六二年一一月

いまからちょうど五世紀まえ、グーテンベルクが近代印刷術を発明したとき、書物の大量生産は潜在的可能性を獲得し、いまからちょうど一世紀まえ、世界のおもな文明国で義務教育制度が採用されたとき、書物の大量需要の潜在性が形成された。この二つの潜在性がはげしく現実化したのが現代である。

いまや、書物によって視野を拡大し、変りゆく世界に豊かに対応しようとする強い要求を私たちは抑えることができない。この要求にこたえる義務を、今日の書物は背負っている。だが、その義務は、たんに専門的知識の通俗化をはかることによって果たされるものでもなく、通俗的好奇心にうったえて、いたずらに発行部数の巨大さを誇ることによって果たされるものでもない。現代を真摯に生きようとする読者に、真に知るに価いする知識だけを選びだして提供すること、これが中公新書の最大の目標である。

私たちは、知識として錯覚しているものによってしばしば動かされ、裏切られる。私たちは、作為によってあたえられた知識のうえに生きることがあまりに多く、ゆるぎない事実を通して思索することがあまりにすくない。中公新書が、その一貫した特色として自らに課すものは、この事実のみの持つ無条件の説得力を発揮させることである。現代にあらたな意味を投げかけるべく待機している過去の歴史的事実もまた、中公新書によって数多く発掘されるであろう。

中公新書は、現代を自らの眼で見つめようとする、逞しい知的な読者の活力となることを欲している。

中公新書

日本史

d1

2189 歴史の愉しみ方 磯田道史
2455 日本史の内幕 磯田道史
2295 天災から日本史を読みなおす 磯田道史
2729 日本史を暴く 磯田道史
2579 米の日本史 佐藤洋一郎
2389 通貨の日本史 高木久史
2321 道路の日本史 武部健一
2494 温泉の日本史 石川理夫
2671 親孝行の日本史 勝又基
2500 日本史の論点 中公新書編集部編
1617 歴代天皇総覧（増補版） 笠原英彦
2302 日本人にとって聖なるものとは何か 上野誠
2619 もののけの日本史 小山聡子
1928 物語 京都の歴史 脇田修 脇田晴子
2345 京都の神社と祭り 本多健一

2654 日本の先史時代 藤尾慎一郎
2709 縄文人と弥生人 坂野徹
482 倭国 岡田英弘
147 騎馬民族国家（改版） 江上波夫
2164 魏志倭人伝の謎を解く 渡邉義浩
1085 古代朝鮮と倭族 鳥越憲三郎
2533 古代日中関係史 河上麻由子
2470 倭の五王 河内春人
2462 大嘗祭―天皇制と日本文化の源流 工藤隆
2095 『古事記』神話の謎を解く 西條勉
1502 日本書紀の謎を解く 森博達
2362 六国史《りっこくし》―日本書紀に始まる古代の「正史」 遠藤慶太
2673 国造―大和政権と地方豪族 篠川賢
804 蝦夷《えみし》 高橋崇
1041 蝦夷《えみし》の末裔 高橋崇
2699 大化改新（新版） 遠山美都男
1293 壬申の乱 遠山美都男

2636 古代日本の官僚 虎尾達哉
1568 天皇誕生 遠山美都男
2371 カラー版 古代飛鳥を歩く 千田稔
2168 飛鳥の木簡―古代史の新たな解明 市大樹
2353 蘇我氏―古代豪族の興亡 倉本一宏
2464 藤原氏―権力中枢の一族 倉本一宏
2563 持統天皇 瀧浪貞子
2725 奈良時代 木本好信
2457 光明皇后 瀧浪貞子
2648 藤原仲麻呂 仁藤敦史
2452 斎宮―伊勢斎王たちの生きた古代史 榎村寛之
2441 大伴家持 藤井一二
2559 菅原道真 滝川幸司
2281 怨霊とは何か 山田雄司
2662 荘園 伊藤俊一

中公新書

宗教・倫理

b1